媒體科技與文化全球化讀本

DIGITAL TECHNOLOGY AND CULTURE GLOBALIZATION : A READER

邱誌勇・鄭志文 主編

媒體科技與文化全球化讀本
Digital Technology and Culture Globalization: A Reader

Part III：流行與消費文化

序 ╱ 「數位化」與「全球化」： 牽動世界媒體向前邁進的雙絞鏈

　　二十一世紀媒體的鉅觀圖像，大致上由兩個趨勢帶頭，第一個是「全球化」的世界格局；而另一個則是「數位化」的科技革命。如果九〇年代是個以資訊或後工業社會改變全球的年代，那麼這股潮流在二十一世紀的今日可謂已紮根日深。嚴格而言，「數位化」與「全球化」都是當代已逐日普遍化的字眼，但事實上在台灣學術分析的領域中，常有論者對其評價或解讀似乎都有過於「一般化」的傾向，彷彿這兩種趨勢是種本質上常識性地存在，最好也只用常人理論視之即可，最多不過是個賣弄點科技與社會思想的詞彙罷了。在媒體研究的領域會有這種現象，大致上反應了台灣傳播或媒體研究的主流趨勢：一則是研究媒體科技的學者多半擅長操弄技術語言，因此儘管對社會人文的關懷仍然存在，但卻非科技文化專業所長，因此關於數位文化與科技文明的論述自然偏向純粹產業與技術的分析。此外，另一個原因則在於台灣的媒體研究大抵上有著潛在公共性的內在偏向，對於媒體產業、娛樂產業及文化經濟，多半對其「經濟」性格和「市場」性格不予苟同。也因此，像「全球化」這種帶有世界性格的語言，很容易被框限於對跨國媒體或市場競爭的鼓吹，而帶有資本主義的銅臭味或原罪。因此，當全球學者皆在談論全球化之際，台灣通常急著將之「循循善誘」回左派論述，並與市場或娛樂經濟等「新自由主義」觀點切割，以符合主流思路。結果，儘管事實上全球化的概念原本就來自於真真實實的地方時間與空間，而通常也兼容並蓄自由與批判觀點，但台灣看待全球概念的存在，似乎最好是以證明本土或在地的絕對正當性為前提就好；或者是，在台灣學術領域中，最好能不提也不要提了。

　　回歸媒體科技與全球化的本質，本書的關注焦點在於社會人文面的思考本質。事實上「數位化」與「全球化」就像是牽動著世界媒體往前進的一道雙絞鏈，彼此在不同領域開啟，卻又快速產生糾結效應。媒體科技的革命式演化加速了全球媒體發展，而媒介全球化的現象更以驚人速度改寫科技文化的底蘊。於是科技文化與文化全球化再現出的是當代媒介生態中急需被系統化的理論發展。從社會學的結構觀點出發，媒體、科技與文化生態正展示著一種系統交錯與演化的戲碼，這使得媒體科技與文化有著多層

的可能意涵。如果媒體產業做爲一個不斷專業化與分工化的次系統，則媒體科技與全球文化的快速變遷則代表著外在的「環境」，這使得媒體產業的內在穩定必須由環境的適應中取得；但是從另一個方向切入，當然也有可能文化全球化自成爲一個人類發展過程中的小體系，而這個體系的變化也非得由媒體科技與產業的外在「環境」變化而取得。結果，若有論者想要在媒體科技、文化和媒介全球化中取得更爲全觀的認識（如果這種理論是本質上本體論地存在的話），則動態地解決媒體「系統秩序」，並觀察科技、社會與世界趨勢的「環境威脅」是較有可能的方式。

用尼克拉斯・魯曼（Niklas Luhmann）給社會的啓示來看，我們在尋找的似乎就是從客觀外在環境的各種威脅下，討論並觀察內在秩序能否被維持，或能否生存的可能邏輯。這種觀察社會系統的看法給了媒體產業和科技絕佳的切入點。意即：如何產生出一個整合的媒體生態觀，並且從中有系統地理解各種不同媒體的內在運作邏輯。在本書中，原則上媒體不僅是因爲原本「類型」上的差異而存在，更重要的是因爲它們在面對外在環境而產生出不同的媒體實踐方式。外在環境指的正是上述二個層次的變化，即「全球化」與「數位化」的發展；而內在實踐指的則較像是社會科學強調的「行動」面向，當然它特別指稱各種媒體自我在面對外部挑戰時的因應之道，而這種因應之道往往帶有歷史觀，必須從媒體科技演化的觀點來說明當下的媒體運作原理。

更具體而言，本書的出發點設定了全球化這個觀念爲前提，亦即：如果大眾媒介體系要能成爲一個獨特存在的社會次體系，必得由當前全球媒體發展的狀況下進行自我區別才行。這也就是說，任何一個國家的電視、電影、音樂、遊戲或是動畫產業的存在，不是自外於全球發展而發展，而是在全球概念下自我結構化爲國家的媒體次體系。失去全球觀點的媒體研究始終是媒體運作的真空想像，且難以將媒體的分析深入到契合當代時間與空間的命題，因而也較難以產生更多的理論普遍性。於是，由全球化理解國家媒體的發展，可以發展出結構性的鉅觀視野，動態地討論各個地區與各個媒體交互作用下所產生的媒體結構樣貌。這使得任何看視獨立的媒體生態，其實都是安東尼・季登斯（Anthony Giddens）所關切的全球化「時空

分延」（time-space distanciation）的後果，它既是媒體產業的結構觀察，更是行動分析；是當下時間與過往歷史的交相指涉，更是空間滲透的複雜連結。

這種全球化的觀點因此不僅是系統的討論，它更側重系統中時間與空間的論述，並且將媒體導引到現代科技，而成為一種現代性的徵候。也就是說，媒體發展的系統內涵中，事實上包含了科技變化的因子，這也使得當代媒體運作的方式得以與過去區隔開來。因此，如果觀察媒體系統的方式是將外部環境與內部發展進行區別，則辨認媒體方式的環境條件中自然必須先行考量「數位化」科技加諸於外部環境的雜音，才能在全球化的環境中探討媒體內部如何將科技內化成自身演化的動力。簡而言之，如果採用整體系統的觀察，我們似乎可以將媒體視為社會系統的一部份，也就是媒體次系統的這個事實，逐漸概念化到因為「全球化」和「數位化」這兩個大的歷史條件之偶然發生，它們不僅更改系統外部的環境，更侵擾了系統內部的平衡。

由是，從結構上理解媒體可由外部與內部的關係，並且在媒介全球化與媒體科技的雙重條件下開始分析，而觀察的重點是由媒體次系統的輪廓釐清來指涉媒體的存在。更精準地說，電視、電影等媒體產業不是社會的次系統，而是社會系統中的媒體次系統，經過分工與演化而成的次次系統，它們各自承接了外部環境的能量與條件，但在內部不斷進行適應與調整，最後分化成與大系統整合的運作體系。然而必須注意的是，儘管電視、電影等媒體產業與社會的關係是整合的，但它們是獨立存在的次系統整合方式，也就是它們的各自行動方式由系統上的功能分化原理而來，這使得各自媒體產業的獨特性分析顯得更加重要。它們不僅是對外部媒介全球化與媒體數位化的回應，它們更成為塔爾各特・帕森思（Talcott Parsons）強調的，一種適應力升等的獨立系統。

結果，電視、電影與各個媒體產業如何達到可資辨認的次系統，就成了本書討論的重點。從這個角度出發，媒體產業之所以是有意義的系統發展，是由於其自成一格，並各媒體次系統的系統輪廓通常是可以被觀察出來。這也就是說當代各種媒體產業之所以各據一方，是產業系統內部設立

自我邊界與生產自我內在元素而來。因此，它一方面做為與外部環境的區隔，二則成為產業自我運作的主體性。於是電視市場、電影貿易、遊戲平台等都包含了自我邊界化的積極意義，並且提供架構出產業各自獨特元素的可能性。然而這似乎會產生一個問題：媒體產業基本上都是架構在生產價值鏈上的競爭行為而產生的市場，那麼各個產業的獨特性是否可能混淆？這種疑惑使得媒體系統的下一個特徵更形重要，也就是媒體各自「自我指涉」的能力。儘管媒體的發展一如其它產業的市場發展，是價值鏈的結果，但電影的核心元素在內容，電視的關鍵元素的通道，而遊戲的關鍵則是消費者媒介行為的全面互動化，每一個媒體又依據內化的外在刺激進行內在演化。

「自我指涉」的媒體，其重點不在產業而已，更重要的在於媒體產業這個次體系是透過自我架構的內在元素而與世界（環境）產生「溝通」。換言之，媒體產業不可能僅是生產部門的分析，更重要的是媒體各自如何界定重要的媒體文化內涵，而進行與外部的溝通對話過程，也因此使得內系統與外環境得到整合。在這個層次上，「媒體文化」及「科技文化」才是牽動著上述中當代內容元素、通道元素，甚至於互動元素不斷進化的動力。這也使得「全球化」與「數位化」在媒體的分析中是產業的、內容的、甚至於消費者行動上的全面影響與滲透。媒體不斷適應與演化的結果仍然是不停的進步與專業化。這看似無止境的循環，事實上在各媒體產業中已形成的是一種「自我再製」系統，不斷重複地透過環境侵擾與內部演化而形成的動態、封閉的媒體次體系。電影、電視與大部份的媒體事業毫無疑問的在變動的全球格局中尋求每一種媒體類型，或每一家媒體組織的生存之道，並成為我們最後在歷史中觀察的對象標的，也就是它們這種與全球接軌，但又呈現獨特自我指涉的「封閉系統」。

縱而觀之，本書的重點在於透過各個媒體展現的封閉的生產特徵（也就是結構與行動的獨特之處），理解它們的元素，透析它們的系統邊界，進而尋求理解它們如何在「環境」下建立內部「系統」。具體而言，本書區分為三個大組段：「媒介與全球化」、「媒體科技與文化顯意」，以及「流行與消費文化」。每一個部份都與其它的部份相互扣聯，又自成體系。在第一部份「媒介與全球化」中，Joseph Straubhaar 的

〈超越全球化：多重認同下的多重電視空間〉聚焦於觀眾的多樣身分認同與電視收視所處之場域、文化／語言和階級間的多重關係。李天鐸的〈媒介全球化：想像空間與認同併裂〉則是將焦點置放於「認同」的命題上，從基本概念與本質、認同建構的過程，以及媒體於其中所扮演的角色，延伸至剖析全球文化的擴散過程，以及對文化認同所造成的衝擊，最後更對西方論述中的全球化觀點重新提出批判與質疑。而鄭志文的〈電視全球化：跨國實踐與世界主義之空間形構〉則是以德國學者Beck的第二現代論述為框架，解讀跨國電視發展的意涵，並指出一個以全球化及新科技為基礎的新媒體空間正在形成，不但型塑了新的媒體實踐與媒介產品，更促成新的跨國媒體新秩序。最後，Daya Thussu的〈全球資訊娛樂化時代下的電視新聞〉則批判性地檢視日益擴張中的資訊娛樂化，藉以表示跨越全球的電視新聞中心在編輯和產出上已經開始有不同程度上的轉變，這種擴張的部分原因來自於私有化和商業化主導的轉播模式，以美國為震央全球性地支配電視新聞。這種軟新聞已經產生了一個重要的意識型態面向，即是在合法化一種信服「自由市場民主化」至上的新自由主義意識型態。

在第二部份「媒體科技與文化顯意」中，Bob Rehak的〈動畫的未來：論電影特效中的動畫美學、理論和產業實務〉從電影語法的表演性和寫實性來探討動畫，並嘗試將論點擴大到動畫、特效和表演面的分析，指出今日的電腦動畫是在「似真性」和「戲劇性」表演間的對立關係中遊走；最後則以電腦動畫的未來，及其與傳統動畫的關係做總結。邱誌勇的〈數位科技浪潮下的當代電影變貌〉則是將焦點置放於當代電影在數位科技文化下的轉變，試圖從電影作為當代視覺文化表徵的視野切入，檢視當電影創作已經高度依賴在電腦科技的輔助之下，如何造成電影視覺文化在當代數位科技時代中的轉變。Mark Wolf〈道德、倫理與電玩〉則從倫理與道德的層面論及當代最廣為人知的電玩遊戲，重新觀看科技文化的倫理與道德議題。而劉現成則將音樂產業置放於文化創意產業的核心下，論述唱片業在快速變遷的媒介環境中，其變遷的景況。

在第三部份「流行與消費文化」則是將焦點設定於全球化與媒體科技雙重運作下的社會實踐行為之中，Gordon Mathews的〈文化超級市場中的自我〉結合傳統人類學將文化視為民族生活的方式，和當代人類學將文化視

爲在文化超級市場中所供給之認同的概念，經由一個以現象學理論爲基礎的文化認同觀點，檢視國家政體和市場機制在模塑文化認同上的相互競爭情形，並討論了文化超級市場所提供的虛幻自由。于淑靜在〈話語融斥與認同實踐：韓劇在中國大陸的現代性文化想像〉中則是分析韓劇的跨國傳散，且在中國大陸特殊語境下，「哈韓」潮流背後的文化和現實成因，並指出在現代性語境中文化與現實之間的雙向生成性的想像與認同；許瀞文在〈仲介日本流行文化：偶像商品專賣店在台灣〉中則是聚焦在日本流行偶像商品專賣店在台灣的在地實踐，探討從跨國商品與資訊被仲介給本地消費者的具體過程，分析日本龐大的偶像生產行銷體系如何被台灣商家消化吸收、獨立商家如何在跨國經濟體系中尋求生存空間、以及這些在地「仲介者」在跨國文化流動中扮演的角色。最後李世暉的〈美少女戰士的星艦奇航：OTAKU文化與迷文化之比較分析〉則以迷（fan）文化與OTAKU文化爲分析對象，探討經濟社會學下的情感消費現狀。這種情感消費並非是國家或地區獨有的現象，而是現代消費社會下的普遍現象；它亦是一種符號性消費。發現迷文化與OTAKU文化消費囊括了情感消費的大部份特質，其中包括偏好性消費、符號性消費與情感體驗消費等，乃爲情感消費的最佳範例之一。

　　總體而言，本書從理論性觀點的在地反思，一直到個案分析的顯著成果，都證明了當代媒體科技文化與全球化的趨勢彼此快速產生糾結的連鎖效應。其中，許多「在地化」的論述更可成爲提供相關領域研究者的指引，期盼對在地脈絡化的論述多有貢獻。

邱誌勇、鄭志文
於台中

作／譯者簡介　CONTRIBUTORS NOTE

Bob Rehak

　　美國斯瓦爾特摩爾學院電影與媒體研究學系助理教授（Assistant Professor, Program in Film and Media Studies, Swarthmore College, USA），其研究專長為動畫、新媒體與迷文化，目前擔任Animation: An Interdisciplinary Journal and Transformative Works and Cultures 編輯委員，正在撰寫以媒體革命與視覺特效為主題的書籍。編有：*The Video Game Theory Reader*、*Videogame/Player/Text*與*The Cybercultures Reader*，更有多篇論著發表於Cinema Journal、the Journal of Popular Film and Television，以及the Screen Decades series等國際級期刊。

Daya Thuss

　　現為英國西敏寺大學（University of Westminster）國際傳播學教授與印度傳媒中心執行長，長時間致力於全球媒體的分析與研究，主要教授媒體與傳播的跨國面向，專攻議題有全球化與媒體文化的衝擊、國際傳播的政治經濟學、全球新聞的流動、媒介學的國際化，以及印度與南亞離散族群的媒介文化。其在全球媒體與傳播文化的研究領域相當活躍，是Sage出版社Global Media and Communication期刊的創辦人與主編，近期所編輯與個人的著作有：*International Communication: Continuity and Change*、*International Communication: A Reader*、*Internationalising Media Studies*、*News as Entertainment: The Rise of Global Infotainment*、*Media on the Move: Global Flow and Contra-Flow*、*War and the Media, Reporting 24/7*。

Gordon Mathews

美國康乃爾大學人類學博士（PhD, School of Anthropology, Cornell University, USA），現爲香港中文大學人類學系教授（Professor, Department of Anthropology, the Chinese University of Hong Kong），擔任期刊Asian Anthropology編輯一職，研究興趣以全球化、文化與身份認同、人類學理論，以及生命（生活）意義爲主。論著有：《什麼使日本及美國的生活富於意義》、《全球文化超級市場》、《現今文化的意義》、《日本代溝》、《香港及其他地區的國家認同感》，以及《不同社會對快樂的定義》。曾獲香港研究資助局三年的資助，用以對重慶大廈進行研究，了解其與全球化的關聯，並致力於世界各地人類學相關研究。

Joseph Straubhaar

塔夫茲大學佛萊契爾法律外交學院博士（PhD, Fletcher School of Law and Diplomacy, Tufts University, USA），現爲德州大學奧斯汀分校廣播電視電影學系教授（University of Texas at Austin）、德州大學電訊與資訊政策研究所的國際研究副主任、Howard Journal of Communication編輯。專長是全球性媒體、國際交流與文化理論、美國和其他國家的資訊社會與數位落差問題、全球電視生產和流通。曾任巴西研究中心在長洛薩諾拉丁美洲研究所的研究主任（2003-2006）。編著有*World Television from Global to Local*、*Media Now*、*The Persistence of Inequity in the Technopolis: Race, Class and the Digital Divide in Austin, Texas*、（*Re*）*asserting National Media and National Identity Against the Global*，以及*Regional and Local Levels of World Television*等書，亦在雜誌期刊上發表了大量關於全球媒體文章和論文。

Mark Wolf

　　美國南加大批判研究博士（PhD, School of Critical Studies, Southern California University, USA），現為美國威斯康辛州協和大學傳播系教授（Professor, Department of Communication, Concordia University Wisconsin, USA），瑪莎金德 （Marsha Kinder） 論文委員會主席，曾受邀參與崑山大學舉辦之「文化產業、創意媒體與娛樂經濟」國際學術論壇。專長為新媒體遊戲理論（Game Theory），現任Videotopia與 International Journal of Gaming and Computer-Mediated Simulations 的委員會顧問；並擔任Games and Culture, The Journal of E-media Studies， 以及Mechademia: An Annual Forum for Anime, Manga and The Fan Arts等期刊編輯顧問。代表著作有：*Abstracting Reality: Art, Communication, and Cognition in the Digital Age*、*The Medium of the Video Game*、*Virtual Morality: Morals, Ethics, and New Media*、*The Video Game Theory Reader*、*The World of the D'ni: Myst and Riven*、*The Video Game Explosion: A History from PONG to PlayStation and Beyond*、*The Video Game Theory Reader 2*、 *J. R. R. Tolkien: Of Words and Worlds, Before the Crash: Early Video Game History (forthcoming)*、*Encyclopedia of Video Games (forthcoming)*。

于淑靜（Shu-Jing YU）

　　北京大學中文系博士（PhD, Department of Chinese Language and Literature, Peking University, Beijing, China），現為北京航空航太大學人文社會科學學院教師、韓國首爾大學人文大學院中語中文學科訪問學者兼職教授。專長為中國現當代文學、媒介文化研究。曾兼職于清華大學對外漢語文化教學中心、中視影視製作有限公司、《小說選刊》等。已參編完成「第二語文」系列叢書，《北大年選・2005理論卷》。申獲有國家社科基金科研專案（09CZW058）、中央高校基本科研業務費專項資金資助（supported by the Fundamental Research Funds for the Central Universities），已在核心期刊和國際國內重要學術研討會議上發表有關學術論文多篇。

李天鐸（Tain-Dow LEE）

　　美國俄亥俄州立大學（PhD, Ohio State University, USA）影視傳播博士，專攻電影電視美學與批評，近期研究致力於文化／創意產業發展的基本邏輯及其爭議，與全球化趨勢下滑與媒體的發展。於2001年主持日本住友集團基金會「日本流行文化在台灣與亞洲」專案計畫，2006年主持一項多國研究計劃「媒體科技、創意產業與文化顯意」。2009至2010年連續主持兩項「台灣流行音樂產業調查」研究計畫。著有《電影製片人與創意管理：華語電影製片實務指南》、《重繪媒介地平線》、"The Globalization of Transnational Media: Imaginary Spheres and Identity Incorporation"（Barjestech Press）、"'We are Chinese'-Music and Identity in 'Cultural China'"（Routledge Curzon）等。曾於2007年擔任英國劍橋大學社會學系訪問教授（Visiting Professor, Department of Sociology, University of Cambridge, UK）。現為台北實踐大學時尚與媒體設計研究所教授。

李世暉（Shih-Hui LEE）

　　日本京都大學經濟學博士，現為國立中央大學客家政治經濟研究所副教授。專長領域為國際政治經濟學與經濟社會學。研究興趣在於：以多元文化的角度探討政治、經濟、社會與企業的議題。曾任京都大學台灣人留學生同學會會長、清雲科技大學助理教授、為中央大學客家學院籌辦桃園縣南區6鄉鎮市的客家書院、中央大學客家學院「客家希望工程」青年種子培訓計畫執行長（2011年）。曾獲經濟部中小企業九十七年金書獎。編著有《改變世界的任天堂》、《文化趨勢：台灣第一國際品牌企業誌》，並有多篇以政治經濟為主題之學術期刊與研討會論文，此外亦有多篇雜誌期刊文章。

牟彩雲（TSai-Yun MOU）

　　成功大學創意產業設計研究所博士候選人，美國南加州大學動畫與數位藝術碩士（MFA, Animation and Digital Arts, University of Southern California, USA），現為崑山科技大學視訊傳播設計系講師、創意影音中心-動畫實習中心指導教師、西基動畫科技股份有限公司顧問。專長為電腦動畫、動作擷取技術與影像處理。專長為3D電腦動畫、動作擷取、動畫原理，以及腳本設計。其動畫短片《Love Sick》和《Love Sick2》在美國、加拿大及歐洲等多國入圍影展，並於電視與網路公開播放；曾獲2005年Zoie Film Festival最佳動畫、2004年南港園區公共藝術國際數位多媒體動畫優選等。曾擔任南加大電影系片頭攝影、東京工科大學動畫研究員、3 Harbor Productions顧問、朝陽科技大學視傳系、明道管理學院數位系兼任講師。目前為創意影音中心動作擷取實驗室指導教師。

邱誌勇（Chih-Yung CHIU）

　　美國俄亥俄大學跨科際藝術系博士（PhD, School of Interdisciplinary Arts, Ohio University, Athens, USA），現為靜宜大學大眾傳播學系副教授暨系主任、媒體科技與創意產業研究中心執行長、數位藝術基金會監事。專長為新媒體藝術美學與藝術評論、影視美學與科技文化研究、創意產業研究。曾任崑山科技大學視訊傳播設計系暨媒體藝術研究所助理教授暨系主任、國立電影資料館電影欣賞季刊特約專題主編暨顧問、北京大學文化創意產業年報主筆人（台灣、香港與澳門部分，2008，2009）、〈媒體科技、創意產業與文化經濟國際匯聚論壇〉總籌（2008）、台北數位藝術節評審與導覽專家、新媒體藝術策展人等。曾連續兩年獲數位藝術評論獎（2007，2008）。編著有《媒介擬想（4）：數位媒體與科技文化》、《電影欣賞季刊（135）：電影與新媒體藝術之間》，並有多篇以新媒體藝術為主題之學術期刊與研討會論文，此外亦有多篇雜誌期刊文章。

林慈榮 （Philip LIN）

　　英國西敏寺大學（University of Westminster）傳播與媒介研究中心博士候選人，主要研究範圍爲全球電玩文化、玩家研究，以及第一人稱射擊類型遊戲與軍事娛樂（Militainment）現象分析，目前爲西敏寺傳播與文化期刊 （Westminster Papers in Communication and Culture）編審委員之一，現擔任2012年特刊Encountering the Real Virtuality: Digital Games in Media, Culture and Society主編。

許瀞文（Ching-Wen HSU）

　　美國華盛頓大學人類學博士（PhD, Anthropology, University of Washington），現爲國立清華大學人類學研究所助理教授。教學與研究專長爲消費、空間、都市人類學、及跨國主義；主要田野地點爲台灣及美國洛杉磯。著有"Authentic Tofu, Cosmopolitan Taiwan"、"'Making Streets:' Planned Space and Unplanned Business in New Kujiang, Taiwan"、"Miraculous Rebirth"等期刊、專書、暨研討會論文。

許夢芸（Meng Yun HSU）

　　輔仁大學大眾傳播學研究所碩士，現爲自由作家、靜宜大學大眾傳播學系兼任講師、曾任崑山科技大學視訊傳播設計系兼任講師、文化研究叢書譯者。研究關注於科技文化與賽伯人（cyborg）之相關議題，著有〈複製時代永久消逝的人性：從電影《接觸未來》、《A. I.》到《關鍵報告》談起〉、〈回歸本真性：網路空間藝術再現的影像政治〉、〈數位科技文化時代的美學思維〉、譯有《文化研究的基礎》、《文化研究智典》、《資訊的批判》。

鄭志文（Chih-Wen CHENG）

英國倫敦城市大學社會學博士（PhD, Department of Sociology, City University of London, London, UK），現為靜宜大學大眾傳播學系助理教授、媒體科技與創意產業研究中心副執行長。專長為媒體經濟、媒介社會學、媒介全球化與創意產業。曾任崑山科技大學視訊傳播設計系暨媒體藝術研究所助理教授、北京大學文化創意產業年報主筆人之一（台灣、香港與澳門部分，2008，2009）、〈視覺影像‧數位媒體‧科技文化〉學術論壇總籌（2008）、〈全球化下的台灣軟實力〉學術研討會總籌（2011）等。著有多篇以媒體、全球化與現代性之學術期刊和研討會論文，以及電影產業與票房之雜誌期刊文章。

劉現成（Hsien-Cheng LIU）

輔仁大學大眾傳播學研究所碩士，現為崑山科技大學媒體藝術研究所暨視訊傳播設計系副教授兼系主任。曾任玄奘大學大眾傳播學系講師、輔仁大學影像傳播系講師、新聞局86年優良錄影帶節目金鹿獎評審委員、金馬獎執行委員會企宣部總監、輔仁大學大眾傳播學系助教、中華民國視覺藝術學會幹事。專長為影視生態研究、華語媒體娛樂產業、台灣電影研究，以及影視編劇。主持研究計劃有《台灣與香港上市電視企業研究》；協同主持計劃有：《台灣流行音樂產業調查》、《華語電影製片實務指南》、《全球競爭時代台灣影視媒體發展的策略與政策規劃》、《台港星三地電視媒體策略聯盟合作，合組亞洲節目平台營運研究》、《全球化風潮下台灣傳播集團發展策略與規模突創》、《華文影視媒體經營發展策略之比較研究》等。著有：《跨越疆界：華語媒體的區域競爭》、《華人傳媒產業分析》、《台灣電影、社會與國家》。

XVI

超越全球化
多重認同下的多重電視空間 / Joseph Straubhaar／著 鄭志文／譯

　　觀察文化與電視全球化的方式很多，本文由文化的視角切入，討論在與媒體特別是電視互動之後而導致的個別和集體的認同綜合體。

　　從傳統在地生活到與大眾傳播的現代互動，已產生了各種認同。這種認同基於地方、地區（小於國家但大於特定地方）、超國家（基於文化－語言區域）及國家的元素，而呈現多層次的樣貌（Anderson, 1983）。本研究指出，全球各地的電視觀眾持續明確反映這種認同的層次與觀點，而且很多觀眾也取得了新的超國界的、跨國的與全球的認同層次。本文檢視文化與認同混雜化的歷時性過程中彼此的關係，及多重認同下的各類認同層的建構、維持，甚至於防衛。這些層次與例如電視在內的媒體相構連，但卻非只是被電視所影響的簡單邏輯而已。有些認同的層次，例如對宗教傳統主義者而言，就可能對大部分電視頻道的想法進行積極地抵抗。

　　許多人指出認同的快速全球化，而本文奠基於對巴西的薩爾瓦多和聖保羅的深度訪談資料分析，事實上這些城市居民具有高度全球化認同的比例非常地低，而傳統地方的、國內區域的與國家層次的認同對多數人而言仍是最強的，超國家與跨國的文化－語言區域則對部分文化而言越來越重要。

　　這些認同的文化地理標準幾乎出現在所有的訪談者中，而其他的認同標準也同樣出現在大部分的居民中。從廣泛的集體程度來說，過去焦點集中在於研究認同被語言與文化的框架（Wilkinson, 1995; Sinclair, Jacka et al., 1996; Straubhaar & Duarte, 1997）。然而，本文也特別聚焦於社會階級，特別是涉及到布迪厄所談到文化資本。我們也發現很多強勢的認同層次是從

性別、種族、年齡與宗教角度中引導電視的接收與詮釋。本文將焦點置於觀眾的多樣身分認同與電視收視，其地點、文化／語言和階級軌跡，因為這些都在訪談與文獻回顧中顯示為最重要特徵，然而本文同樣會簡短檢討可能的其他因素。

世界電視的多層次結構

正如電視的生產與流通資訊所顯示，電視在全世界是以多重的空間或地理標準被生產、流通與收看，而且通常都是以類型為區隔而生產。有些電視直接為全球閱聽人生產，例如BBC或Animal Planet的紀錄片；有些樣式則是特地為全球授權而設計，例如*Big Brother*。其他類型則是先為國內觀眾而生產，但通常帶有強烈全球輸出企圖，例如美國影集、動作片和卡通、CNN和BBC新聞、日本卡通、亞洲武俠片與拉丁美洲的電視小說等。

儘管如此，大部分電視節目仍然是在國家的層次內被創製與消費，特別明顯的類型例如綜藝節目、脫口秀、新聞、政治／公共事務、音樂直播、真人秀，以及一國的電視市場夠大或夠富裕到可以支撐的肥皂劇和影集等。國家的層次因此成為各方利益持續的會合點，這些利益包含了欲推銷國族認同與議題詮釋的國家政府、傾向用全國性語言定義市場的廣告主，以及長期被引導至國家想像社群的閱聽大眾等（Waisbord & Morris, 2002）。

從在地到全球

由於製作成本的關係，大多數國家內只有相當少數電視節目是在縣或市的層次為地方觀眾生產。然而，當地方電視有經濟上的可能性，像美國的地方新聞節目，因為人們大部分生活在當地，也就想認識地方更多，並強烈傾向認同該地區，地方電視因而受到歡迎。在本文中，我們

會看到在地認同將成為中介全國電視的框架。在大的國家中，電視通常是在一個主要城市生產，這個城市在該國內與收看它的觀眾所在的地點有著地理和文化上的差距。基於對電視生產地的文化與自己文化的差異，觀眾可能產生一種重要的距離感。例如，德克薩斯人可能會覺得自己如何在文化上與紐約客或洛杉磯人不同，如同巴西東北部居民似乎知道他們如何在文化上與里約熱內盧或聖保羅人不同（LaPastina, 2004）。如同下文將提及的，這種知覺將提供一重要的框架去收看全國性電視。

透過內在同質的文化與（或）語言認同，電視生產於特定的核心城市並服務於一個小於國家的區域的情況變得普遍了，例如在中國南方、香港、加泰隆尼亞、蘇格蘭和威爾斯、魁北克、巴西南方和印度的各個地方，然而這仍然取決於這些地方的人口密集或富裕的程度足以維持這些電視與否。許多上述地方已經以全球城市姿態出現，不僅為了自己的城市，也為了更廣泛的區域或全球觀眾生產資訊、媒體與其他財貨（Sassen, 2004）。這種全球城市的例子存在於中國（Curtin, 2003）、墨西哥（Canclini, 2001）和其他地方，它們為了自己、其國家與共享語言和文化的跨國文化語言市場閱聽眾而生產電視。

即便在二十一世紀初，當曾經看起來是同調的國家內涵似乎正在破裂，全國性電視卻似乎仍是最常見之形式。強勢的國族國家仍然有諸多工具與手段來操縱電視。國家有權發執照給電視台、指定其所需的頻譜，也管制電視台和電視網絡。國家仍然試圖（而且常常成功）管制和形塑消費市場，這又通常給了企業方便之門，去創造市場邊界與有功能和實用的市場定義，接著便型塑了在越來越多國家中付費給電視的廣告產業。（全國性的廣告是全球化的一種典型，在很多狀況中由全球跨國公司對國家進逼，但多數公司仍然習慣於在國家市場中廣告和販售，因此通常是強化了全球跨國公司與國族國家之間不對稱的相互依賴。(Waisbord & Morris, 2002)。至於那些不靠廣告支撐電視的地方，則傾向由國族國家給予經濟

上的支持。當國家夠強勢，它們也同樣建構教育，而在學校課程中強化國家認同（Anderson, 1994），這同時也型塑了觀眾在收看電視時的認同。

然而，超國家或跨國文化空間與市場也逐漸獲得可觀力量。既然國家市場通常仍獨佔商業行銷與廣告，因此電視製作人幾乎一開始總是為某特定國家市場而生產。顯見的例子包含美國、巴西和墨西哥，大多電視出口商仍傾向在國內市場內謀利，而非出口。國家電視空間和焦點仍與政治偏好或政府形象塑造的需要相呼應，政府仍然控制頻道配置、經濟管制與它們自己的政府預算。此外，逐日增多的電視製作單位也從國家基礎中跳出，加入到由語言和文化的相近性或親近性所劃出的更大市場空間（Sinclair, Jacka & Cunningham, 1996）。

然而，部分如Curtin（2003）的論者則論及國家對於其他的生產邏輯，正在失去其中心地位，其中像香港或上海之類的全球城市不但生產給在地和全國市場，更生產給海外離散的觀眾，這些觀眾地理距離遙遠，但卻因為語言和文化而與這些產製節目城市相連。像這些在美國的中國、印度與墨西哥裔海外觀眾，收看的是來自家鄉進口的頻道，或是在墨西哥裔美國人的例子裡，他們收看的是混合家鄉的節目，以及在美國用西班牙語為他們特殊需要而生產的節目。有些如里約熱內盧的全球城市，也為分散的跨國觀眾而製作，這些觀眾仍然使用殖民地語言，例如十六世紀以來逐漸被觀眾使用的葡萄牙語即是如此。因此Curtin與其他像Canclini（2001）與Sassen（2004）的學者，皆指出了文化產業和文化產製中全球城市日益重要的核心地位。

全球城市或國家市場中的強勢製作單位可以支配在地或國家市場，然後輸出節目，緊接著是科技與專業技術，建構衛星傳輸頻道到文化語言市場，不但重組母國市場，而且更為廣大。這種操作方式包括了TVB（香港）、TV Globo（巴西）、Televisa（墨西哥）、All-Arab Television（埃

及）和Al-Jazeera（卡達）等。文化語言市場過去傾向由以國家爲基礎的集團來開發，但現在像Murdoch的全球集團也已介入，同時也包括特定區域集團，例如Al-Jazeera（卡達）與Orbit（沙烏地阿拉伯）就傾向對準像中東這種區域，其國家電視已在新聞和娛樂節目留下一道鴻溝，等著區域集團來填補。

在世界部分地方，特別是拉丁美洲、阿拉伯語世界、華語世界和其他亞洲和中亞地區，人們越來越經驗到一種同時被地理和文化語言親近性所定義的文化層次。當2002年阿富汗新政府廢除了塔利班對於人們影像再製的禁令，根據當時的新聞報導，來自寶萊塢而非好萊塢的女星圖片湧進商店和家裡。世界很多地方也都同時從電視或其他方式中，感受到了來自好萊塢、歐洲、日本和其他地方產製的全球文化的不同文化觀點。

即使全球散居，有些閱聽人卻仍被文化語言親近性所連結。部分這種觀眾的組成是他們曾經學習了殖民的語言，而且仍使用這些語言進口與生產電視。從前的法國殖民地現在仍同時從法國輸入，並且用法語爲自己生產節目，因而建構了一個地理分散的「法語」跨國文化，這法語文化從魁北克到塞內加爾，在很多地方支持電影、電視和音樂的生產。同樣的，過去的葡萄牙殖民地也連結到葡語文化或葡語區，集中在巴西和葡萄牙，但就電視生產而言，則大多在巴西，並延伸到東帝汶和許多非洲國家，例如安哥拉、維德角、幾內亞比紹和莫三比克。前英國殖民地同樣地彼此連結，如同葡語文化，其電視生產並不透過前殖民勢力，而是被美國這個更大的前殖民地所支配。如同使用法語、華語、印度語、波斯語和土耳其語等語言，對這些觀眾而言，其人口早已全球移動到足以建立海外族群，而組成大型的、具有商業吸引力的跨國觀眾。

這種全球電視可在兩個層次被觀察到，一是其結構，另一則是實際的節目。全球集團很容易就被辨認出其試圖在全世界大部分地區運作，像

Murdoch的集團就充滿野心到處擁有自己的衛星／有線電視頻道。藉由所有權、廣告與節目創意，這些集團的確有力地到處重塑電視操作的政治經濟。然而，對一個位處巴西、中國或莫三比克的實際觀眾而言，要看出更多或清楚辨認出這些全球集團的實際節目並不總是那麼簡單。多數地方的多數觀眾起初傾向收看地方產製或全國產製的節目，而非好萊塢或如Murdoch的全球生產者。

然而，當人們也許正在看的是在地產製的節目時，這並不表示他們沒有明顯的全球或區域連結。大部分地方的閱聽人傾向收看大量的全球在地型節目，是全球啟發或甚至授權的，但是在國家或區域層次生產的。當實際節目的全球流通非常明顯，特別是透過衛星和有線電視頻道，它們卻無法在那些已有在地的、全國的或區域的節目的地方吸引大量的觀眾。Spark就注意到，雖然CNN對潛在的全球公共領域來說似乎是一個逐漸顯現的空間，但事實上CNN International的真正觀眾很少，以致於無法對地方觀眾擁有很強的直接影響力。在大的或富有到可以生產很多節目的國家，其觀眾大概更能接受像*Big Brother*這種全球的類型和樣式，但是在地生產的節目版本，而非直接由海外輸入的內容。例如，巴西人很少在黃金時段收看外國節目，他們自己的*Big Brother*已經到了第五季了，一直非常受到歡迎。

因此，全球的觀眾正暴露在兩種清楚不同的全球影響力下。其一是如Nordenstreng與Varis在1973年所強調的，以及Straubhaar等人（2004）所驗證的一種電視節目的直接流通，同時也包了最早由Schiller（1981）、Matterlart和Schmucler（1985）及其他學者所指陳的，一種藉由有線系統與衛星產生的完整頻道的直接流通。其二是外國類型節目的複製或授權，而在節目當中帶來各種程度不一的文化影響與意識形態（如聚焦於企求或處理消費者角色）（Fuller, 1992）。當肥皂劇的某類型想法同時全球地或區域地流動時，全球在地化的過程也長期非正式地的進行著。以*Big Brother*或*How to Marry a Millionaire*為例，這種套裝式類型已隨著日益增加的國際交

流，而以更正式的授權與貿易形式進行。

閱聽大眾也越來越多機會暴露在區域的或文化語言的節目流通，例如非常區域化流通的墨西哥和巴西的電視小說，以及區域的衛星或有線頻道。因此我們看到新的現象，例如Al-Jazeera支配市場而成為阿拉伯語世界和海外阿拉伯語族裔世界的新聞來源。本文書寫時，加拿大正在討論是否准許Al-Jazeera上架加拿大有線電視，他們權衡阿拉伯觀眾與部分反對Al-Jazeera激進報導的觀眾之間的競爭性需求，特別是關於該電視台對美國與其他西方國家的行動和政策，例如對美國國防部長Rumsfeld和副總統Cheney的立場。Al-Jazeera成為令人矚目的先例，也使得一個由委內瑞拉和其他拉丁美洲政府所建立的，專門挑戰美國新聞霸權的泛拉丁美洲新聞頻道，被稱為「拉丁美洲Al-Jazeera」。

多層次的觀眾認同與文化選擇

我們認為觀眾是在地理的、語言的及階級或文化資本決定的程度下選擇電視。同等的文化經驗程度型塑人們的收視行為。事實上，本文認為人們的生活乃由各種力量所影響，例如階級及他們的文化地理經驗，這隨即影響其電視收視，特別是影響其選擇何種電視收視。

本文也關切世界電視各種層次和形式下的觀眾之生活經驗。更特定而言，關注於觀眾的認同，及他們如何形成其認同，而與全世界電視的多層次文化地理一致。部分原因是由於這種文化地理經驗的層次，幾乎是每個電視觀眾共同的經驗。每個人都感受到自己的城市或地點，而在很多大城市或省份中，這些地點都越來越被在地電視製作單位直接描述。雖然有些人的生活與任何的國家經驗沒有關係，但大部分人似乎仍被全國性電視及國家定義下的學校教育、報紙、書本、廣播和政府政治計畫等所覆蓋，這點也清楚地在下面的巴西觀眾訪談中出現。

本文另一個核心論點在於，或許有人認為大部分人們的認同日益混雜，但其實它可能是更清楚的一種多層次的。事實上這兩種概念是互補的，混雜性是一種所有認同持續變遷的長期過程（Pieterse, 2004），但在此我們認為大多數人的經驗認同，部分就像是一連串從地方到全球的文化地理層次的媒體經驗。人們感受到了，但因地方和團體而異，並與語言、文化、種族和宗教相關。再者，認同感與媒體使用仍更進一步被族裔和性別所劃分。因此就其本身而言，認同的層次是一種啟發的機制，藉以理解人們傾向感受認同的方式，並特別與世界電視的複雜性相關。

　　根據文獻回顧以及在德州和巴西的田野調查，我們發現人們對於媒體的理解一開始是經由一組奠基於空間和地點的文化認同，即在地、地區、全國和全球。非常相關地基於文化和語言的認同感，通常傾向與空間和地點連結，但也可以是跨國界的，可見的例子就像跨國的或如法語系、盎格魯語系或葡語系的後殖民觀眾，或是移民或海外族裔社群等。這些認同決定收視行為，即使在人們已經搬離這些文化語言認同感一開始形成的地方，認同感仍可被維持或重新建立（Appadurai, 1996）。

　　下一個層次似乎是社會階層了，它奠基於文化資本的概念，連結了家庭、學校、鄰里和社會團體中的經驗，並型塑於經濟階層的相同性與一種可以強化於階級習癖的團體經驗（Bourdieu, 1984）。而不論是否積極地意識到，多數人也透過國族和種族去體驗與詮釋媒體，這種國族性格乃文化性地建立於他們生活中的時間和空間當中。

　　幾乎所有人都同樣地會從性別的角度理知覺到自己和自己的認同，並據以經驗媒體，許多人也會就種族與國族出發而有個清楚的他們自己的感覺。在部分國家，人們也會因為他們的世代團體而有個清楚的認同感。例如在美國，媒體的使用與理解就因為世代團體而嚴重區隔，然而這種情況就不一定在其他的社會中發生，其媒體少有因為世代團體而碎裂。在巴西，

上層階級的青少年可能會有與他們父母非常不同的媒體使用，但勞工階級青少年則少見如此大的差別（如作者訪談中所示）。最後，幾乎每個人的媒體使用都會經由其社群共享的價值而影響，最常表現在宗教團體認同中，但也與其他價值的社群有關。取決於個人的狀況和其所屬的團體，認同差異的程度可能成為經驗和理解電視和其他媒體的主因。

取決於每個人所處的環境和所相處的團體，不同認同的程度可能導致體驗與理解電視和其他媒體的主要原因。對有些人來說，就如Morley與其他學者（1992）對英國勞工階級的研究中顯示，階級認同似乎是最重要的。對另一些人而言，如研究伊斯蘭中東地區閱聽眾對好萊塢產品的反應中所顯示的，宗教可能是詮釋媒體經驗的主要認同（Chambers, 2002）。再者對其他人來說，詮釋媒體的基本認同可能是民族或性別，或兩者都是。例如美國拉丁裔者會依美國的拉丁少數族群本身之階級、性別和民族性格，而傾向於收看進口的墨西哥電視（Rojas, 2001）。

本文首先檢視各種關於世界電視中之閱聽人經驗的理論觀點，最後我們認為這種經驗可以被分析成是由一種逐漸增溫的複雜認同階層組合所中介。其次，本文藉由巴西的個案研究來檢驗這些論點和理論，這些個案是由Straubhaar在1989-1990年和1991-1998年的夏天在聖保羅城市，和薩爾瓦多與伊列烏斯城市及其週邊區域，以及後續2003-2005年在薩爾瓦多所進行的田野調查。

混雜化的過程

讓我們先回歸到以混雜這個概念作為全球化的歷史軸承（Pieterse, 2004）。我們可以將這概念對照於一般最常被視為近來全球化的核心元素，也就是各個區域和國家在科技和經濟變遷的快速空間擴張，混雜即是這些作用力和變遷對在地文化、經濟和社會系統的適應。在部分案例中，

我們看到了真正的混雜，其中各種新文化本質上由各種更前面文化的元素所合成。其他個案中，我們觀察到多樣層次乃由先前不同文化的重要部分所形成。而在許多案例中，上述兩種都對。

我們先就目前所見來思考混雜化的過程。首先，如同Appadurai在他的全球化的不連續景觀中所說明的，有一種流動的存在，包含著人員、科技、經濟體系、制度和文化模式、宗教，以及近來的媒體流動，這些不但與全球化的某一方面相連結，同時各自也擁有著自己的動力（1990）。Pieterse（2004）指出這種流動很普遍而且一直在發生。然而，似乎在現在的全球化格局中，其中的許多流動逐日增加，這使得人們開始擔心變遷速度的增加。在最極端的說法中，部分人認為全球化早從90年代就已激化了變遷的步伐（Friedman, 1999）。

其次，上述各類的流動與其流入的各種文化之間是有衝突的。跨國流動為新文化注入想法、影像、價值和實踐而產生極為強大衝擊，如同在地人們、歐洲征服者，以及非美奴隸的衝突，激烈形塑了美洲國家。然而，Pieterse（2004）也指出跨文化的接觸，甚至於激烈的接觸，都是普遍或甚至不可避免。

第三，長久以來文化間存在著相互滲透和互動，其中並有大量的變異種類。一些少數的互動被文化接受端的政策制定者高度的地控制，就像歷年來日本所實施的選擇性，以及即使在持續混雜化中，它維持了文化連貫性的程度。在更多的情形中，在地文化在殖民時期失去了官方控制，但通常也總是有辦法維持相當高的文化連貫性。在某些案例中，就如大部分的美洲國家，原生或在地文化也許沒被真正的摧毀，但都遭遇了巨大改變。然而，並非所有的跨國力量的衝突都如美洲殖民化般勢不可擋。有很多次，外來力量以集體的或個別的方式而可能被接受、拒絕或協商（Hall,1980）

。這種協商的納編以及進入到新文化的意義都可以被視爲是混雜化。

　　第四，我們主張特別是在文化接收端，當新元素與想法被吸收，則多樣層次的文化認同成形。即使如同美洲的殖民時期。在地人們通常非自願地學習新語言、想法、價值、影像和宗教。例如，包括非洲奴隸和美洲原住民都被迫去學習和適應天主教，或是在北方，適應基督新教教義。然而，當這過程似乎是壓倒性的，在地文化通常會找到方法去部分阻擋，並保存文化與認同的觀點或層次。在美國的黑奴即爲基督教注入了他們自己的音樂和宗教參與感，而創造了一種更加魅力的新教基督徒崇拜形式。巴西的黑奴和加勒比海人則通常能夠保存較多的自有宗教習慣，並與天主教義混合，而出現了「巫毒」（海地）、「桑特里亞」（古巴）或「坎德貝」（巴西）。

　　第五，有一些這些文化的真正混合體，它被許多人視爲混雜性的本質。明顯的物理類似是種族的混合，在美洲和其他各地都非常普遍。這種現象與更普遍擴散的文化混合並進，而涉及到殖民地所有可被觸及的每一個人。例如再以宗教案例來說，一系列具融合色彩的宗教活動似乎都可追溯到歐洲的、原住民的和非洲的習慣之互動，例如混合了非洲優魯巴人對「奧雷莎」（代表自然力量、先賢祖先和人類人格特徵的女神）的信仰，再加上天主教各種聖徒的信仰，即爲巴西知名的「坎德貝」。

　　第六，許多試著保存他們社會和文化連貫性的人，有時候會使用進口文化的面紗以遮掩其舊文化和認同的延續，而來抵抗新勢力、新想法和新的人們。事實上，有些例子一開始看起來像是強迫的混雜，例如天主教與在地宗教的混合，但經過更深一層的分析，通常顯示那其實是一種抵抗的;嘗試，精心地在天主教元素下維持一個傳統信仰與活動的層次。在最近一次由巴西坎德貝社群所做的報告中，他們說對於天主教聖徒的尊敬和融合至少對這社群而言只是一個保護的僞裝，他們現在已不再需要，並且想要

盡可能越多越好地回復到他們原本非洲的傳統（Afonja, 1999）。

然而，想要完全抵抗外來文化幾乎是不可能，因此混合與維持傳統層次不斷發生（Pieterse, 1995）。當部分坎德貝社群想要自絕其崇拜於天主教之外，其他社群則繼續不斷混合兩者，並用對等形式敬拜他們。這種混合形式進行的方式有幾種：武力的、自願的和選擇性的。

幾乎所有文化都吸收強勢的流動和再結構，這些流動大部分被認為是全球性的。在世界資本經濟中，多數國家和文化的快速持續整合帶來了改變（Wallerstein, 1979），而支持性的資訊和科技改變也加速了金融流動，帶來新工作，摧毀舊職業，並將經濟轉移到通常是由外部文化或國家控制的整合形式（Friedman, 1999）。這種轉向在形式和結構上傾向於商業化國家和區域媒體系統的本質，使其壓過其他類型，典型地強調媒體和生產的市場導向商業形式，據此改寫傳統藝術和文化模式。藝術工作者現在改為全球觀光客生產改編的或混雜的通俗藝術（Canclini, 1982），傳統音樂形式也引入到以饒舌或搖滾為基礎的版式，如同巴西饒舌和鄉村爵士樂，或是它們結合後的森巴與雷鬼（Perrone & Dunn, 2001）。

文化作品和人員的全球流動為新的混合形提供模式和點子，也為認同添加了不同層次，這些流動產生了新文化而注入既有的混合體和階層。文化產品進入後蘊含更廣的衝擊，同樣的更多例如宗教等潛在概念的組合，也添加新形式和想法。在名義上天主教的巴西，第三大的商業電視網的業者是一個在地的新教福音教會，它從美國福音教會採納了許多的結構和電視技巧，以及它們宗教電視台的風格。同樣這個「上帝普世統治教會」，也擁有了瓜地馬拉和莫三比克的電視網，似乎也在別的地方從事類似事情。因此雖然始自全球在地化了北美宗教形式於自身的國內集團，他們現在是將這種全球在地形式帶進其他文化的跨國力量，並接著進一步在地化和適應化（Reis）。

在地方和國內的層次，或是對一些較小、較脆弱的國家而言，所有這些跨國和全球勢力可能都太多了。弱小文化吸收流動和再結構，例如全球資本主義經濟的結構變遷，階級變遷和勞工關係變遷，以及在地文化產製的物質基礎變遷。媒介流動進入了，移民進入了，宗教和意識形態運動也進入了。地方語言經常被「國際化」語言等外來語言趕上。弱勢語言族群可能也因此變得脆弱，當年輕人最後只說大族群的語言，弱勢語言人口也流失了。由於沒有足夠的語言人口來維持，每年有數百種語言完全消失。傳統經濟和生存形式因外來力量而瓦解，因此有些文化在這種壓力下破碎和消失。

對這些文化來說，發生的狀況不是民族實際上的消失，而是他們經由外來的混合力量而被合併入一個新的、混雜的文化。這是典型拉丁美洲在殖民時期的狀況，當時原本在地文化因爲西班牙和葡萄牙征服者而被迫併入新的混雜文化。同樣過程對一些在更大、更強勢文化與國家邊緣的傳統民族仍然持續進行，征服、奴隸，和強制的彼此通婚，也許又再一次是當時拉丁美洲殖民時期的寫照（Galeano, 1985），但仍然在當地和其他地區不斷發生。亞馬遜河流域和部分印度的原住民女子事實上仍被販賣或是獵捕成爲奴隸和妓女（Dimenstein, 1991），最明顯可見的結果就是在拉丁美洲和其他地區產生的mestizaje，也就是種族的混合（Canclini, 1995）。

另一種文化混合的典型過程或混雜的基礎是融合，即宗教的混合。例如在拉丁美洲，混合了非洲宗教和天主教義，同時帶有些巴西的版本、原本的鬼神和傳說，而產生了「巫毒」（海地）、「桑特里亞」（古巴）或「坎德貝」（巴西）。起自這些繁雜根源，混雜文化幾乎不可避免，然而基於下述宗教融合的例子，很多人爭論到這些宗教傳統並未高程度的混合或混雜，而是形成有所重疊但是個自分開的層次。

支配勢力通常是，但不總是由外來侵略者而存在。在一些例子中，就像在日本，主控的在地文化即使是以軍事武力脅迫，也是選擇性地吸收其他外來文化。就像美國文化的盎格魯中心一些支配型的地方文化會從少數族群和移民中吸納文化。如同日本在歷史上從中國、西歐和美國吸收元素，選擇性的納編外國文化是存在的。

混雜化 vs. 多層次的認同與文化

如同上述，並非所有的文化面對外來力量時都一樣脆弱。從歷史來看，許多文化都對殖民主義有相當有效的抵抗。居民或多或少安然度過，在地勢力結構並未在原本在地的與／或輸入的奴隸或工人激盪之間全然瓦解，許多文化也都達到高程度的延續性。

雖然總是存在著文化間的本互滲透，但並不表示越來越高的同質化，或甚至發生深度的接合或混雜。多樣文化層次的形成通常來自文化的互動，甚至當混雜化與混合發生時，多層次仍然維持住。即便長期下來我們在表面上看到了無所不在的混雜化過程（Pieterse, 2004），混合的多層也會存在。

一種很表面的混雜常會遮蔽了這些連貫性。歷年來，外面學者視坎德貝（Candomble）這種巴西黑人宗教為融合典型，混合了優魯巴（Yoruba）宗教的奧雷莎或聖靈，以及天主教聖徒而產生新混雜宗教（Bastide, 1978）。然而，巴西的有些學者則辯稱很多巴西黑人坎德貝真正代表的是這種多層次的連貫性。例如，巴西薩爾瓦多的重要社區之一Ile Axe Opo Afonja就聲明，尹恩莎（坎德貝神明）並不是聖巴巴拉（尹恩莎常常融合的天主教聖徒）（Afonja, 1999）。他們的看法是這種融合像是個保護膜，為避免受迫害而設計來掩飾對非洲宗教的繼續崇拜，現在這種融合的偽裝可以撕去，以符合坎德貝刻意追本溯源優魯比之根。移居文化的外膜可能會

以改良的外觀來掩飾內在的傳統本質，因此可以與原生傳統文化核心共存。

文化元素有時候與社會階級和團體有關，而以文化與認同的某種層次生存下去，有時候也可在個人認同和各種形式的集體認同中延續下去。

多種認同

在逐漸浮現的模式中，人們越來越傾向於以多種文化的各種不同層次和程度去認同。人們會因多樣的文化團體在不同場域的活動而產生認同。在這種對他人學習的過程中，人們形成文化資本的多樣層次，通常會特定到不只如Bourdieu（1984）所預測的場域或活動，也包含了不同的次文化或文化層級。人們形成了不同的預存立場，而在各類團體中有不同的行為舉止。有人和父母在家中時可能是宗教虔誠和傳統的，和朋友相處時是冒險犯難而批判的，和其他人在一起時是運動愛好者，而與同事工作時則為成就取向。

因此在個體內在，多種文化資本共存，並因不同互動和活動的場域而定。文化元素生存或活躍地成為社會階級物質實踐的層次，或成為在這些階級中的個人或集體認同。雖然Bourdieu傾向於認定階級或團體習癖為單數（1984），但隨著這些越來越多樣的文化認同和實踐，人們似乎也可能因為不同的場域和情境而保有多種的習癖。

所有這些不同層次的認同、文化甚至階級習癖，會與全球的、文化語言的、國家的及地方的空間和力量有著各種不同的連繫。儘管只有少部分人會反映上述的所有層面，但在訪談中我發現許多人真的在認同和媒體使用中，表現出非常多層面。例如一位受訪於2004年和2005年的薩爾瓦多內巴伊亞的訪談者，就有符合其不同媒體和資訊的注意程度，並有著許多的

認同層面。他曾經是個飯店會計，現因為開車收入較好而轉行為計程車司機。他經由巴西電視新聞和報紙而稍微注意到全球議題，他因了解伊拉克戰爭而想要嘲笑布希總統，但他不會花太多精力注意廣泛的全球議題。他對美式流行文化有一定的熟悉，特別是在音樂和電影方面，他唯一記得的美國電視劇只有The Simpsons。他對部分葡語世界有幾分精通，知道近來東帝汶獨立，也了解葡萄牙歷史的片段，而當聊到這裡，他特別喜歡開葡萄牙人的玩笑（許多巴西人會講關於葡萄牙人的笑話，非常類似於許多美國人開波蘭移民的玩笑一般）。就新聞和重大時事而言，他知道關於拉丁美洲的相對較多。他知道一些來自其他拉丁美洲國家的歌曲，有時也和太太一起觀看墨西哥肥皂劇，其中一部分是他太太所喜愛的（在巴西第二受歡迎的聯播網SBT頻道播放）。他花了很多時間在巴西的全國媒體上，特別是新聞節目、脫口秀、電視小說劇、運動和音樂等。他充滿國內和地方政治的熱清，說著現今貪污的傳言並給了在地的例子。他也大致曉得許多關於東北巴西的音樂，以及特定的巴伊亞音樂。他當然是位福音派基督徒，但似乎也很熟悉巴西黑人宗教坎德貝，以及一些由這個宗教音樂中產生的地方音樂團體。他認為自己是較低位階的中產階級，但又非常同情貧窮與勞工階級，也談了很多階級議題。他受過一些學院程度的會計訓練，也很清楚地喜歡與他認為有教養但好相處的人談話，不過也和有較少教育程度的計程車同事聊很多軼事趣聞。他明顯是個巴西黑人後代，而且在文化角度上他對此感到很驕傲，但只要涉及政治就顯得謹慎小心。他喜歡聊巴西黑人音樂，甚至也用這些辭彙，但是不願多談種族議題的其他面向，例如最近巴西大學正在實施的種族肯定行動的配額等。整體而言，他的教育程度可能使他比大部分巴西人在認同與媒體使用方面有較高的複雜性，但卻很難成為全球精英的一員；他是一個有意識地掙扎存活於中產階級中較低位階的個人。因此就認同和媒體使用來說，也許在某種程度上他是非常多巴西人想要成為和想去做的典型（見Straubhaar, 2003）。

探究閱聽人和他們的認同

大致而言，本文後半部分析各種混雜化的形式和多層次認同的形構與維持，以作為一種理解複雜世界體系內文化與電視接收關係的途徑。我們將檢視若干領域，在那裡混雜化似乎是認同變遷的主導形式，也將觀察若干部分，其多種層次或認同的隱喻似乎較為有效。

下文將就認同的面向或層次來組織。部分呼應理論觀點，但更多在於反映人們在訪談中對我們顯示的認同，以作為這篇文章的實證基礎。

在接下來的篇幅裡，我們會先討論空間和時間同時作為媒體流通、媒體消費和文化認同的定位點。在我們對巴西人和美國拉丁裔人的訪談中，雖然他們認同的空間焦點可能有國內的或國際的不同，但這種層次同時在兩者中出現，並且是主要元素。其次是階級，雖然美國論述中傾向於強調種族和族群甚於階級來作為差異的標記，但階級是巴西人的下一個主要層面，同時也對拉丁美洲人非常重要。接下來認同的基礎層面才是種族和族群，特別是對美國拉丁裔人而言，雖然巴西人很自由地談論種族如何滲入巴西人認同感的歷史形構中，然而巴西人的社會論述也傾向於強調階級甚於種族，這已是認同的現代記號。我發現巴西人也似乎用一種從種族認同而來的暗示的方式在談論地點。例如，在巴西地點某種意義上成為談論種族的方式，薩爾瓦多的受訪者會討論到巴西其他地方和民族的不同，透過「巴亞諾」（原「巴意安」）而非「黑人」來討論，但我常常清楚感受到他們只是採取較不引起激烈反應的用語，其實也是在談論「黑人」。

語言也與族群相關，尤其是美國拉丁裔人。最後我們看到宗教和性別通常是大多數個人認同的根本層面，但不一定總是在團體或集體認同中被經驗。

文化地理：文化距離、全球、國家和地方認同

　　讓我們開始清楚聚焦在閱聽人的體驗和理解上。由於日常生活就在特定的地方與時間，所有閱聽人都有很強的在地認同感。他們的詮釋社群（Lindlof & Shatzer, 1988）乃奠基於家庭、地方朋友、鄰居、俱樂部、教會團契與運動團體等。多數人也有一種區域的意識，區域大於最接近的地方場所，但又小於國家。

　　如同下面巴西人的例子，他們大多數每天的想法和互動仍是非常在地的。因此，人們用來詮釋像電視這些媒體的很多知識和文化資本，都正是來自日常生活中的在地經驗，而這種經驗來自於他們最接近的環境、地點和時間所塑造出來的特定文化中。有時候這種對場所的體驗會清晰化為一種差異，界於在地生活經驗與電視上所見的全球或國家場景之間的差異。例如LaPastina（2004）所觀察和訪談的農村巴西人感覺自己活在巴西的邊陲，有些疏遠於他們所看到電視上的城市巴西人生活。

　　場所的體驗也受認同的其他層面所束縛，就像族群或語言／文化。例如Rosemary Alexander Isett發現在阿拉斯加的因紐特人受訪者感受到與電視上所描寫的其他美國低緯度48州的文化有很大的距離。事實上，觀看電視上的美國文化，他們反而會因為住在他們自有種族文化的鄉村地區而感到安心（Isett, 1995）。在東奧斯汀訪問到的拉丁美洲人也傾向於以他們的認同和最在地情境，特別是鄰居和擴大家庭等來思考。如因紐特人，不論在語言和文化方面，他們通常自覺與主控的美國有極大的文化距離。然而，這種文化距離在世代之間（以下會談到）和家庭有很大差異。事實上，我們對拉丁美洲人的田野調查已很強烈提到家庭認同的層面。拉丁美洲家庭通常在特定鄰里間撫養人，但同時也會連結人們到墨西哥的擴大家庭。因此，雖然家庭通常受限於場所，但移民不同，特別是那些自視為暫時離群族裔的一部分的人，他們有計劃永久性地或週期性地回到那個自己

認為的文化祖國，就像墨西哥或中美洲。

　　然而，地方層次的文化一致性（如果曾經存在的話）已經被距離化銷解了（Giddens, 1990）。這個概念暗示在地人開始在相當距離之外參與非在地文化的趨勢和民族，此乃透過媒體、學校、旅遊、工作、移民，以及在他們個人網絡中對他人的替代性體驗。然而，這種看法相較於許多全球化理論家所假設的，並不是太有新意，幾乎所有文化都已相對地持續與其他文化接觸，文化間的混雜化已成為常態，而不是沒有（Pieterse, 2002）。這對我們而言，更有意思的問題可能是各種不同的媒體形式有多少程度地促進了距離化、變遷和混雜化的相對分量和速度。我們想要重視地方的相對穩固，正如同許多閱聽人所感受的，而不至於掉入Pieterse所稱的「地方的物化，排除在地與全球的互動」（2002: 47）。

　　早在國族國家取得決定認同之制度化定義的相對重要地位之前，地方文化通常已與較大的文化語言區域有文化交換和相互滲透。地方團體是更大的語言、文化和種族團體的一部分，就像印加文化，早與其他更小、更清楚區別的團體有貿易、合作和連繫，這些團體橫跨許多現今秘魯、玻利維亞和智利，或是現在蔓延在南墨西哥和瓜地馬拉的馬雅文化。這些前國家時期的文化在現在世界上許多角落以地方的或次國家的姿態延續著。即使有些地方文化其語言已經消亡，但通常會在食物、農業、姓名和種族身體特徵上留有痕跡，而繼續建構文化的場所。這就是Pieterse（2002: 91）所闡述的longue duree，或即混雜性的長期過程。從這觀點來看，混雜性是個極端古老、長期進行的過程，現代媒體也進入其中。

　　像巴西和中國等較大型國家，或如莫三比克等中型國家，通常會有一致的次國家區域認同以反映這些持久的、混雜形式的認同。在很多地方它們符合了前歐洲／殖民文化們的文化輪廓。如同我們下面會看到的巴西個案，這些個案中的地方和（次國家）區域文化傾向，與其國家文化維持一種

差異，並中介著他們的國家媒體使用（Martin-Barbero, 1993）。當巴西不同區域有非常不同的族群混合，這個國家地方認同的體驗就包含了或甚至合併了族群差異。在其他國家，如奈及利亞或印度，區域的差異可能同時是語言、宗教和族群的。那裡的人們傾向用感知到的區域或地方差異的濾網，去過濾國家的、超國家的和全球媒體，甚至他們會使外來文化的元素來適應他們自己多層次認同的在地觀點或程度。

事實上，這些共存的平衡以及地方認同和國家與跨國認同的衝突，就是我們在此聚焦於混雜認同下多層次認同的原因之一。有時候地方隨著外在影響而變遷爲混雜，有時候差異的元素會持續而成爲一個個別層次。我們在巴西的訪談傾向於告訴我們在大多數人當中兩種過程都在作用。很清楚地，同樣過程也發生在其他地方。我在密西根州教書第一個研究生研討會中，我記得聽到一個奈及利亞研究生形容他自己，一開始是基督徒，然後是伊布人，然後是比亞法拉人，也只有此時才是來自奈及利亞。在多數相對協調、相對強有力的國族國家中，如 Anderson（1983）提出的，人們會產生一種反映了想像的國家認同的認同層次。在歷史上這種過程被經驗到是開始於國家政治制度入侵了地方空間和文化，例如軍隊的、稅吏和州長，但是在很多地方這些制度在仍然很具地方認同之處留下了相對較輕的足跡。城市精英通常會對許多農村和小鎮人們對國內涉入的程度感到震驚。同樣地，這些相同的城市精英通常會徹底地誤解由國家邊陲地區人們所組成的地方社群與認同。當秘魯小說家Vargas Lhosa在尋找一個象徵或前例，以了解據稱秘魯的毛派人士Shining Path迷團般的鄉村革命（Vargas Llosa, 1981），他看到了一個極端的例子，是在1890年代巴西鄉村的一個完全被誤解的宗教社群，他們隱居到巴伊亞南方山中卡努巴據點的舉動，被國家的領導勢力詮釋成受到法國啓發的君主制的造反，這促使他們連續幾次派遣軍隊去夷平這個地方和運動，創造了在巴西一個區域對上國家認同的經典的、長久的故事（da Cunha, 1973）。

如Gramsci（1971）和其他人提到的，在大部分地方，廣大人口的國家意識由於政府組織的或受監督的學校教育而越來越增加。當學校教育交由宗教團體，如同1900年代前許多的拉丁美洲，或是現在仍然如此的大部分中東地區（延伸到阿富汗和巴基斯坦），那麼國家政府就喪失了至少部分對重要「意識形態國家機器」的控制力，即以政府想要的方式去定義認同和設定意識形態。如同Anderson指出的，印刷資本主義結合國家的努力，進一步在十九世紀定義了國家認同，至少在歐洲和拉丁美洲，經由報紙和小說提供了讀者共同活動、目標認同的意識，給這些遍佈在相同政治和語言邊界的人（Anderson, 1983）。在二十世紀，廣播和電視似乎在很多國家繼續著那個過程，將它延伸給國家邊界之內更少識字、更遠的民族（Katz & Wedell, 1976）。

還有，雖然國家認同對許多觀察者而言，似乎成為支配或至少是認同的核心形式，但我們認為它創造的是一種認同的新層次，高於場所，並在某些案例中超過次國家的文化語言社群，是補充，卻不必然會減少那些舊有的層次。再一次，最有可能的是，一種不對稱相互滲透的長期互動以及文化與認同在各階層的混雜化。

語言／文化定義空間和市場

觀眾可以對電視上所見事物同時感到遙遠和親近。觀眾會同時由他們在邊陲知覺到的位置感受到文化地理的遙遠，也會因為他們暴露在某個國家文化的不同程度而對該國文化覺得文化親近。當他們感知的文化距離是非常真實時，那麼他們經由電視、學校、廣播上的國家音樂、像足球的國家運動，以及例如國旗的國家符號等，所產生國族認同的終身涵化也是如此真實。

文化親近性奠基在一些因素上，以用來克服上述的文化距離。文化親近性會在一些不同層次上被達到：地方層次在於直接身體的和經驗的體驗分享；區域層次共享的體驗可以是直接的或中介的；全國層次的社群大部分是經由媒體而想像（Anderson, 1984）；而跨國的認同則是植基在一種共享的語言和歷史上，它是更流動的，但可能仍然非常真實。

跨國文化親近性基本上可能多根據語言的基礎，然而除了語言，也有其他相近性或接近性的層次，它是基於文化元素，本質上包含：服裝、族群樣式、姿勢、身體語言、幽默的定義、講故事速度的想法、音樂傳統，以及宗教元素等，通常跨越國界而共享。寶萊塢電影因為這種相近性而在阿拉伯世界大受歡迎，巴西電視小說劇（晚間影集或肥皂劇）配上西班牙文後，也因為這種相近性而遠較Dallas或Dynasty流行（Straubhaar, 1991b）。Iwabuchi（1997; 2002）指出台灣青少年因為文化上的親近喜歡日本電視和音樂，儘管日本和台灣的語言差異，他們卻共享一種「亞洲現代性」的感覺。

國家邊界和認同的創造也沒有根本地消除超國界文化語言社群和認同。多數在中國大陸、香港、新加坡和台灣的人們都認為自己是華人，雖然在二十世紀定義下的這些國家和自治區，通常都有激烈意識形態的或軍事的衝突。也許沒那麼正確，但是夠有意思的相同狀況發生在拉丁美洲的西班牙語使用者，如玻利維亞，原本的民族解放者建立泛區域認同的夢想，在國家主義浪潮和整個十九與二十世紀的跨界衝突下凋零。不過這些國家在獨立運動的衝突之前，並沒有像中國文化一樣有已有四、五千年的文化發展，四個世紀共享西班牙語言和遺產將人們聚在一起，如同我們仍看到電視遊走在拉丁美洲之間的文化語言空間，但其文化是如此差異，從一開始的各類種族混合模式、許多原住民團體間的混雜化和文化層次化、西班牙和葡萄牙殖民者、非洲黑奴的輸入、以及近來更多的歐洲移民，例如義大利和德國人等，都劇烈地改變阿根廷、智利、東南巴西和烏拉圭的特徵。

還有一個堅強的語言基礎連結著拉丁美洲西班牙語文化市場與西班牙，而巴西葡萄牙語市場不只與葡萄牙，也和非洲和亞洲的部分世界相連結。類似的地理性的擴散模式還有大英帝國連結著美國，以及澳大利亞、加拿大、大不列顛、牙買加和紐西蘭。雖然不太可能，但即使這樣的說法會衝擊到美國讀者，我們可試想看看美國是不是的確從哪些國家輸入了電影和音樂。

　　拉丁美洲的個案之所以特別有趣，是因為通常即使在同一城市的不同團體，也可同時看到文化層次中的混雜化與早期文化的持續。例如，在不同的巴西黑人融合宗教社群中，有人會強調強勢非洲傳統的維持來作為一個傳統和認同的個別層面，試圖去（再）建立他們的根源，有些人則較開放混合，不只帶來非洲和天主教元素，包括帶入法國通靈教和美國新時代宗教概念。殖民文化中用相同殖民和混雜化模式也開始分化了過去共享相同文化語言遺產的其他文化，即使他們那些源頭和歷史傳統通常都被維持住，成為一些認同的個別層次，或是更徹底混雜結果的一部分。

多層次的認同和社會階級

　　觀察觀察驅動和複雜化地方的、國家的、文化語言的和全球的多樣認同的力量之一，即是一個社會內部社會階級的階層化。如以下會看到的巴西案例，精英份子是最全球化的，他們有更多機會接近使用各種形式的媒體和資訊與傳播科技，他們從旅遊、教育、工作和個人網絡中累積了更全球化的文化資本組合。對中產階級和勞工階級來說，就其媒體接近使用、學校教育、旅遊和工作等方面，他們的文化資本最多是國內的或區域／文化語言的。勞工階級、貧民和遊民的文化資本與生命期待是最在地的〔參見Straubhaar（2003）同時對理論例子和巴西田野調查例子〕。

儘管如此，所有這些階級的構造也是複雜的文化團體，有多重的認同，是在地的、國家的、文化語言的和全球的。文化元素生存或活躍地成爲社會階級和其他團體之物質實踐的層次，或成爲在這些階級中的個人或集體認同。在英國，Morley發現帶有勞工階級認同和文化實踐的人們，看電視時創造了一種距離感或批判態度，特別是收看像BBC這種由精英角度創造的節目時（1980）。基於階級認同，Morley找到證據證明Hall（1980）所預設的電視的「積極收視／解讀」。勞工階級人們的確批判性地接受、協商或有時候拒絕英國製作人置於節目中的特定傾向的解讀。

　　儘管是以階級爲基礎，但個別收視與認同的詮釋卻無法解釋我在訪談中所發現的複雜內涵。人們會在不同鬥爭的場域中認同於多種文化團體（Bourdieu, 1984）。這種場域的概念很有用，因爲人們會在多樣的活動和興趣的場域中短兵相接。例如，即使在電視，人們投入娛樂場域與新聞場域的方式就非常不同（Benson & Neveu, 2005）。例如在巴西，我們發現人們看電視新聞比看電視具有更批判的傾向，因爲他們明白新聞有檢查和操縱，就算都是從同一個巴西最強的電視台TV Globo製作出來的也一樣。

　　不過，更進一步檢視我過去兩年在薩爾瓦多的訪談——這是在東北方屬巴西黑人部分的重要城市——及建立在LaPastina對巴西東北農業區域的研究（2004），我發現一些人會拒絕收看TV Globo的電視劇，他們說他們無法找到在別台聯播網的別種節目上所可以感受到的彼此連結。例如，在薩爾瓦多訪談中，我發現了一句重複出現的話：「我看得出人們不喜歡我看Globo。」這句話出現在幾次的個別訪談中。在2004年的一次訪談，一個勞工階級的巴西黑人計程車司機用這句話解釋爲什麼他越來越收看SBT，而非TV Globo〔SBT是第二等級的國家聯播網，從1980年代以來，當其管理階層開始明白他們不可能競爭所有的一般閱聽人，即策略明確地針對所有巴西較低的中產階級、勞工階級和窮忙族的觀眾（Mira, 1990; Fadul, 1993）。〕SBT在媒體專業雜誌廣告部門清楚強調閱聽人是以階級定義，但

即使在巴西階級和種族存在著非常強烈的人口統計學關係下，他們並未指明勞工階級和貧窮閱聽人主要是巴西黑人。

我詢問這個人是否他認為Globo螢幕上沒有足夠的黑人而SBT有較多的黑人，他說那只是部分理由，但他也無法說明更多；事實上，清楚的談論種族似乎讓他不舒服，如同其他幾個受訪者，當我問他們的類似評論「我看得出人們不喜歡我看Globo」所指為何時，他們似乎也感到不舒服。他們較容易去談論TV Globo上的人總是多富有，根本不像他們知道的人們。而且他們也能夠構連一種意義，說明大部分TV Globo電視劇和其他節目安排的地點里約熱內盧，和薩爾瓦多相較之下是個多麼不同的地方。

我回去討論人們使用上述評論似乎意謂什麼，它似乎需要一個在訪談中出現的三種認同層次的變化組合。首先，人們是積極而有意識地知道大多數在電視上描寫的人們，特別是在TV Globo上的人們，都比他們真實狀況還富有許多。我的受訪者坦率地就他們在電視上所見的，構連出一種階級差異的意識。其次，他們公開地知道奠基在文化地理的距離，這距離與La Pastina在巴西東北的農村部分的發現類似，指出螢光幕上的人們以其本質上不同的文化，生活在這個國家非常不同的部分（見上述）。第三部分只有少部分人公開這麼說，那些螢幕上的人們似乎比薩爾瓦多的觀眾們白很多，薩爾瓦多的多數人是巴西黑人（參見以下更多關於種族認同的討論）。

混雜化、種族和族群認同

在本分析中有幾個混雜化的關鍵元素。最基本的是人類人口的移動、互動和相互滲透。聚焦在移民以及民族的移動會傾向經由混雜文化或種族雜婚，並產生種族的與／或族群的相互滲透，這從歷史角度和美洲來看更是正確。它也產生了海外族裔社群的形態，在那裡，移民通常試圖維持他

們本身族群的定義或結構，以及移民間文化社群的意識。這種說法也更為正確，尤其對近來全球移民的模式，以及對亞洲人、拉丁美洲人、非洲人和中東人，如土耳其人和阿拉伯人，移民到北美和歐洲更是如此。

現在一個談混雜化的方法，是主張族群就像文化一樣，是個正在演化或混雜化的社會建構（Pieterse, 2004）。當民族移入與互相摻合，就有一個朝向身體可見特徵的混合或種族雜婚，通常我們把它與種族結合在一起，因此種族的形態也趨向改變。再者，我們如何結合這些身體特徵與認同、我們通常如何看待族群，也是會有不同和變遷的。某種形狀的鼻子是否會被聯想到拉丁特徵或猶太特徵，或根本就是白人特徵，在美國過去這一百年已有很大變遷，而且隨著是否旁觀者知道很多這種族群次文化的歷史而異。如同在巴西一樣，種族淵源的定義在一國之內可能是變化多端的。它們可構連於社會階級，如同現在的巴西，因此一個較有錢、穿著體面的人可能比那些有同樣種族特徵但較貧窮的人，被認為是「白種人」。它們會在世代間改變，就如美裔拉丁人。

然而，雖然種族和族群淵源可能是個持續演化的社會建構，但對大多數人來說，一個當代種族和族群認同的意識的確存在。對很多人來說，這是觀看電視和其他媒體的重要中介者。對在其他國家的海外移民族裔來說，種族淵源和語言的差異性通常也是認同層次的主要基礎，而中介電視選擇。

我在巴西做的的訪談中，有較少的證據證明種族或族群是有意識地決定看電視節目的主要標準。如上所提，人們並不容易在種族和階級之間梳理他們自己的認同。會有某些事物因為他們是黑人或因為他們是勞工階級或窮人而吸引他們嗎？這反映了二十世紀巴西人在種族上的意識形態：在混合種族的巴西種族不是個問題，階級才是真正的問題。如同上述，至少兩個聯播網對準較低的中產階級、勞工階級和窮忙族的巴西人，他們都更

可能是非洲後裔、黑人或混合種族，反之中產階級和精英巴西人則傾向是歐洲後裔或混合種族的白人端。

　　這種聚焦階級超過種族的看法已越來越被巴西黑人激進份子所排斥，他們質疑為什麼巴西黑人這麼少出現在電視上或社會的專業和中產階級的領域，或為什麼大多數貧窮的巴西人是黑人，反之亦然（Bacelar, 1999; Crook & Johnson, 1999）。有些電視劇的分析，特別是對TV Globo上主要黃金時段的節目，已顯示黑人或非裔巴西人的比例不足，而他們實際上構成了巴西的一半人口（Araujo, 2000）。有些改變在SBT和Record的節目上可以看到，他們特別是在真人秀、新聞和紀錄片節目中，傾向秀出更多非裔臉孔，以呼應其閱聽人的組成。

　　在巴西有一個針對更多理解種族作為認同層次的短暫運動。特別是在薩爾瓦多巴伊亞更是如此，在那裡有一些有名的嘉年華團體，自1980年代早期，在他們主題、影像和論述上已經是明顯地非洲中心（Guerreiro, 2000）。這些反映在我在2005年所做的一些觀察和訪談中。我收看一個TV Globo全國歌唱大賽FAMA，與我同看的是一個女性的非洲中心森巴舞團體Banda Femina Dide，她們的主唱正在為巴西東北努力，與另外七個人競爭三個優勝的其中之一。雖然在這區域大部分是非洲後裔，但台上只有三個競賽者是非洲後裔。最後，一個被Dida團體稱為negao（英俊黑人）的黑人和兩個白人獲勝，一個是白人搖滾類型，另一個是非常普通的白人女性。Dida團體的人為她們的歌手以及另一個很有魅力和好歌喉的混合種族女性加油。當其他地區（北中和南南東）也投票時，Dida團體的創立者，也是著名音樂家Neguinho da Samba，對於白人歌手在決勝賽時取得的優勢感到非常厭惡。另外兩個可能也是非洲後裔的歌手從五個南方競爭者中獲勝，但總共佔比例十二分之三（根據人口調查資料，大約一半巴西人是非洲後裔，但由於資料是根據自我報告，因此可能少報了真正的比例）。他看著我說：「看吧，教授，在這國家這種偏差仍然存在。」他為此生氣到帶著看得到忿怒離開這場所。

認同層次作為中介者

在本文中我們回顧了一些認同的基本層次，這些層次會影響電視收視，特別是對我們訪談到的在巴西和奧斯汀的拉丁美洲人。就文化地理、階級、族群和性別而言，人們認同的意識的確會引導他們選擇觀看什麼電視節目。那些收視的選擇是人們與電視互動，最基本的和可能是最重要的方式。認同的多樣層級同時也引導了人們理解電視的方式，以及電視似乎對他們產生作用的方式。這些認同的意識不但啟動了批判性收視，同時也是文化資本的一種形式，這也是Bourdier（1984）的另一個主要概念。我們往往視文化資本為一組社會同意的知識和傾向，它涉及社會流動，並奠基於人們從他們家庭、學校、教會和其他主要社會制度學來的事物。例如，Bourdieu原本的研究（1984）發現了從家中或學校習得的文化資本，以及博學相對於大眾音樂的品味之間有很強的關係。Straubhaar（1997）則由巴西的研究發現中，在文化資本、人們品味和興趣的全球化，以及他們對全球／全國節目的偏好中，連結了這些關係。

然而，文化資本有多樣的層次，而這相關的傾向會導致個人以特定方式行為。以Bourdieu用語來說（1984），這些資本的形構與傾向乃由團體所共享，以一種他所指稱的團體的習癖為模式。既然如此，我們認為個人參與和認同於多樣的階級／團體習癖，取決於我們談的是那個認同的層面和媒體經驗。例如，在更早一年之前的2004年與幾個同樣來自Banda Feminia Dida的人一起看電視，電視節目正譴責對貧民的不當醫療照護。多數在場的人是非洲後裔，但又不是全部。在那時候整個房間的評論都聚集在觀眾對其他貧窮或勞工階級團結一致的意識上，就像對螢幕上在醫院和診所的那些人一樣。既然大部分在場的都是非洲後裔，人人皆會表明種族團結，但那不是在當時的主要議題，雖然一年後當同批人在歌唱比賽中看到種族偏差，這很清楚對他們來說就是主要議題。因此，人們顯然在認同的多樣意識中遊走，以此作為參考框架，作為理解媒體的來源，以及作為媒體文本的中介者。

中介的概念在拉丁美洲電視研究中變成關鍵的理論原理，奠基於 Martin-Barbero（1993）的研究，他指出我們應該從媒體本身移動我們的焦點，轉到關切中介我們經驗和理解媒體文本的力量。Martin-Barbero（1993）和墨西哥媒體人類學者Orozco（1991）都同時疾呼要考量中介之多種設置的重要性，然而我會主張那意謂著被多樣層次和認同來源影響的中介的考量。

許多中介過程是非常在地且與人際相關的，因此如上所述，在 LaPastina對馬坎比拉的研究個案中，在地文化會是全國的、區域的或全球的電視收視的重要中介。然而，這種在地過程也受到先前接觸電視、教育、旅遊、語言學習、廣告及其他媒體如書本和報紙的影響，同時還包括各種個人經驗，它創造了文化資本以中介電視收視。這建立也同時是個人的與共享的文化預示。多數文化接觸，明顯的如電視節目、廣告和教育，是最常被國家程序所框架，在很多國家中被清楚的政府政策所引導。

這些中介或對話對應於多樣的認同和團體的文化習癖，因此也可以是多重的。同樣在一個或多個文化脈絡下，這些中介選擇元素，並把它們加入到不間斷的更大的文化脈絡裡。根據Ricoeur（1984），這種重新成形的過程重塑了文化脈絡，然後再成為持續與進一步的媒體消費的預示。

參考書目

Afonjá, I. A. O. (1999). Iansã is not St. Barbara. In R. M. Levine & J.J.Crocitti (Eds.) ,*The Brazil reader: history, culture, politics*. Durham: Duke University Press.

Althusser, L. (1992). *Ideologie et appareils ideologiques d'Etat. Portuguese title: Aparelhos ideologicos de Estado: nota sobre os aparelhos ideologicos de Estado.*Rio de Janeiro, RJ, Graal.

Anderson, B. (1983). *Imagined communities: Reflections on the origin and spread of nationalism.* New York: Verso.

Appadurai, A. (1990). *Disjuncture and difference in the global cultural economy. Public culture, 2*(2), 1-24.

Appadurai, A. (1996). *Modernity at large: Cultural dimensions of globalization.* Minneapolis. University of Minnesota Press.

Araujo, J. Z. (2000). *A negacao do Brasil: o negro na telenovela brasileira.* Sao Paulo,SP: Editora SENAC Sao Paulo.

Bacelar, J. (1999). *Black Brazil: Culture, identity, and social mobilization.* In L. Crook & R. Johnson (Eds.). Los Angeles: UCLA Press.

Bastide, R. (1978). *The African religions of Brazil: toward a sociology of the interpenetration of civilizations.* Baltimore: Johns Hopkins University Press. Benson, R., & Neveu, E. (Eds.). (2005). Bourdieu and the Journalistic Field. New York: Polity Press.

Bourdieu, P. (1984). *Distinction: A social critique of the judgement of taste.* Cambridge: Harvard University Press.

Canclini, N. G. (1995). *Hybrid cultures: Strategies for entering and leaving modernity.* Minneapolis: University of Minnesota Press.

Canclini, N. G. (2001). *Consumers and citizens: Globalization and multicultural conflicts.* Minneapolis: University of Minnesota Press.

Chambers, D. (2002). Will Hollywood go to war? *Transborder Broadcasting Studies, 8*(Spring/Summer).

Crook, L., & R. Johnson (Eds.). (1999). *Black Brazil: Culture, identity, and social mobilization.* Los Angeles: UCLA Press.

Curtin,M. (2003). Media Capital: Towards the Study of Spatial Flows. *International Journal of Cultural Studies*, 6(6), 202-228(27).

da Cunha, E. (1973). *Os sertoes.* Sao Paulo: Cultrix.

Fadul, A. (1993). *The radio and television environment in Brazil.* Sao Paulo: (s.n.): viii, 180 leaves; 28 cm.

Friedman, T. (1999). The lexus and the olive tree. New York: Farrar, Straus and Giroux.Fuller, C. (l992). Dutch reformat, resell shows. *Variety Europe, 75.*

Guerreiro, G. (2000). *A trama dos tambores (The web of the drums: The Afro-pop music of Salvador.)* (Rolf J. Straubhaar, trans.). São Paulo: Editora 34.

Hall, S., D. Hobson, A. Lowe & P. Willis. (1980). *Encoding/decoding. Culture, Media and Language.* London: Hutchinson.

Isett, R. A. (1995). *Publicly funded satellite television in Alaska: lost in space.* College of Commuication Arts and Sciences, Michigan State University, 274.

Katz, E. and G. Wedell. (1976). *Broadcasting in the third world.* Cambridge: Harvard University Press.

La Pastina, A. C. (2004). *Telenovelas' reception and the schism between national production, global distribution and local consumption.*

Lindlof, T. R., & M. J. Shatzer. et al. (l988). Accommodation of video and television in the American Family. In J. Lull (Eds.), *World Families Watch Television.* Newbury Park, CA: Sage Publications, Inc.: 264.

Martín-Barbero, J. (1993). *Communication, culture and hegemony: From the media to the mediations.* Newbury Park, CA: Sage.

Mattelart, A. and H. Schmucler. (1985). *Communication and information technologies: freedom of choice for Latin America?* Norwood, NJ: Ablex.

Morley, D. (1980). *The nationwide audience: Structure and decoding.* London: British Film Institute.

Morley, D. (1992). *Television, audiences and cultural spaces.* New York: Routledge.

Pieterse, J. N. (1995). Globalization as hybridization. In M. Featherstone, S. Lash & R.Robertson (Eds.), *Global modernities.Thousand* (pp.45-68). Oaks, CA: Sage.

Pieterse, J. N. (2004). *Globalization and culture*.

Reis, R. *Igreja Universal*.

Rojas, V. (2001). *Latinas in El Show de Cristina: Notes on representation within a framework of sexual labor.* ICA conference.

Sassen, S. (2004). *Global cities*. Pine Forge.

Schiller, H. I.(1981). *Who knows: Information in the age of the Fortune 500*. Norwood, NJ: Ablex Publishing Corporation.

Sinclair, J. S., E. Jacka & S. Cunningham. (1996). Peripheral vision. New patterns in global television.(pp.1-15). New York: Oxford University Press

Straubhaar, J. (2003). Choosing national TV: cultural capital, language, and cultural proximity in Brazil. In Elasmar, M. G. (Eds.), *The impact of international television: a paradigm shift.* Mahwah, NJ: L. Erlbaum Associates.

Straubhaar, J., & L. G. Duarte. (1997). *The emergence of a regional television market in Latin America: Broadcast television program trade vs. DBS/Cable TV.* Broadcast Education Association Conference International Division, Las Vegas.

Straubhaar, J., & S. Hammond. (1997). *Complex cultural systems and cultural hybridization*. Alta Conference on Communication and Complex Systems, Alta, Utah.

Vargas Llosa, M. (1981). La guerra del fin del mundo. Barcelona. *Editorial Seix Barral.*

Wilkinson, K. (1995). *Where culture, language and communication converge: The Latin-American cultural linguistic market*. University of Texas-Austin.

媒介全球化
想像空間與認同併裂 / 李天鐸／著

前言

　　美國動作電影《赤色黎明》（*Red Dawn, 2010*），由米高梅（MGM）公司於1984年拍攝，它假想了蘇聯和古巴聯軍入侵美國小鎮，幾個小孩憑藉一己之力擊敗了「敵人」的故事。2009年12月，該公司開始重拍這部冷戰時代的電影，講的雖然還是同樣的故事，但入侵者變成了中俄聯軍。影片劇照在網路上曝光：全副武裝的解放軍及裝甲車在美國街頭巡邏，士兵們手持AK-47步槍，佩戴五星紅旗袖章，到處張貼政治宣傳海報；被佔領的小鎮上空飄揚著「八一」軍徽，軍徽還被印在類似納粹旗幟的長條旗上，解放軍被弄成了納粹同夥。這立刻遭到了中國官方報紙連續數天猛烈的批評，米高梅對此表示他們有表達思想的自由，這更激化了華人僑界的抗議，認為這是對中國進行妖魔化，播撒仇視中國的種子（見http://www.chinapressusa.com/2010-06/03/content_447331.htm）。

　　再回到十多年前。1997年末，在由好萊塢性感偶像布萊德・彼特（Brad Pitt）所主演的電影《火線大逃亡》（*Seven Years in Tibet*）中，對戰後西藏處境做了一番全然西方的演繹，使得該議題在全球蔓延開來而形成一股「西藏熱」；然而，在中國大陸官方卻強力抗議此部電影的主述觀點與其全球放映。全球的「西藏熱」與中國大陸不滿的言論形成強烈的對比。無獨有偶，正當港星楊紫瓊所飾演的中國情報員在電影《明日帝國》（*Tomorrow Never Dies, 1997*）中與○○七情報員龐德（James Bond）演出半裸的情戲時，中國電影主管當局卻公開表示，該片中的中國情報員其行為舉止有違「民族意識」，不適合在大陸播映。在接下來一系列的影片如

《喇嘛傳》（*Kundun, 1997*）、《間諜遊戲》（*Spy Game, 2009*）等等，都是延續的例子。在全球體系之下，媒體成為社會主義價值意識與資本主義商品邏輯的角力場域。

　　然而處於非東西兩權衝突板塊的台灣，卻也遭逢到此種價值矛盾的兩難。近二十多年來，只要釣魚台海域一有磨擦，社會便是一陣騷動。1997年6月在釣魚台問題與反日情結進行的如火如荼之際，一位日本偶像劇迷投書於台北《中國時報》某專欄時寫到：

> 自從新聞播出二次大戰時，台灣婦女被日軍強徵為慰安婦的血淚控訴，以及日本與我國爭奪那些沒魚、連蝦也抓不到的釣魚台事件之後，身為中國人的我竟然無法對日本產生一絲絲的恨意，這都是因為豐川悅司的魅力所致，所以日本當局可以考慮讓他來台做「親善大使」了（王蓉，1997：165）！

　　2002年9月台灣前總統李登輝接受日本媒體的專訪，公開表示「釣魚台是日本的領土」。頃刻之間，在政治社會領域，反日／親日的對峙又再度浮上檯面。但是在街頭，我們所看到的依舊是十足東京原宿打扮的男男女女；在廣播，我們聽到的仍然是東洋流行勁歌，談的依舊是新宿涉谷購物覽勝密籍；在電視，播映的照樣是日本當紅的偶像劇。如此絕然的對比，讓人感覺這仿佛是個患了精神併裂症（schizophrenia）的社會。

　　這些並非是特例。長久以來，由跨國資本主義領軍的全球文化和世界各地的本土文化在持續地相互矛盾、抗辯與納編的過程中重組著。傳統的個人身分及文化、國族認同，本由國家透過一連串的「大敍事體」（grand narratives）（如歷史、神話、教育、民俗等）所建構而來。在時間的軸承上各國自有其一脈相承的歷史文化表徵，也藉此使其居民對國家產生文化認同及歸屬感。然而現今全球化及後現代消費的時代，在資本主義邏輯推

動之下，跨國媒體以全球範圍競逐影視市場，跨越疆界地傳散著混同世界文化素材的資訊。因此當詩情畫意的日本偶像劇遇上國族情仇釣魚台事件時，具有歷時性的國族認同與國家文化不再享有其優越性與獨一性，由全球資本主義所產製的混成價值沖蝕了國家認同的穩固性。

「認同」的本質在二十一世紀的今日已不再純粹，它已被注入各種複雜的因素而呈現出一種幾近脆弱的體質。因此，全球化並非是一種簡單的同質化、西化或現代化過程。西方學者高倡全球化媒體到來的同時，我們發現在此之中有太多的空間容許我們（非西方優勢世界成員）給予辯證與質疑。本文擬藉由對跨國媒體及其所產制出來的文化商品之描述，來剖析國家內部所遭逢的認同問題。首先，本文將簡述「認同」的基本概念與本質、認同建構的過程，以及媒體於其中所扮演的角色。再者剖析全球文化的擴散過程以及對文化認同所造成的衝擊。最後我們也將會對西方論述中的全球化觀點重新提出批判與質疑。

認同的概念

「認同」（identity）無論在心理學或是社會學領域上，一直受到相當程度的關注，而關於認同的定義與本質也眾說紛紜。總而言之，所謂的「認同」具有下列的概念：首先，認同感的產生，必定是與外界互動而來。霍爾（Stuart Hall）曾將認同的概念分為三個階段：「啟蒙時期主體」、「社會學主體」與「後現代主體」（Hall, 1992: 277-279）。在「啟蒙時期主體」的階段中，普遍認為人是與生俱有理性意識的，為統一（unified）的個體；個體以自我為中心來詮釋外在的世界。「社會學主體」則認為主體的核心並非自我意識和自覺的；人的自我認同是後天透過與外在世界互動而產生的，認同是連結內在個人與外在世界的橋樑，將個人縫合至社會結構中。社會學家米德（George. H. Mead）所提之「有意義的他者」（significant others）與顧里（Charles. H. Cooley）所論之「鏡中之

我」則屬此類（ibid.: 287）。進入到「後現代主體」，則涉及了一種非固定、具有流動本質的認同觀。主體與多義的、片斷的社會結構互動之下產生了一種內在矛盾、朝不同方向拉扯的認同觀。據此定義，社會環境與結構對主體認同的形塑有著決定性的影響。社會結構變遷，與之互動而產生的主體認同也隨之轉移。

其次，認同具有層次上的差異。認同為一心理機制，隨著與主體互動之結構的不同，認同也會產生不同的程度與層次。普列斯頓（P. W. Preston）指出，認同涉及了地域（locale）、網路（network）與記憶（memory）三個層次與概念（Preston, 1997: 43）。地域指的是人們居住在特定地點中的生活方式；地域為一充斥著例行實踐、互動與意義的場域。人們以地域為基礎，在與他人互動的人際網路中形成認同觀，而此種認同觀則存在於主體持續不斷修正的記憶場域中。因此，個人先認同於所居住的地域，而後認同於地域中與他人互動的網路，最後則將這些認同選擇性諸存於記憶中。主體理應先對自我產生心理上的認同，而後認同於與他人互動的社會，進而認同於國家，甚至是全球。各層次間或許和諧一致，或許辯證矛盾。國族認同也許與個人心理認同互相衝突，台灣內部的省籍認同即為一例。

再者，認同必由實踐層面而觀之。普列斯頓指出，認同研究所探究的是行為者（agents）如何認知其自身為一政治集合體中的一份子、此種認知是如何在例行實踐中被表達出來，以及它們如何在公共領域上被正式合法化的過程及方式（ibid.: 54）。因此，認同除了為一內在的心理機制外，也會透過外顯的行為表現出來。是故認同存在於個人的例行實踐，如言語、行為與消費方式中，也存在於與他人互動的人際網路，如家庭、學校中，更存在於與個人實踐密不可分的表意（媒體）及論述中。

國族認同的垂直建構

認同乃是一個不斷學習與修正的過程，而國族的認同則涉及了意義的建構。霍布斯邦（Eric Hobsbawn）認為，國家是由一連串被創造出來的「傳統」所構成，此傳統則存在於一系列被建構、被再現的表意過程中。透過這些被創造出來的傳統，國家得以連結自身的過往（past）於人民之上（Hobsbawn, 1994: 76-83）。此外霍爾也提出，國家文化是一種論域，為一種建構意義的方法，影響並形塑了我們的行為及對自我的概念（Hall, 1992: 291-299）。

國家藉由選擇性記錄的正式歷史告訴人們他們是誰、從何而來。透過一連串的民族神話，形塑著人民應有的價值觀與秩序。建立各種紀念碑及紀念日，召喚著人們對某些象徵符號產生認同及歸屬感。在此種充斥著歷史性記憶的日常生活中，國家藉由此種一脈相承的穩固軸承，建構人們的認同觀於例行實踐中、選擇性的記錄某些象徵符號於人們的記憶中。在這種垂直建構的歷史軸承上，人們認同於某些特定的象徵符號而形成一國特有的國家文化及國族認同。

安德森（Benedict Anderson）則對國家文化的起源提出和上述不同的說法。安德森在其著作《想像社群》（Imagined Communities）一書中指出，民族主義與民族意識的產生與印刷資本主義的興起有著絕大的關連（Anderson, 1991: 36-46）。報紙、書籍的普遍印行，使得身處各地的人們能夠在同一時間內，同步想像發生在遠地的事件。有了此種時間與空間的水平連結，想像社群於焉形成。在此社群內，每一成員都存在著與他人共處於一社群的想像。而此種「想像」，也就構成了個人對其國家文化的認同感。安德森繼而指出，民族國家的想像社群具有特定的疆界，跨越此疆界則存在著另一個想像社群。然則安德森所提出的想像社群乃針對印刷媒

體而言；印刷媒體傳散的範圍具有時間與空間上的限制，由印刷媒體構成的想像社群也必定穩固於國界之內。在步入跨國資本主導媒體秩序的今日，衛星、網際網路無遠弗屆的穿透力早已超越國界。安德森的想像社群是否存在，抑或是想像社群的範圍已更為擴大或是沒有範圍，則是本文接下來要探討的重點。

媒介——認同實踐的場域

在國族認同形成的過程上，霍布斯邦及霍爾等人所提之垂直建構，與安德森的想像社群或許有些出入；然則他們的共同點在於——認同感之建構必須實踐（再現）於論述層面。在國族認同垂直建構的歷史軸承上，認同存在於歷史教材、教科書、博物館及神話故事中。媒體再現了這些象徵素材，早期的軍中每週一次的「莒光日」政治教育節目、每年一度國家領導人的元旦文告、新聞報導中的民俗節慶，如祭孔大典、春節聯歡晚會等，以至今日電視的鄉土風情紀錄片《台灣全紀錄》、《一步一腳印發現新台灣》、《真心看台灣》，或是引介大陸山川景物的《大陸尋奇》、《中國印象》等，認同的本質或許有所改變，然而不變的是在這些論述及表意過程中，象徵著國族認同或地域認同的符碼一次又一次地在媒體中被複誦與再製著。安德森也在其《想像社群》一書中提及，想像社群有其實體性，而此實體性則存在於媒體的表意過程中。閱讀全國性報紙的同時，載負於媒體上之的論述將人們串連起來，使人們認知到自身為一集體社群的一份子。（ibid.）媒體成為認同得以建構的載具，在此之上充斥著各種象徵與意義。媒體與其文化商品成為意義的載負體，人們消費這些意義，並受制於這些意義所建構的結構中。這些象徵與意義再現並主導著人們的實踐與認同。

然而媒體環境與本質的改變，使得傳統上媒體在國族認同建構所擔任的角色也產生了改變。在傳播科技的引領下，全球資訊快速流通，資訊及

影像的氾濫使得地理空間不斷在重構（restructuring）著。社會關係模式由重理性的現代性轉入多義的後現代性，工業生產模式也由二十世紀初講求大量生產的福特主義，轉移至以全球範圍去中心化生產爲目標的後福特主義。傳播媒體也在此社會巨變的浪潮之下，由公共服務體制轉移至商營體制——資本的累積及利潤的創造成爲首要目標。世界上大多數的影視產品，掌握在少數幾個（以西方爲主）的跨國媒體機構中。這些跨國媒體所制定的遊戲規則，影響著其他媒體的生存方式。

台灣內部自1993年通過有線電視法以來，衛星及有線電視頻道大增，由早期只能接收到的三台，增加至現今可接收到的八、九十個頻道。在國內有線電視上播放的頻道，除了本土頻道外，尚有來自美、日、港、新加坡及中國大陸等地的境外頻道，約占了總頻道數的二分之一。頻道數大增，使得觀眾的選擇權也因此增多。同一時段內，可收看到由台灣本土製作的《夜市人生》、《光陰的故事》、《流星花園》、或是《綜藝大哥大》，可收看到中國大陸的節目《雍正王朝》、《大宅門》、或《喬家大院》，還有香港的《尋秦記》、《洛神》、或《公主嫁到》等等。在此同時，或許新聞頻道則正在播放著紀念「南京大屠殺」的相關新聞，而按下遙控器按鈕，歷史空間驟變，隔壁頻道可能播放著當紅日本偶像的訪台簽唱會，HBO或者在播放著好萊塢最新的動作片；Discovery則向觀眾娓娓道來各國的奇風異俗。

電視頻道如此，電影亦然。根據統計，世界上主要的傳播集團如時代華納（Time Warner）、新力集團（Sony Corp.）、新聞集團（News Corp.）、迪士尼（Walt Disney Co.）、維康公司（Viacom Inc.）、博多曼（Bertelsmann）、科藝百代（Thorn EMI）與環球（MCA）等等，這些傳播集團的電影部門，在世界市場的佔有率高達87%（李天鐸，1997：4）。跨國企業集團所建構的影像世界，嚴重的壓擠了各國影像產品的空

間。影視節目的氾濫，連帶地帶動了週邊產品的熱賣。青少年穿的是印有「NIKE」或麥可‧喬登（Michael Jordan）肖像的衣服、用的是Hello Kitty的筆記本；青少女則模仿日本流行教主濱崎步的髮型與穿著、看的是NON-NO雜誌；卡通漫畫《海賊王》與《死亡筆記本》、《蠟筆小新》則成爲中小學生的談論的共同話題；小朋友們用的是迪士尼出品「獅子王」、「天外奇蹟」、「玩具總動員」的全套文具用品，「麥當勞」則成爲年輕族群生日宴會的代名詞。曾幾何時，台灣本土的飲酒文化也慢慢爲日本啤酒所服務，在人們勸酒暢飲時，口中喊的是日文「乎乾啦！」（乾杯），手中握的是「麒麟一番榨」日本啤酒！資本主義全球化生產的結果，動搖了國族利用表意建立認同的穩固及純粹性，威脅了本土文化生存的空間。來自世界各地不同的資訊，在台灣上空構築成一個無地圖式（mappless）的影像空間（image space）。人們在與此種空間互動的結果，導致了一種片斷的、流動的、複合的認同觀。

無地圖式的影像空間

傳播科技如衛星傳送、網際網路、數位壓縮等技術形構出資訊的去國界化、商品符號的後現代式消費及媒體的全球化，創造出一個不同於以往具有固定時空脈絡的影像消費空間。紀登斯（Anthony Giddens）認爲，全球化最基本的概念即爲一種時空的分化。全球化關注的是當下（presence）與非當下（absence）的交互作用，以及相隔遙遠的社會事件其社會關係的交錯（Robertson, 1995: 25）。在此空間中，交織著各式各樣的影像符號；跨越國界的資訊使得傳統地理空間標繪蕩然無存。如今在台灣我們可以看到美國當紅的電影、消費到日本最「人氣」的商品及偶像，體會到全球「同步流行」的快感。台北的街頭充滿著港式飲茶、台灣小吃、義大利Pizza、法國紅酒、及來自美國的Hagen-Daze冰淇淋、星巴克咖啡等等，徹底地展示出一種「無地圖式」的城市風貌。今日的香港、新加坡、曼谷、上海等亦是如此，真可謂「千城一面」。影像空間下的時間流程也不再線

性，未來世界的《MIB星際戰警》（*Men In Black*）也現身於各式各樣的週邊產品中，甚至在台灣的歌壇被再利用。1997年在此部電影大賣之後，台灣本土的歌壇也出現了一個名爲「MIB三重唱」（Music Is Back）的男子團體。在音樂錄影帶上，我們看到了三位中年男子穿著「星際戰警」式的全黑西裝，帶著雷朋（Ray-Bon）的黑色墨鏡，手拿著象徵著尖端科技的「記憶消除棒」對著觀衆，唱得卻是1970、80年代的台灣民歌。於是，跨國媒體以大成本產製出來的科幻電影，與在歷史上屬於台灣集體記憶的民歌文化，在資本主義的結合之下產生了一種令人精神分裂的狀態。一時之間，時空錯置，有著歷時性意義的本土文化在跨國媒體影像文化的包圍之下徹底的被轉換與扭曲。

此種影像空間縮小於家庭客廳中具體地實踐著。當觀衆拿著搖控器選取著各式各樣的資訊的同時，每一次轉台即經歷了一次時空的錯亂。也許當父親指著新聞報導中的釣魚台事件，訓誡著子女應有的民族情操時，搖控器按鈕按下的那一刹那，日本安室奈美惠的勁歌舞曲卻吸引了更多的注意。普列斯頓所謂的人們對於地域的認知已混淆，對於街坊鄰里的認識卻不如對木村拓哉、湯姆·克魯斯的熟悉；海尼根啤酒、左岸咖啡和烏龍茶一樣地受到歡迎。地域性的本質已不再純粹，所謂「天涯若比鄰」，在台灣一樣可以消費到異國的文化與風情，屬於地域的獨特性已不再存在。人們喪失了地方感（）與空間感。符號交換則成爲此種影像空間內主要的例行實踐（daily practice）。商品上所載負的符號意義，其使用與消費左右了資本主義社會下人與人之間的互動。傳播科技的發展也更拓展了人際間互動的範圍及形式。「電台點歌」成爲表達人與人之間情感的一種方式，傳媒所建構的「浪漫情人節」也制式地規劃著、定義著所謂的愛情。網際網路上的跨國資訊與交談則成爲最「酷」、「炫」的交友方式。

媒體不但改變了人們對地域的時空認知，也仲介了甚至主導著人際互動的本質與方式。然而令人感到害怕的是，現今台灣的上空，卻瀰漫著、

充斥著各種跨國機構所傳遞的優勢資訊，跨國媒體主導了全球媒體的遊戲規則。在此種情境之下，人們對於地域的認同已模糊，人際網路的抽象化使得人們更無從解讀其自身與群體之間的網路關係。對於國家的認同，已失去了最根本的來源基礎。傳統上媒體扮演著建構國族認同的角色，然而在躍入後現代消費社會的今日，（西方強勢資本所主導的）媒體卻解構了這樣的認同，在政治及經濟遊戲規則之下，跨國媒體仗其強勢資本又重新建構了一個新的水平、跨國界的全球認同觀。回顧過往二十年，媒介全球化的風潮下最具文化顯意性、最具社會衝擊性的案例，應還是1997年推出的《鐵達尼號》（Titanic, 1997），而非2010年突創全球票房紀錄的《阿凡達》（Avatar, 2010）。

鐵達尼號的世界

　　囊括第七十屆奧斯卡金像獎十一項大獎的電影《鐵達尼號》（Titanic），其熱潮在全球世界各地形成一種文化奇觀。這部耗資二億美元的鉅作，全球票房高達十億美元，當年看過三、四次甚至更多次的人不在少數。電影本身的熱賣，連帶地使得週邊產品如主題曲、錄影帶、VCD、海報及明信片成為最熱門的商品，男主角李奧納多（Leonardo DiCaprio）也因此成為「情聖」的代名詞。根據統計，從1997年12月至1998年3月為止，《鐵達尼號》在台灣創下了新台幣七億元的票房，成為台灣地區有史以來第二高賣座的電影（鐵船柔情偷走華人心，1998.03.02）。在台灣內部，各大媒體紛紛開闢專題討論該片情節與男主角李奧納多，討論的主題涵括拍攝過程、星座、面相等等。這部鉅作在美國強勢資本的堆砌與運作之下，在全球已然創造出一個影像空間，而此種文化奇觀卻也對各國內部的價值觀與認同產生不小的衝擊。

　　當時擔任中國國家主席的江澤民在參加1998年第九屆人大會議香港團和廣東團討論時，興致勃勃地表示：「不要以為資本主義就沒有思想教

育……它（鐵達尼號）把危難當中，金錢與愛情、貧與富以及人與人之間的關係表現得淋漓盡致，十分感人。」江澤民主席因此建議部長們應該好好地看這部影片（鐵達尼號衝向中國之旅，1998.03.22）。在領導人的背書下，該片在中國大陸尚未上映之前已造成了一股風潮；負責進口此部影片的中國電影公司甚至希望該片的上映能夠在中國大陸觀眾中形成「高尚的文化消費時尚」；而映後，影片中的愛欲情仇也成為中國大陸年輕一代所欲求與寄託的價值觀。而影片中所描繪的富貴如浮雲以及所讚揚的強烈生存意志，也使當時正遭逢亞洲金融風暴打擊的香港居民深深地受到啟發。在此部電影上映後不久，1997年12月20日由雅加達起飛的新加坡勝安航空墜毀於印尼，機上罹難的104人全部合葬的當日，《鐵達尼號》的主題曲成為現場演奏的哀樂（ibid.）。在台灣內部此部影片也成為政治宣傳的工具，當時執政的國民黨為了與青少年增加溝通，該黨文化工作委員會在網路上發佈與《鐵達尼號》有關的資料作號召，國民黨秘書長章孝嚴夫婦與鐵達尼號的電腦合成圖則放置在章孝嚴個人網站的首頁上。

上自國家領導人，下至勞動階級，在全球皆從《鐵達尼號》獲得心靈上的滿足之際，它的象徵符碼不但在一國之內成為集體記憶，甚至進一步地成為全球人類的共同認同。資本主義的水平全球擴散，滲透了地域、改變了人際網路，也進駐了人們記憶的場域中。該片的情節本身只是一個基於歷史事件再現的虛構故事，然而此種虛構的故事卻成為全球人類共同追求的價值與理想。當人們各自追求心目中的電影男女主角「傑克」（Jack）與「蘿絲」（Rose）之際，它取代了傳統各國文化中的象徵符號，全球人類的愛情觀與人生觀已然同質化為一個虛構的故事。國族長久以來努力建構的認同觀與秩序，卻不若這部三小時的影片來得有效與感染力。在台灣內部，國民黨所欲向下宣傳的政治目標，卻不如搭上鐵達尼號來得省事的多；長久以來歷史教材、民間故事中所流傳的淒美愛情，也不若它來的引人矚目。認同於「傑克與蘿絲」的，比認同於「梁山伯與祝英台」或「牛郎與織女」的人還來的多！在全球體系下，儘管政治立場紛歧、經濟利益

衝突、文化價值不相容，但觀賞《鐵達尼號》已經成為全球共同的具體實踐！

認同的碎裂與矛盾

諸如《黑暗騎士》（*The Dark Knight*）、《哈利波特》（*Harry Potter*）、《魔戒》（*The Lord of the Rings*）、及《神鬼奇航》（*The Pirates of Caribbean*）等影片皆為跨國傳播集團強勢行銷成功的一連串實例。擁有強大資本的美國好萊塢，必然在下一個年度又會推出另一系列的鉅作。然而，在此我們應該關切的是，西方挾此強勢資本與規模經濟所帶來的文化產品，對於國族內部的認同所帶來的衝擊。先前提過，商品符號的交換成為今日人類的主要實踐；而媒體在其中非但扮演著再現的角色，在相當程度上也引領了此種符號消費與交換。然而可悲的是，現今媒體的建制與規範仍無法逃離西方強勢跨國媒體所建構的遊戲規則；甚至更糟的是，跨國媒體已漸滲入、取代了本土媒體的影響力。也因此本文主張，在今日認同不但應由實踐層面來觀之，更應於媒體所載負的認同元素來解析。

當媒體滲入了個人的例行實踐中，其間的相互文本（inter-text）左右了人們的生活意義與生活的方式中，人們認知自己的方式也因此有所改變。而當此種媒體漸被跨國媒體所取代時，認同的本質已不再穩固。衛星科技、有線電視、網際網路、音樂、電影及其商品干擾了人們對地域性的認知、仲介了人們的互動網路，甚至取代了人們的集體記憶。傳統上所建構的民族神話為跨國文化產品所取代，也正回應了後現代理論中所謂的「大敘事體的滅亡」，眾聲喧嘩的結果使得歷史的軸承已開始動搖。全球化的社會下，混成的文化價值取代了國家特有的文化。霍爾所謂的「後現代主體」已具體的顯現出來，片斷與破碎的結構使得人們對國族及文化的認同趨於破碎與矛盾。

台灣本身特殊的歷史環境，使得內部的國族及文化認同在後現代環境中，更加顯得搖搖欲墜。台灣自1895年馬關條約割讓予日本，至1945年中日戰爭台灣光復為止，在日本帝國殖民統治下為期五十年。在此五十年的殖民統治期間，日本對台灣的政治、經濟及文化領域的規範與建制多有干涉。日本由對台灣初期的「異域化」統治而漸至後期對台灣在文化上採長期漸進的同化策略，使台灣內部「皇民化」以納入日本帝國的大和體系。日本統治台灣的五十年間，電影為當時主要的大眾媒介，專司認同歸屬的宣導與撫慰工作。根據統計，自1926年至1941年間，日本影片在台灣市場的佔有率已達70%至80%間。由此可見日本當時為了在台灣內部建構歸屬於其皇國體系的國族及文化認同作了相當大的努力（李天鐸，1997：46）。

　　1945年台灣光復至1987年解嚴以來，內部的認同軸承又歷經了一次斷裂與重塑。在此一時期，由國民黨政府帶領的威權體制扮演著去（日本）殖民化的工作。在「反攻大陸、光復神州」與「保密防諜，人人有責」的口號之下，台灣與中國大陸呈現一種備戰狀態，國族及文化被建構為一種認同於具有五千年歷史的悠悠大中國情懷；彼岸的「故鄉」因此成為一種「想像式的中國」。威權體制下所強勢建構的認同觀，在1987年解嚴以後的時期則面臨一種被解構的危機。各種為掙脫長期威權體制所進行的社會抗爭如雨後春筍般興起。台獨及台灣意識逐漸抬頭，最大反對黨所提之「四百年來頭一戰」的口號，徹底地挑戰了「中國歷史五千年」的傳統國族建構。執政的國民黨所建構的國族認同也由「反攻大陸」而逐步修正為「中華民國在台灣」。至此，台灣的文化認同及主權歸屬歷經了一連串的辯證，認同軸承又再一次搖晃，內部的認同觀由日本殖民時期的「大和體系」、國民黨政府主張的「大中國體系」，到2000年政權首度輪替後民進黨的「台灣意識」，再到2008年國民黨重新執政後，整體認同的軸承已呈現一種曖昧不清、詭譎辯證的飄移狀態。

而與此同時，1980年代台灣經濟的快速成長，也使得台灣內部大眾消費文化逐漸成形，以美國爲首的大眾影視產品在台灣開始著床。另一方面，日本產制的大眾文化相互文本（如漫畫、錄影帶、偶像體系等）也改以經濟的模式流竄至台灣本島的各個角落。在大眾文化以商業邏輯帶領之下，原本摻雜著日本、中國及台灣搖晃不定的認同軸承又得再度面臨資本主義的嚴苛考驗。脆弱的體質及抵抗力反而給予強勢跨國媒體深入認同領域的契機。因此，在文化及國族體系本身不明確時，當我們喝著茶裏王飲料與可口可樂、當我們沉迷於日劇《坂本龍馬》與韓劇《妻子的誘惑》、當我們聽著女神卡卡（Lady Gaga）與泰勒絲（Taylor Swift）的舞曲、張惠妹與周杰倫的情歌、當我們以韓劇《冬季戀歌》的故事作爲人生情愛的寄託時，我們究竟是誰？而又當我們在網際網路上看到以下一段廣爲流傳的話：

> 「小日本」，從十幾歲開始，朋友就這麼稱呼我。說也奇怪，我一點也不會生氣，反而有一種親切、得意的感覺。彷彿那個名字，才是我真正的名字。能夠被冠上這個稱號，真是無比的榮幸啊！我的前世，一定是一個日本人。如果不是日本人，那一定是一隻日本豬，從日本進口到台灣來的。我一直都是這麼認爲！（見http://www.hajapan.com.tw/newpage1.htm）

　　試問這是怎麼回事？我們又該如何自處？

　　國族及文化認同在跨國資本主義的壓迫之下，傳統上認同的三個本質——地域性、網路與記憶已開始動搖。國族垂直建構的認同脈絡在與全球跨國資本相衝擊後，認同觀呈現一種斷裂的局面。過去由國家建構的歷史與神話，在今日之前仍爲人所記憶與傳誦；然而在五十、一百年後，人們所記得的究竟爲何？在後現代的社會中，由跨國資本所建立的全球文化不屬於任何一地或任何一段時間；在沒有歷史、沒有情境（contextless）的情況之下，國族及文化認同因此碎裂而融入一種全球混合的文化中。史密斯

（Anthony Smith）曾提及，「國家」的建構是一種選擇性的記憶過程，而全球文化則是一種完全失憶的現象（Smith, 1990: 180）。在人人陷入一種失憶的情境中，歷史的片斷成爲混成文化的素材，成爲一種販賣的商品，其本身意義已消失而不再是一種維持認同的穩固軸承。

在傳播科技的擴展之下，安德森所謂的想像社群界限已然模糊。衛星電視的發展、跨國影視產品的流通使得人們無法再藉由接收特定媒體而產生穩固的想像社群。國家疆界不再是想像社群的界限，人們藉由各種「同步流行」與「現場直播」的快感使得想像社群消弭、融化於全球體系之中。在此，國族的地位與角色，漸被傳播科技所沖蝕。國家不再是想像社群的唯一單位，取而代之的是一個「去國家」的全球想像社群。

結論——全球文化即為混合文化？

許多西方學者在談論到全球與本土之辯證關係時，認爲全球與地方並非完全對立，地方可視爲全球的一個面向；而全球化則涉及了一種全球與地方、普遍性與獨特性相互滲透的過程。[1]然而，全球化並非一種簡單的文化混合與滲透。在全球與本土交互影響的關係作用下，權力結構仍被再生產。我們必須思考，在此種文化混合的過程中，是否全世界的每一文化皆有參與混合過程的同等機會與同等比例？有多少個國家有能力製作出類似《全面啓動》（Inception）、《魔境夢遊》（Alice in the Wonder Land）的電影？而台灣的本土文化在全球化的過程中，是否有參與「混合」的同等機會？我們可以很明確地看出，目前全世界的影視產品仍由具有強勢資本與人才的西方及日本媒體所主導。其強大文化工業生產出來的文化產品，載負了一種取材自不同「本土」、不同比例但仍以西方價值占大部分的混成文化；而此種混成文化利用強大的配銷管道流通至世界各地，水平擴散的結果使得民族國家內部的認同產生矛盾。

西方世界以本土化和「全球／本土化」（Glocalization）作為修辭以推銷其文化產品，然而在此更重要的是，我們須以非西方優勢世界成員的角度，來關心台灣或是其他國家如印尼、馬來西亞、泰國等等的本土文化。在「全球／本土化」的旗幟之下，所有的本地素材皆被納入跨國機構全球化的過程中，結果是更豐富了跨國文化產品的內涵及市場觸及率。在西方（及日本）以強勢資本主導全球媒體工業的情況下，全球化的過程意味著所有的地方性皆需仰賴西方優勢主導的發聲管道，才有躋身全球「混成文化」的機會。原本來自於拉丁語系的瑞奇‧馬丁（Ricky Martin）、夏奇拉（Shakira）也只有藉由美國的音樂體系才有幸成為全球歌王歌后；如今國內外相當盛行的原住民音樂也必須被納入主流的行銷管道才可發聲；西藏的議題只有在好萊塢的主述下才更為人所注目；中國的民間故事「花木蘭」也只有仰賴美國的迪士尼才有機會納入國際視聽資產！

　　因此，全球化的「混合」、「融雜」（hybridization）過程，仍為一種單方向的納編過程。地方文化在有幸為西方世界「欽點」之下，充其量只成為跨國文化產品的行銷素材。地方被納入全球的結果，累積了跨國企業的資本；然而在行銷全球的文化產品進入地方時，則產生內部文化及國族認同的問題。「全球化」充其量只是一個不均衡權力結構的再生產機制。

　　歐洲內部對於歐洲文化的美國化現象早已有所自覺。為了抵抗美國文化對於其內部文化的主宰性，並為了維持歐洲文化認同的穩固性，歐洲內部於1980年代開始做了若干程度的努力；包括鼓勵並保護本土節目的製作、限制外來節目進口的比例以及建立屬於歐洲的影音市場等等。雖然如此，歐盟在面對美國具強大穿透力的文化工業時仍如履薄冰。然而在國族認同體系更趨複雜的台灣內部，我們看不到相關的自覺與努力。在文化商品被美、日、韓攻佔的情況之下，真正屬於台灣本土的精美自製節目實在相對贏弱。偌大的歐盟對於反美國文化侵略所做的諸多努力，也只能勉強一戰；那麼台灣在面對全球強勢文化水平擴散之際，我們不禁要提出質疑

，台灣本土文化在跨國資本的脅迫之下，究竟還剩下什麼？只剩下每次選舉造勢時吶喊震天的「愛台灣，為台灣打拼」！

根據「文化接近性」的原則來看，當外國媒介產品與本國媒介產品相競爭時，閱聽人會因文化上的接近性而偏好選擇本國產品。然而在台灣內部文化產品無法提供閱聽人相當程度的使用與滿足時，即給予外來影視產品入侵的契機。在媒體結構與社會環境中充斥著外來文化之際，台灣社會內部的人民將如何與之互動而產生本土的認同感？

對台灣而言，在國家的起源及國族認同的歸屬上，仍是個懸而未決的爭議。然而現在我們真正應該關心的，是現在以致於往後的道路該如何走下去。在進入全球體系跨國消費的時代，台灣內部的國族認同將會漂流於迷失的影像空間中而載浮載沉。於此，台灣文化的主體性究竟在何處，是我們必須關切與質疑的。攤開世界地圖，「台灣」作為一個地理名詞確實存在。然而當跨國媒介資訊及影像文化、相互文本充斥在台灣人民的例行實踐中，當我們的下一代吸收著跨國企業的營養品而成長之際，「台灣」的文化社會學意義究竟何在？台灣將失去屬於自身的、獨一無二的不可替代性文化？在全球體系下，「台灣」的國族位置，將消蝕於他國的霸權文化中，而只成為一個地理名詞上的空殼和政治鬥爭的祭品？太多的疑問了！

「全球化」絕非是個簡單的融合過程，世界各國在全球化的潮流中皆存在著相當程度拉扯的張力。然而台灣這個島嶼內的國族文化認同，卻在殖民、去殖民及反威權過程的削弱下，碎裂於跨國資本下。至此，認同的軸承已不再是搖擺不定，而是在碎裂後，依照資本主義邏輯而重塑出一個複合的認同觀。在建構、解構與再建構的過程中，屬於台灣本土的不可取代性文化已被沖刷殆盡。因此，當西方世界自豪著全球化時代到來之際，我們必須反思與質疑台灣在世界體系中的位置與角色，並嘗試釐清一個未來可走的道路。

註釋

1.最典型的代表著作為M. Featherstone, S. Lash & R. Robertson (Eds.) *Global Modernities.* London: Sage, 1995。

參考書目

〈鐵船柔情偷走華人心〉（1998.03.22）。《亞周週刊》。

〈鐵達尼號沖向中國之旅〉（1998.03.22）。《亞周週刊》。

王蓉（1997）。《黑鳥麗子白皮書》。台北：大塊文化。

李天鐸主編（2000）。《重繪媒介地平線》。台北：亞太出版社。

李天鐸（1997），〈亞太媒體全球化迷思的建構與解構〉，「第五屆電影電視錄影國際會議」論文。台灣，台北。

李天鐸（1997）。《台灣電影、社會與歷史》。台北：亞太圖書出版社。

唐維敏譯（2000）。〈不對稱相互依賴與文化接近性：對國際間節目流路的批判性回顧〉（原著Straubhaar, Joseph），李天鐸（編）《重繪媒介地平線》，頁93-132。台北：亞太出版社。

陳光興（1996）。〈去殖民的文化研究〉，《台灣社會研究季刊》，21：73-139。

陳光興（1994）。〈帝國之眼：「次」帝國與國族—國家的文化想像〉，《台灣社會研究季刊》，17：149-222。

張京媛主編（1995）。《後殖民理論與文化認同》。台北：麥田出版社。

廖炳惠（1994）。《回顧現代：後現代與後殖民論文集》。台北：麥田出版社。

劉現成（2004）。《跨越疆界：華語媒體的區域競爭》。台北：亞太圖書出版社。

錢穆（1976）。《中國歷史精神》。台北：東大出版社。

魏元良等譯（1998）。《解殖與民族主義》。香港：牛津出版社。

蘇宇鈴譯（2000）。〈日本文化在台灣－全球本土化與現代性的芬芳〉，
（原著岩瀏功一），李天鐸（編），《重繪媒介地平線》，頁305-
340。台北：亞太出版社。

羅慧雯（1995）。《台灣進口日本影視產品之歷史分析》。政治大學新聞研
究所碩士論文。

Anheier, H & Isar, Y. R. (Eds.). (2008). *The cultural economy.* London: Sage.

Anderson, B. (1991). *Imagined communities.* New York: Verso.

Bhabha, H. (1994). *The location of cultuer.* London: Routledge,.

Buell, F. (1994). *National culture and the new global system.* Baltimore: The John
Hopkins University Press.

Cambers, I & Curti, L. (Eds.). (1996). *The post-colonial question: Common skies,
divided horizons.* London: Routledge

Certeau, Michel de. (1984) *The practice of everyday life*. (S. F. Rendall Trans.)
Berkerly: University of California Press.

Crane, D., Kawashima, N., & Kawasaki, K. (Eds.). (2002). *Global culture: Media,
arts, policy, and globalization.* New York: Routledge.

Curran, J. & Morley, D. (Eds.). (2006). *Media and cultural theory.* New York:
Routledge,

Featherstone, M. (1996). *Localism, globalism and cultural identity.* In R. Wilson
& W. Dissanayake (Eds.), *Global/local: cultural production and the
transnational imaginary.* Durham: Duke University Press.

Featherstone, M. (1995). *Undoing culture: Globalization, postmodernism and
identity.* London: Sage.

Featherstone, M. (ed.). (1990). *Global culture.* London: Sage.

Friedman, J. (1994). *Cultural identity and global process*. London: Sage.

Gandhi, L. (1988). *Postcolonial theory.* Edinburgh: Edinburgh University Press.

Gellner, E. (1964). Nationalism and modernization, nationalism. In *Thought and
change.* London: Routledge.

Gellner, E. (1983). *Nations and nationalism.* Oxford: Blackwell.

Hall, S. (1992). The question of identity. In S. Hall, D. Held & T. McGrew (Eds.), *Modernity and its futures*. Cambridge: Polity Press,.

Hardt, M. & Negri, A (2000). *Empire.* Cambridge: Harvard University Press.

Harrington, C. Lee & Bielby, D. D. (Eds.). (2001). *Popular culture: Production and consumption*. Oxford: Blackwell Publishers.

Hobsbawn, E (1994). The nation as invented tradition. In J. Hutchinson & A D. Smith (Eds.), *Nationalism*. New York: Oxford University Press.

Holt, J & Alisa, P. (Eds.). (2008). *Media industries: History, theory and methods.* Oxford: Blackwell.

Howes, D. (Ed.). (1996). *Cross-cultural consumption*. London: Routledge.

Jameson, F. & Masao, M. (Eds.). (1998) *The cultures of globalization.* Durham: Duke University Press.

Morley, D. & Robins, K. (1995). *Spaces of identity*. London: Routledge.

Miller, I. (1994). Creolizing for survival in the city. *Cultural Critique*, 27, 153-88.

Mitchell, D. (2000). *Cultural geography.* Oxford: Blackwell Publisher.

Offe, C. (1984). C*ontradictions of the welfare state*. Cambridge Mass：MIT Press.

Preston, P. W. (1997). *Political / sulture identity.* London: Sage.

Robertson, R. (1995). Glocalization: Time-space homogeneity-heterogeneity. In M. Featherstone, S. Lash & R. Robertson (Eds.), *Global modernities*. London: Sage.

Scott, A, (Ed.). (1997). *The limits of globalization*. London: Routledge.

Tomlinson, J. (1994). *Cultural imperialism.* Baltimore: The John Hopkins University Press.

Tomlinson, J. (1999). *Globalization and culture.* Chicago: The University of Chicago Press.

Thompson, J. B. (1990). *Ideology and modern culture.* Cambridge: Polity.

Thussu, D. K. (2000). *International communication: Continuity and change.* New York: Oxford University Press.

電視全球化
跨國實踐與世界主義之空間形構 / 鄭志文／著

　　二十世紀末以來，我們很少看到一個理論上的主題可以像「全球化」一般，大量引起學術界各方不同意見的投入。在這些明顯的關注中，對全球化的憂慮與期待無疑地構成對該議題討論的動力，然而在這些看似對立的辯證中，一個以「國族國家」爲認識論基礎的論述，逐漸累積成爲這個世界被觀察之後的結果。由最簡單的經濟性、政治性、社會性、文化性甚至於制度性的研究，全球與地方的對立思考被置於同質性與異質性的兩個面向之中進行理論的推衍。因此，一種帶有積極批判色彩的文化帝國主義，或與其相左的全球地方化概念成了在理解全球化時的重要思考軸承。[1]本文承繼該全球化背景，以當代最重要的電視媒介發展爲基礎，討論在跨國資本流動下，媒介全球化的意涵。然而在理論取向上，本文取徑貝克（Ulrich Beck）對世界主義（cosmopolitan）的突創視野，討論全球化應與時俱進的新思維。

Ulrich Beck與世界主義

　　不論從馬克斯或新馬克斯的角度出發，全球化常常是科技與全球資本重構的結果，亦即：透過全球網絡溝通、傳輸與交換的事實下，配合全球資本主義市場體系的擴張，而不斷收編世界各地生產、交換和消費等各領域（Kellner, 2002: 287）。這種觀點幾乎主導了媒體研究長達數十年，直到不同視野的社會學者提出了並非完全對立、但卻是不同切入角度的看法。爲了破除對全球資本控制與商品發展的悲觀論調，許多學者將希望寄託在以國際的或跨國形式表現的民主上，紀登斯（Anthony Giddens）即爲一例。在全球化中，除了以著名的「現代性的後果」來詮釋這世界的變化外（Giddens, 990）

，紀登斯也觀察到了非西方國家在這過程中，與西方國同樣扮演重要的角色，而使得全球化的發展愈來愈去中心化。在這過程中，現代化理性發展的狀況愈來愈不能被計劃者事先掌握，而產生了更精緻的專家系統去控制，因此紀登斯曾點出了此一「風險」，或者更精確地說，「被製造出的風險」，來作爲現代世界的特徵之一；更重要的是，藉由這個過程，他也暗示了「世界公民社會」（global cosmopolitan society）的可能性（Giddens, 2000: 34）。

　　貝克也同樣看到了全球性而更深入詮釋世界主義。對他而言，全球主義（Globalism）、全球性（Globlity）和全球化（Globalization）等相關概念都是當代重要特徵，但意義則有更細區分的必要。貝克（2000）認爲，持全球主義觀點的人看到的仍是一個以經濟支配的世界結構，而這些人對新自由主義根深蒂固的意識形態，則犯了將世界化約成一簡單、單向和線性思考的全球發展邏輯，這種思維充滿了一種方法論上國族主義的全球化批判，而與貝克視世界爲一多向度、豐富與多元的世界形成強烈對比。在傳統媒體全球主義中，政治、文化及生態與市民社會等議題都被過份化約與被動化，如果再配合傳統上全球依賴的思考模式，則變成只有全球市場能成爲決定世界發展的線性模式起點。與這種全球市場優先決定的全球主義相較之下，全球性似乎較能有效解釋跨國行動或跨國化所帶來的衝擊。在全球化的歷程中，跨國電視所變遷產生的過程，其經歷的非侷限性，讓全球主義經濟決定的推論受到壓力。世界各地區在權力、方向、認同與網絡等不同景觀的滲透下，過往強調主權至上的民族國基礎受到侵蝕，因而透過全球性來彰顯出在全球各個角落所有的事件、文化產品、跨國機構、行動、新聞報導與文化形式等，都意味著對整個世界可能的連帶影響，沒有一個角落能置身事外。

　　如同許多社會學者對全球化的探討，貝克（ibid.）同樣將這種全球經驗整理成三個重要的層面——時間的突破、空間的超越與跨國網絡關係的強

化。他再將其對於全球性的觀察予以系統化，提出更具階段意義的「第二現代」（second modernity）概念。在第二現代中，民族國家的權力正在衰退，疆界關係也正在喪失，而關鍵是這種正在消逝中的核心價值正是第一現代的理論基礎：人們生活且行動於民族國家，而且是個別民族國自我封閉的空間內（ibid.: 20）。因此，超越國界的跨國組織，極可能以超越民族國家的形式崛起，並產生去民族國家化，而造就新的現代社會。

資本主義的社會基本上是勞動社會，這樣的社會是由市場所界定，而其特徵是民族國家社會、大型組織社會（或集體社會）、區分社會與自然，並致力於充分就業的勞動關係，這種形態的社會也是第一現代的社會。儘管第一現代社會發展的軌跡明確、力量龐大，但它也出現了始料未及的「副作用」。這種副作用是逐漸顯露的，以非政治的方式蘊釀，最後以反對意見或闡釋的形式出現，展現其深刻性，這種力量即是「第二現代」或「反思性的現代化」的內涵，而其展現的場域就在對現代西方現代化理論與現代化社會進行價值、目標、前提及未來目標進行世界主義式的批判。

貝克指出這種批判的首要面向，亦即否決了過去人們關於國家或社會成為「容器」的想法。由於社會內部的質變與外界的全球化進程，內部社會、政治與文化須與跨國實踐產生連結，躍過了國族國家的強力設限。其次，第二現代強調個體化的過程，而弱化了現代人們對過去集體性範疇的依附。這種個體化標示的是一種制度化的個人主義，也就是基本的社會機制都逐漸以個人為取向，而不再以組織或家庭為取向。當集體對個人的控制能力或個人對集體的依附性格逐步失去，社會即由內部進行解體，並威脅到國家的主權。這種社會關係的轉變由於科技的一日千里而更加強化，而科技不僅強化個體化，也顯露出自然與社會對立的生態危機，而逐漸變成紀登斯與貝克所稱的世界風險社會的一環。這種風險導因於資本主義勞動市場或第一現代極端化的發展，而它引發的狀況往往是單獨的，在互動

後作用的，是第一現代所無法事先預防的，就連資本主義的基礎——勞動社會，都在資訊化社會數字資本主義的發展下，因爲傳播技術與資訊技術結合世界市場後，而導致內在地被侵蝕。

反思性與電視產業跨國化

在世界主義化或世界公民社會中，文化商品的跨國貿易成了最重要的特徵之一，包括書本、雜誌、電影到電視節目的生產與交換，在全世界都有長足的增長。不但全球文化工業的流通達到前所未有的的層次，各種跨國實踐下的行動、制度與協議的權力與數量也都逐漸增加，而各種共同體、勞動力與資本等也愈來愈居無定所。跨國化的電視運作起源於世界級大型媒體企業的全球擴張，全球七大媒介集團，如時代華納公司（Time Warner）、索尼影業公司（Sony）、華特迪士尼（Walt Disney）、維康集團（Viacom）或新聞集團（News Corporation）等，均已有效擴張到全球各主要海外市場，而這些集團旗下的重要頻道，如HBO（Home Box Office）、迪士尼頻道（Disney Channel）、MTV（Music Television）及星空傳媒集團（Star TV）等，都在世界各主要市場佔有重要位置。電視跨國化不見得一定得發生在全球性頂尖媒體上，不少以類型或區域利基型的第二級媒體集團，如歐洲的BBC（British Broadcasting Corporation）及定位在知識性頻道上的Discovery，也同樣在世界舞台上，憑藉其相身獨特地域或文化性格而佔有相對優勢。[2]

全球七大媒體集團的電視擴張直指了資本與利益的極大化，然而在簡單現代化的過程中，電視全球化本身卻是反思性的。電視產業因其進入門檻極高，因而如其他產業一般，從一開始就是採取福特制大量生產模式。以這種大量生產與少量配方結合，再輔以專門勞動力與專門工具的短週期工作模式，早期全球型電視集團擴張全球市場的基礎因而得以建立。然而，這種產製模式在當代全球電視消費市場也產生了問題，國家的政策規

表1：全球七大媒體集團營收（包括所有相關文化產業）

World ranking by media turnover in brackets	Media turnover in US$ billion					
	2001	2002	2003	2004	2005	2006
Time Warner （1）	35.324	37.314	39.563	42.089	42.401	44.224
Walt Disney （2）	25.172	25.329	27.061	30.752	31.944	34.285
Viacom （3）	18.240	19.186	20.827	22.682	24.149	25.786
News Corporation （4）	13.699	15.070	17.380	20.802	23.859	25.327
Sony （5）	19.019	23.235	23.226	19.048	16.658	18.303
NBC Universal （6）	-	-	-	12.9	14.7	-
Bertelsmann （7）	14.862	14.339	13.692	13.324	14.009	

資料來源：整理自各集團年報2001至2006年報及相關財務公告

範、地方的文化相近性等因素，威脅了不同區域閱聽眾接受大量生產的電視產品的意願，成為了電視全球化歷程中的相對的難題，福特制大量生產模式被迫進行彈性解體。原本這種電視由縱向、橫向整合的科層組織系統，並加以國家機器的外部控制，是大部分國家在早期國營（或公營）時期的特徵，例如英國的BBC在1955年建立新的獨立電視台ITV（Independent Television）之後才開始了組織變化，為BBC聘用新的創新人才以面對收視率戰爭。同樣的，在世界各國，因為頻道的大量興起，電視頻道本身也可不再擁有攝影棚，而單純的以購買為節目來源及獲利手段。

電視跨國化強化了這種彈性生產的基礎，最明顯的是，在電視全球化中「全球在地化」的產生。為了因應地域性需求，單純的一國之內的電視操作策略在世界市場顯得捉襟見肘。1995年，當維康集團旗下MTV Asia在亞洲市場重新落地時，[3]它檢討並改變了其早期在亞洲所採取的「一體適用」（One-Size-Fits-All）策略，改以高度在地化形式，因應市場需要，MTV因而決定將頻道切割成區域型甚至到地方型頻道。為更貼近大中華市場，MTV的音樂製作中心由新加坡移到台北，而MTV Mandarin也再分割為MTV Mandarin和MTV China（Levin, 1995: 66）。[4]MTV成功的哲學——

「全球思考，在地行動」（Think Global, Act Local）——反映了全球電視彈性生產的必要。同樣的邏輯下，Sony的AXN頻道也例證了「Think Global, Script Local」的原則（Rose, 1999），當AXN致力於全球頻道網的建立，其亞洲地區部分內容仍依賴於外購地方自製節目，部分華語電視節目的生產則依賴其在香港的地區性部門，以供應大中華市場與海外華語節目的需求。同樣的，新聞集團全球散佈的製作單位亦展現海外子公司獨立自主的運作能力，其華語節目乃由台灣、香港與大陸獨力製作或合製，不僅提供了大中華市場所需的內容，這些華文節目也讓新聞集團分銷到其在歐洲與北美的海外華人社群，讓梅鐸（Rupert Murdoch）在海外華人市場較其他全球媒體企業更具競爭優勢。

上述的電視跨國實踐策略可以巴利特和戈夏勒（Bartlett & Ghoshal, 1998）對所謂跨國集團策略的四種分類加以理解，分別是國際型（international）、多國型（multinational）、全球型（global）及跨國型（transnational）。巴利特強調的當代企業的跨國化形式乃是最全球經略方式，企業核心資源可能集中於母公司，但部分其他資源亦集中於海外子公司，並直接由該位置再傳遞至其他分公司。這種資源調度形成一個整合網絡，它的生產是對福特主義的修正，其元件、產品、資源及技術等均以跨國化管理進行，海外公司因各自專長與資源分配而負不同責任，但整合後以求得全球效率與對地方差異作出反應，這種彈性跨國流通生產同樣是反思性的。

除了生產操作的彈性化，電視跨國化也隨著非第一級媒體企業的成長，顯示在地方的、國家的、區域的及全球的多重市場流動上。更重要的是，來自過去傳統上被歸類於邊陲的或半邊陲地區的電視與媒體企業，也都逐漸開始積極進行跨國接觸，形成一股媒介全球化中的「去中心化」與「逆流」（counter-flow）。這個趨勢在二十世紀末已逐漸由發展中地區傳到西方，挑戰了西方為核心的傳統命題，而形成一個動態的新媒體空間

（Thussu, 2007）。非洲地區的MultiChoice、印度的Zee TV、中東地區的Al Jazeera English到華人的CCTV9、鳳凰衛視和台灣的TVB，僵化的國際媒體霸權結構因而受到質疑。電視跨國化的過程表達出資本及文化產品全球化中朝向無中心的擴散，變遷與過程的動態性成爲在第二現代與世界主義概念中的樣式。

媒體與個體化

相對於跨國化一向是關注全球媒體時的焦點之一，個體化則是較晚期趨勢。個體化指的是制度化的個人主義，不但與個人的感受知覺相關，也涉及當代各項社會制度。在第二現代中的個體化意味著人們獲得一種制度性的推動力，目標是個人而非集體，過去，這種制度化的力量最主要來自於教育，使得勞動市場、教育與流動性成爲這些制度性的框架。今日，個人主義作爲新自由主義的設計已普遍滲透到社會領域中，它意味著人們可獲得一種制度化的推動力，同樣地，它針對的目標是個人而不是集體。個體化一方面與跨國流通後對個人的作用有著因果關係，而另一方面與歷史上傳播科技的更迭息息相關，唯有當全球中的個人單位可得到更高的接近使用國際傳播權力，個體化也才得以成形。

從媒體發展史觀之，早期的電報的主要使用者爲政府單位，民眾的使用是受到壓抑的。到了早期衛星電視時代，昂貴的終端設備費用又限制了一般人取用的動機，加上當時電視在冷戰時代保有不同程度的協助建構國家認同及文化保護的使命，一般人民對衛星的接收在各國都是普遍受限。1980年代末，跳躍式發展的科技一方面降低了跨國通訊的成本，一方面也迫使政府不得不協同全球媒介局勢採取降低管制甚至去管制政策，開啓了全球通訊或傳播網絡平民化的基礎。1990年代，歐洲的開放天空政策與「電視無疆界」指令更打破了過去各國間跨國傳播的重重限制。這個趨勢是世界性的，從世界媒體之首美國到歐洲的經驗，帶來了全球的骨牌效

應，連遠在亞洲的台灣，也在有線廣播電視法及衛星廣播電視法的法制化下，形式上與法理上更自由化了個人，及更高的國際媒體接近使用權。

新媒體一方面幫助了跨國界傳播的技術推展，另一方面建立了更個體化的媒體經驗，頻道爆炸時代的衛星電視提供了這種經驗的一個重要來源與趨勢，然而若更嚴格檢視，網際網路更是這種世界經驗的重要機制。在傳統國際傳播論述，甚至媒介全球化的過程中，網路角色一向被忽略。然而，網際網路實際上在全球媒體系統建立起另一道有別於衛星鏈路的傳播通道，直接達成更經濟快速的跨國流通。這種另類於衛星的通路，提供了跨國人口流動的全球場景一個不同的媒體入口，特別是對國際移民而言，網路電視的提供滿足了遠居他鄉的社群，一個更多接觸故居內容的機會，而加深了阿巴杜瑞（Arjun Appadurai, 2003）所指的全球文化經濟中更深的不連續。

網際網路的作用不僅在加深全球文化的斷裂，彈指之間的動作可取代過去不易達成的跨國人際傳播活動，而經濟與便利的因素誘發了更大量的功能開發和使用，並導致個人式的國際傳播行為。從Web 1.0時代的簡單Email與WWW瀏覽行為，到以網路電話如Skype取代國際電話，衝擊了大眾媒介時期大量生產與大量行銷的大眾傳播模式，除了小眾化與互動化外，個人式的使用條件讓過去國家式媒體控制難以達成，更遑論跨國式的媒體宰制或中央式的媒體控制行為，個人成為全球化下清晰的個體，在當下時空面對著傳送到螢幕前的全球資訊，所突破的地域甚至擴及國家的藩籬。

網路對個人影響在Web 2.0的時代更形意義重大，隨Blog、YouTube個人式的主動式媒介機制愈加擴張，個人經驗因而建立並由量變產生質變。首先，個人展覽式地網站或部落格成為打破中央式的傳播形式。例如在美伊戰爭期間，來自戰地居民、記者與各方人員馬拉松式地公佈戰爭影像與消息，即造成主流西方媒體報導的壓力。其次，當Web 2.0的精神逐漸取得能

表2：2003至2008年亞太地區網際網路連線支出表 （單位：百萬美元）

	2003p	2004	2005	2006	2007	2008	2004-08 複合年成長率
澳洲	1,035	1,227	1,373	1,518	1,700	1,914	13.1%
中國大陸	13,713	19,431	27,053	37,707	51,289	63,250	35.8%
香港	540	634	716	795	854	911	11.0%
印度	1,396	1,892	2,513	3,154	3,856	4,621	27%
印尼	236	295	384	483	602	714	24.8%
日本	6,401	7,441	8,839	9,791	10,717	11,618	12.7%
馬來西亞	588	662	779	910	1,070	1,242	16.1%
紐西蘭	150	178	208	237	268	317	16.1%
巴基斯坦	57	112	219	378	654	925	74.6%
菲律賓	175	205	267	361	498	648	29.9%
新加坡	86	102	123	144	164	185	16.6%
南韓	3,318	3,982	4,642	5,248	5,859	6,305	13.7%
台灣	1,171	1,368	1,566	1,720	1,831	1,957	10.8%
泰國	315	376	447	562	720	889	23.1%
總計	29.181	37,905	49,129	63,008	80082	95,496	26.8%

資料來源：《2007-2011年媒體全球及區域市場現狀分析及未來發展

預測分析報告》，北京：北京中經天縱經濟研究中心，2008。

量，意即個人式媒體得到集體呼應，則一個超越國家的人民集體參與形式得以完成，產生新的集體智慧、分享與行動網絡，而導致既個人又群體的跨國界政治實踐。從谷歌（Google）、維基百科（Wikipedia）、再到英國BBC的「Action Network」、美國哈佛法學院的「GVO全球之聲」，[5]再到台灣的公民新聞等皆為此類。

結合電視與網路的大眾化與參與性格，則全球網路電視或電視發展的網路化顯然又開闢了一條從電報、電話、傳統廣播電視、衛星到網路資訊社會的入口，不以集體作為定位的座標，而以個人消費與使用為導向，直指了媒體賦權以強化個體化的新趨勢。自1990年代中期，美國線上就開始了這種網路電視結合的初步嚐試，推出了面向大眾的互動式網路電視——AOLTV，緊接著，Microsoft、AT&T、路透社、美聯社、《紐約時報》、BBC等國際媒體也都實踐多年。這種日

漸強化的個體化一方面要求自我設計與組裝的強制化，一方面又給予大眾理解在自我各種生活條件限制下（如家庭與婚姻關係的社會運作中），作為提昇自我享受的期許。然而，當個人在日常生活經驗中必須自己進行決定、協商與計劃，必然與既定的社會制度性框架產生衝突，成為現代化發展過程中任何一個事先都沒有正確預料到和計劃到的另外一種風險。這種衝突的特徵在於，原本是制度性的產生的矛盾，現在則要求個人去解決，而個體化透過日常生活中制定的奮鬥計劃來達成這個目的。

從制度上而言，在第二現代上強調個人主義，當個體化的進程加深，人們對既定集體性的依附就會愈來愈薄弱。如果就最極端的網路發展而言，最後在文化層次上，透過電腦中介的傳播形式建構了一個真實的虛擬文化。網路的虛擬溝通成為大部分人的真實經驗，顛覆了根深柢固的時空與社會關係，造成柯斯特（Manuel Castells, 1996）所指的無時間的時間及流動的空間。儘管大部的人仍生活在實際的社會空間，但新科技與工具愈來愈個人中心取向，傳播行為卻也更加去中心化；類似過去全球傳播過程中的政府控制愈來愈少，數位與科技導致國際傳播的更加自由化，並賦予人們更高的權力。同樣在此要強調，個人主義強化的生存狀態是反思的而非反社會的，電視與網路創造一種意義上可實現或正在實踐的個體化趨勢，與美好日常生活經驗的可能，當人們渴望是自己生活的設計者或編織者，則他同時也必須社會的經營者，只有與他人不斷地進行協調與計劃，才能真正實現自己的生活想法。這也就是說，經由媒介導致的個體化，必須採取社會化的生活方式，將個體當作重新創造與調整社會性一種強制、需要與過程，社會性的個人自我設計成為第二現代人格一種正面的副作用。

去疆界化的地球

去疆界化是媒介全球化的重要過程，在第二現代中的全球性中，經由大眾媒體、消費及旅行觀光，跨國性能夠被自我察覺，同時，電視成為一個生活化的大眾媒體，也更深刻地影響了跨越民族國家疆界的日常生活經驗。湯霖森（John Tomlinson, 1999: 128）用去疆界化來解釋地方與文化之間關係的斷裂，也就是每天生活的文化和疆界土地間的聯結逐漸淡化或消解。然而，與簡化的馬克斯主義不同的是，這種疆界的消失不是簡單地對在地文化的侵略，而是更深的文化體驗。一種同時存在熟悉與差異間複雜的交融、也察覺到文化擴張與傷害的感知、並且感知外在世界的可接近性及對私人生活的滲透。這種觀點關切現代社會的「時間－空間」議題，而回應了湯霖森自己的「複雜連結」（complex connectivity），或湯普森（John Tompson, 1995）的「解當地化」（delocalization），甚至紀登斯（1990）所提及的「錯置」（displacement）等概念。

回到貝克反思性的現代化概念，晚期的現代性所帶來不僅僅是如政治經濟學中所關注的商品化或科技與工具理性，電視成為當代重要的社會機制，也為個人批判性地反思創造場域，而反省的正是正在進行的變遷歷程，及變遷所隱含的社會條件。雖然在這裡，第二現代對社會的說法與後現代的立場有所差異，但這個第二現代的風險社會仍然是一個工業社會，也正是因為工業社會裡藉由資本主義生產部門產製的大量產品與副作用，而產生了反省的可能。在晚期工業社會中，電視與大眾媒體成為生產機構，這種個體消費與生產的物品逐漸為以符號商品為主，並且不論在已開發國家或開發中國家，產製的絕對數量都較以往更大（Lash & Urry, 1994）。

表3：全球前十大類型節目輸出國（以總小時數排列）

	2002	*2003*	*2004*	*Total 2002-2004*
UK	3,010	3,666	3,759	10,471
Netherlands	1,762	2,480	2,569	6,811
USA	1,758	1,952	2,236	5,945
Australia	1,021	957	718	2,696
Sweden	261	343	558	1,161
France	275	317	340	932
Norway	35	106	482	632
Denmark	155	220	202	576
Italy	144	165	191	500
Argentina	141	132	182	456

資料來源：World Trade in Television Formats, Screen Digest, April 2005, pp.100-101.

去疆界化的概念原本最常用加諸在國際移民團體上，以描述其文化實踐與所在空間的分離，然而若加上電視符號商品的概念，則同樣的情況愈來愈常出現在跨國媒體，特別是電視的全球化歷程上。跨國電視節目不論其報導、節目流程和生產形式都逐步抽離了電視與地方之間的關係。首先，為了因應多國、區域化或全球等不同形式的跨國映演通路，頻道節目或報導形式被迫改變傳統以國家疆界內的廣播為主的製作形式。在這過程中，這些節目的時間特徵也被降低，打破國家電視以特定時段、特定類型為主的電視播送模式。雖然在一定程度上，跨國電視仍會配合地域性作息時間，但是其節目內容是以二十四小時，連續不斷的新聞、紀錄片或音樂片節目為主。全球型的新聞頻道如CNN（Cable News Network）與BBC World、音樂頻道MTV與Channel [V]，都在這種去地域化的方式運作。

電視全球化的去疆界化也包括媒體產製在內，通常是由於跨國電視鑑於生產當地節目的不可行，因而改採折衷形式，如區域化或全球性的生產方式，CNN與BBC World都是典型的區域型操作。CNN首先將海外版圖劃分成數個區域，包括亞特蘭大、倫敦、香港及墨西哥城等，再進行區域生產及全球新聞交流。CNN在華語市場及亞洲市場的生產、發行和販售則經

由CNN在香港的區域中心處理，CNN的成功也就依賴其香港為中心的區域化管理，再輔以地方分支機構（如北京辦事處）的合作而達成。除新聞外，在跨國頻道中，娛樂節目更是融合全球、區域與地方題材的最重要代表，特別是對一個在品牌和內容風格上都已具極度全球性格的媒體而言，去疆界化也可成為其全球行銷的利基之一。例如迪士尼的海外擴張實力乃典型的內容驅動，透過對節目的循環利用以分散生產成本並取得規模經濟，又例如時代華納的HBO，這些頻道通常不對特定區域生產節目，但內容仍受到全球觀眾普遍的肯定。

表4：亞洲前十五大聯播網（觸達率%）

Channel	Q2（2003）- Q1（2004）	Q2（2004）- Q1（2005）
Discovery Channel	21.4	21.3
CNNI	15.1	16.7
National Geographic Channel	15.4	15,4
MTV	13.0	11.9
ESPN	9.3	10.2
BBC World	8.4	8.8
Animal Planet	5.9	7.9
Discovery Travel & Living	2.2	7.0
AXN Asia	6.2	6.3
CNBCa	5.8	5.8
Star World	4.3	4.7
Channel [V]	4.5	4.4
Channel NewsAsia	3.5	3.8
Hallmark Channel	3.0	3.2
Bloomberg Television	2.0	2.0

資料來源："Intent to Purchase Slipping: PAX," by Murphy, J, 2005, Media Asia, 20.

以一更廣泛的角度觀察，電視的去疆界化在一定程度上也在改變地方的意義。過去「媒體－內容－土地」三者之間的對應關係也隨媒介與內容對地域的抽離而改變。過去人們由熟悉的家鄉媒體接收來自家鄉的文化內容，而在一全球化場景內，原本熟悉的頻道可透過網路廣播或IPTV傳到地球另一端，聯繫著移民或旅遊中離散的文化群體。在這過程中，去疆界化也正在對地方進行跨國化，並讓地方的意義擴張成形全球一般。同樣的，

屬於全球的或文化他者的意涵也可能進行反向的滲透過程而進入地方，兩者的互動之間表達了去領域化後的世界交融圖像，媒體則穿梭其間擔負起代理與催化的角色。

從紀登思的角度看來，由跨國電視技術精英所支配的制度與決策，所產生的現代化是反思性的，因此去疆域化成為反思性現代化後，更精緻地電視跨國擴張手段。但從貝克的觀點視之，只有跨國電視精英的批判所引起的現代化才是反思性的，紀登斯所談的反思性現代化，其實應該是工業社會早期的「簡單現代化」過程，跨國電視符號文本的意義因此成為被解讀的意義載體，而去疆界化或無疆界感的世俗經驗成為被感知的對象。然而，不論是紀登斯或貝克的說法，反思性的現代化最後都會走向制度化，而在這過程中，真正的難題是如何鬥爭以取得給風險定義的象徵符號權力。權力爭取的重要性在於大眾媒介機構所製造的象徵符號及形象，成為創造輿論的象徵語言形式，然而弔詭的是，在電視追求自己的巨大利益時，其本身也是不由自主的。電視所產製的內容，導致了預期不到事先未可預料的結果，這個結果並不在膚淺的文化內容，而是為大眾創造了一個充滿情感的符號場域，支持了進一步反思性的發生。

電視全球化與世界主義

當貝克論及「全球性」時，他有意地避開「全球化」這個詞彙，而選擇以「世界主義」來描繪這個無邊界世界。這個世界主義在某種程度上表達的，也是一個人的生活與社會關係是在文化混合的情境下所模塑，因此，一個人情感上的想像性格也就延伸到了跨國的感知結構（Beck, 2006）。為了將理論再向前推進，貝克進一步區分了過去的全球化與未來的全球化的差別，以他論調，即是「簡單全球化」與「反思性世界主義」的差別，前者雖然觸及全球發展，但仍是在第一現代內以國家領土邊界及政治、社會和文化來詮釋；然而在第二現代的架構下，後者象徵的不只是

國族國家與社會的關係變化而已，也包含了社會的和政治的內在本質的轉變（Beck, 2000）。亦即，對於學界過去自我封閉的國族國家社會加以分析的東西，必須用世界主義的視野加以重新解釋。在此同時，全球性的全球化是不存在的，只有地方性的及改變著地方的全球化，而單一的國族國家社會轉變為多元的世界社會在地域上的表現。因此，在第二現代下，民族國家成為一社會的「容器」將會自行解體，而獲致關於跨國性的流通的新觀念。

　　跨國電視參與了世界主義化的過程，並直接或間接導致貝克夫婦（1994: 34-35）所指出的傳統高度工業化社會的三種整合方式的崩潰，它們分別是：超越的共識與價值整合；共同之物質利益與制度依賴；和民族與國家意識。電視全球化挑戰國家邊界，質疑領土的原則，並由內部刺激國家媒體系統更加開放。跨國電視遊走於新媒體空間的各個層次，隨著科技發展，再擴大到媒體網絡、產品和閱聽人的複雜面向，進而成為各民族國家、各地方與各組織內部的一部分，並在社會的所有層面，包括在經濟領域、勞動領域、社會網絡與政治組織內部產生各種互動機制。再重組的傳播流通與過往相較，將不斷地使全球媒體系統更加平衡、彈性、開放且多樣化，新跨國電視空間關切的愈來愈不是政府如何控制的傳播系統，而是更個人化的權力與需要。在面對傳統社會整合的衰退下，第二現代必須面臨的問題是提出新的計劃整合，而這問題在世界主義內，電視媒體參與將地方性的自我意識、地域性文化建設與開放聯繫起來，並轉變為世界公民意識，地方與全球化會獲得新的發展，而過去媒體在國族國家意識下揮之不去的帝國主義，也該走入歷史。

小結：世界主義式的媒介全球化

　　在電視全球化的歷程中，跨國流通將愈來愈多，而這種跨國性就在跨國電視文本與頻道中得以窺知。在第二現代的領域中，電視資本主義的發

展除了展現更彈性化、去地域性格的勞動與資本性格外，人們經由大眾媒體所意識到全球生態的危難與截然不同的電視娛樂商品的體驗，一方面啓動了第二現代的反思性格，對第一現代講求的秩序／同一性／確定性／安定性造成不安，另一方面又導致個人主義化的全球風潮，個人必須決定自己的生活風格，而且這種決定在第二現代中更神祕化，成爲更重要意義的來源。跨國性、彈性生產、反思性與個體化，再進一步提升了大眾在生活當中，對異文化他者的敏感與洞察力，一個包容、多樣性的與多元文化的世界公民社會也就逐漸成形。當然不可否認的，當代對於電視全球化與帝國主義的爭論始終是存在的，特別傳統由美國而來的國家利益與全球化而以眾所憂慮的帝國主義方式融合，然而如果人們對這種媒體擴張的形式愈來愈束手無策，則最後也只能剩下媒介帝國主義了。在跨國化的流通下，問題的癥結愈來愈指向在全球化與個體化之間尚未被充分認識的互動關係，而解決之道則愈來愈指向電視觀眾的個體化，而非電視全球化本身。

從方法論角度，第一現代以國族國家的認識論基礎成爲最具典範意味的依賴或媒介帝國主義論調，考量的不外乎是在媒體發展過程中，國家應扮演積極角色或受到的不公平地位。這種看法隨冷戰結束後，而將過去傳播媒體在國家—國家之間的視野，用一個整體的全球視野予以容納。由這角度出發，「媒介全球化」或「世界主義」的研究典範更適合解釋冷戰後的國際媒體發展，或是第二現代中後國家時代的媒體空間及社會形構。在全球文化景觀中，跨國化、個人化、去領域化及世界主義化成爲國際媒體流通過程中的重要特徵，這些特徵的重要之處在於它們反映的不是舊有的框架—國際間的或國族國家間的，而是在於破除以國家中心主義爲認識論的侷限，打開豐富且多元的另一思考途徑。全球媒體的發展態勢不僅僅意謂著市場的擴張或操作的跨國化，而是全球內在特性或關係的本質轉變。「後國家主義」的認識論或可爲媒介全球化研究取徑再啓一道方法，無論在認識論上、方法論上及研究工具的突破上，都可作爲跨國媒介未來研究思考方式。

註釋

1. 例如，在媒介帝國主義中，Herman & McChesney（1997）就指跨國文化工業為「資本主義的傳教士」；而Robertson（1992）則提出了著名的全球地方化概念，以作為其描述全球意識的重要依據。
2. 第一級與第二級媒體系統是由Herman與McChesney提出，他們將跨國媒體集團區分成兩種層級，第一級系統包括七個垂直整合的並橫跨幾乎所有媒體部門的跨國企業（如表一）；而第二級則指那些具有強勢區域市場基礎，或是具有全球擴張實力，但集中在特定媒體業務或利基市場的多國公司（見Herman & McChesney, 1997）。
3. MTV在1990年代初原是Star TV在亞洲的衛星頻道組合之一，但後來因為拒絕Star對MTV進行在地化的要求，與當時另一衛星頻道BBC World同被Murdoch從亞洲Star的衛星組合中卸下。
4. MTV Asia 後來已建立了十個全天頻道，包括MTV China、MTV Mandarin、MTV Southeast Asia、MTV Australia、MTV India、MTV Indonesia、MTV Japan、MTV Korea、MTV Philippines及MTV Thailand。.
5. Global Voice Online，是由哈佛法學院柏克曼網路與社會中心贊成立，為一非營利全球公民媒體計畫。

參考書目

Appadurai, A. (2003). Disjuncture and difference in the global cultural economy. In L. Park & S. Kumar (Eds.), *Planet TV: A global television reader* (pp.40-52). New York: New York University Press.

Bartlett, C. A., & Ghoshal, S. (1998). *Managing across borders: The transnational solution.* Boston, Mass.: Harvard Business School Press.

Beck, U. (2000). The cosmopolitan perspective: Sociology of the second age of modernity. *British Journal of Sociology, 51*(1), 79-105.

Beck, U. (2000). *What is globalization*. Cambridge: Polity.

Beck, U. (2002). The cosmopolitan society and its enemies. *Theory, Culture & Society, 19*(1/2), 17-44.

Beck, U. (2002). What is globalization. In D. Held & A. McGrew (Eds.), *The global transformations reader: An introduction to the globalization debate*. Oxford: Polity.

Beck, U. (2006). *The cosmopolitan vision*. Cambridge: Polity.

Beck, U., & Beck-Gernsheim, E. (1994). Individalisierung in Modernen Gesellschaften-Perspecktiven und Kontroversen einer subjektorientierten Soziologie. In Denselben (Ed.), *Riskante Freiheiten: Individualisierung in Modernen Gesellschafte* (pp. 10-39). Frankfürt: Main.

Castells, M. (1996). *The rise of the network society*. Oxford: Blackwell.

Chalaby, J. K. (2005). From internationalization to transnationalization. *Global Media and Communication, 1*(1), 28-33.

Chalaby, J. K. (2005). Towards an understanding of media transnationalism. In J. K. Chalaby (ed.), *Transnational television worldwide: Towards a new media order* (pp. 1-13). London: I.B. Tauris.

Giddens, A. (1990). *The consequences of modernity*. Cambridge: Polity Press.

Giddens, A. (2000). *Runaway world: How globalization is reshaping our lives*. New York: Routledge.

Herman, E. S., & McChesney, R. W. (1997). *The global media: The new missionaries of corporate capitalism*. London: Arnold.

Kellner, D. (2002) Theorizing globalization. *Sociological Theory, 20*, 285-305.

Lash, S., & Urry, J. (1994). *Economies of signs and space*. London: Sage.

Levin, M. (1995). MTV Asia relaunches in a much more crowded market. *Billboard, 107*(19), 66.

Robertson, R. (1992). *Globalization: Social theory and global culture*. London: Sage.

Rose, F. (1999). Think globally, script locally. *Fortune, 140*(9), 156-160.

Stevenson, R. L. (1984). Pseudo debate. *Journal of Communication, 34*(1), 134-142.

Thussu, D. K. (Ed.). (2007). *Media on the move: Global flow and contra-flow.* London: Routledge.

Tomlinson, J. (1999/2007). Globalization and culture. Cambridge: Polity Press.

Tompson, J. (1995). *The media and modernity: A social theory of the media.* Cambridge: Polity Press.

... (1991). ... ...

... (1994) ...

... (1999) ...

全球資訊
娛樂化時代下的電視新聞 / Daya Thussu／著 林慈榮／譯

導言

　　儘管網際網路在世界上保持著驚人的成長率（至今約四分之一的全球人口可以上網），電視仍然是最爲全球化和最有力量的媒體，它容納的想像力輕易地跨越語言和國族界線，成爲大眾資訊最重要的供應者。這尤其反映在擁有龐大數量人口缺乏讀寫能力的開發中國家之中，在西方脈絡下更是如此；電視新聞對日常生活所造成的影響，從倫敦到華盛頓，遠至孟加拉或聖保羅，是極致深刻而且超乎想像。

　　電視新聞輪廓上的改變早已是批判學者長久以來關注的範圍，就像他們指出的，新聞不單是一種媒體產物，它是一種爲民主進程活動中賦予參與的載體，更具有管理國內政務和國際關係的顯著意涵。一份最近由「全球掃描」（Globe Scan）委任，與「英國廣播電視」（BBC）、「路透社」（Reuters）和「媒體中心」（Media Center）合作的國際民調報告顯示，全國電視新聞在2006年十個主要國家中仍然被視爲最受信任的新聞來源（82%），而56%的受訪者覺得國際衛星電視新聞值得信任，這些受訪著同樣地認爲這種媒介是他們接觸到最「重要」的新聞消息來源（Global Scan, 2006）。

　　本篇文章主要在檢視日益擴張中的資訊娛樂化，藉以表示跨越全球的電視新聞中心在編輯和出產上已經開始有不同程度上的轉變，這種擴張的部分原因來自於私有化和商業化主導的轉播模式，以美國爲震央全球性地支配電視新聞。首先，我將簡略地刻畫出電視新聞在商業模式上的全球化

進程，並再一步論證，在市場主導和全天24小時（24/7）聯播的環境下，電視新聞正趨向於資訊娛樂化；軟新聞、生活風格與消費新聞成爲主導。奠基與此，我會更進一步舉證這種資訊娛樂化正服膺於公共領域的組織殖民化（corporate colonization），而損害著公共新聞與公共電視。在我看來，這種軟新聞已經產生了一個重要的意識形態面向，無疑在幫助合法化一種信服「自由市場民主化」至上的新自由主義意識形態。

全球新聞

在電波方面，商業主義的興起來自於以下幾點成因，其中包括全球傳播硬體和軟體方面的私有化、轉播方面的去規範化，以及電視、電信和電腦產業間的科技匯流，三者總合大幅度地改變了轉播生態。這種取決於公司廣告，由公共變成收視率意識導向的電視能量的改變，隱含在新聞的議程和編輯者的考量上。在市場化帶給轉播業者這股新的能量和生氣的同時（從新聞網如覃菌般的擴散便可一窺究竟），新聞業便展露在市場規則之中而達到一個更高層次，暴露出新聞與資訊的商品化。

在一般人對新聞主流形式的興趣正逐漸下滑的情況下，新聞輸出增加的一個結果，是加強介於閱聽人和廣告利益間的競爭，就像2006年的「美國卓越新聞」（Project for Excellence in Journalism）報告指出的，有線電視熱門時段新聞的收視群已呈現劇烈地下降，從1969年的85％大幅度降至2005年的29％，造成這種下降的原因相對複雜，但部分的結果導因於多數（尤其是年輕族群）的閱聽人開始選擇從不同管道接收新聞，包括部落客們（Project for Excellence in Journalism, 2006）。

配合電視新聞商業化的增長，感官上的需要也迫使新聞更趨向娛樂化。更切確地說，這種潮流儼然成爲各電視台的當要任務，轉播業者藉著挪用或取材於各種娛樂影視類型和溝通模式來凸顯出一種較爲輕鬆的溝通

風格，並且刻意著重在個性、風格、敘事技巧和場面。至於新聞題材收集方面，尤其是海外新聞本身需要昂貴的成本和投資，而在這種機制下，媒體管理者多數長期備處在高壓之下，一方面得吸引由圖表左右、較偏好新聞的觀眾群，另一方面得提供時事節目，以增加營收或至少迴避虧損。在美國，多數新聞網是控制在對娛樂事業有高度興趣的大財團底下：Viacom-Paramount 擁有 CBS News，ABC News 所屬於Disney Empire，CNN是 AOL-Time-Warner（全世界最大的媒體娛樂合併）一個重要環節，即使是Rupert Murdoch 的News Corporation 所有的FOX News，都還是與具有龐大娛樂興趣的好萊塢的20th Century在相同的公司傘狀管理之下。這種擁有權的改變更反映在不同程度的內容上，最明顯的是，新聞大篇幅地延伸報導與世界娛樂密切相關的影視消息，這當中部分影響取鏡於新類型的實境節目和它的相似體－例如劇情式紀錄片（docudramas）、脫口秀、法庭與犯罪制裁等救援任務的類型節目；在這過程中，一種新形態和中介於時事新聞與事實性娛樂（Factual Entertainment）節目間的符號關係已經拓展開，模糊著新聞、紀錄片和娛樂的界線。如此混雜、由收視率主導的節目持續地供給和受益於全天24小時聯播新聞的結構循環中：提供著「綁架視覺、感官牽引」式的資訊娛樂，以延續觀眾的興趣和減低花費。

「資訊娛樂化」——一個在1980晚期浮現的新詞，已普遍被用於形容當代電視新聞是一場鬧劇的形容詞——也可以更仔細地解釋為一種在新聞和時事節目內「資訊」、「娛樂」的類型混合（genre-mix）；參考牛津英文辭典，資訊娛樂化可視為一種「具有娛樂和告知的雙重作用的轉播材料」。資訊娛樂化比擬作一種現象，象徵出一種風格勝於本質的電視新聞形式，它呈現的模式比內容來的重要。這種新的新聞模式依賴從後現代商業電視和MTV風格的視覺美學移借過來的視覺形式，透過聳動的標題，結合上速度感的視覺動作、電腦合成標示、吸引人的視覺效果，多數再透過相貌端正的新聞主播呈現，此類新聞，特別是全天24小時聯播頻道的新聞，成為吸引「我世代」（Me Generation）——這些習慣遊走於頻道之間

並且偏好網路和手機新聞的族群——這類媒體用戶的生活解答。這種源自於美國，由收視率導向的電視新聞文化所呈現的風格，已擴展為一種全球化趨勢，更自由化、私有化的轉播環境與國際傳播基本硬體架構的發明更使得這一切成為可能。

資訊娛樂化的震央

縱使資訊娛樂化是在近期才受到定義，它凸顯的現象具有長期的傳統，從早期民間的歌謠刊物（Broadside Ballad）、黃色報章、八卦小報、到普遍的新聞史中都可看出；相對地，一方面介於「告知」、「教育」大眾，與另一方面，「娛樂」市場大眾的三種功能彼此之間的張力也蘊含著悠遠的歷史。

一般普遍認為美國是資訊娛樂產業的家鄉，起始於1830年的《便士報》。類似紐約的《太陽報》，它以具有大篇幅的人情趣味故事為主要賣點：在當時其他報紙賣六便士的情況下，它僅以一便士販賣（Mott, 1962）。《便士報》為工人階級提供許多消遣，如尼爾·蓋伯勒（Neal Gabler）所觀察的：「對於身處在垃圾般的犯罪錄、血染的小說和過於修飾的音樂劇的環境下的全體選民而言，新聞無非是能給予最刺激、最娛樂的內容的一張紙，特別是當它像是過去的《便士報》一樣偏頗（扭曲）、挾帶最聳動的故事時」，他更強調：「任何人更可以說《便士報》的雇主們發明了新聞這個概念，因為這絕對是在一個娛樂環境下將報紙賣出去的最佳方法。」（Gitlin, 2002: 51）

米歇爾·舒德森（Michael Schudson, 1978），在他美國新聞歷史提到過，十九世紀邁向了「娛樂新聞業」（Journalism of Entertainment），它特有的形式和風格，加上淺顯的語言和諸多圖片在當時逐漸受到歡迎。「娛樂新聞業」奠基於當時正崛起於美國的廣告產業，輸出到歐洲和世界其他

地區，變成十九世紀中美國大眾文化（mass culture）的一部分進而環繞於全球；到本世紀末，廣告已成為製造這世界上最具規模的消費社會之最有力的要素；在1899年，美國廣告公司智威湯遜（J. Walter Thompson）已經在倫敦設立了銷售站，到1920年，美國已經可以誇口在它相當先進的文化產業網絡－其中包括有在當時已頗具規模，專門用來宣傳消費價值的電影工業（motion picture factories）。

打從一開始，美國的廣播就有商業豁免權：1927年的美國廣播法就定義廣播為「一種由廣告贊助的商業事業」。其中辯稱，公眾利益最好由大量未受限的私有廣播來服務，因此，本法案並未對非商業廣播的支持和發展作任何預備（McChesney, 1993）。相同的，電視接續這種由廣告和倚賴電視網絡收視率所驅動的市場模式——CBS（Columbia Broadcasting System）、NBC（NationalBroadcasting Corporation）、ABC（American Broadcasting Corporation）——同時提供著娛樂和資訊。當這種網絡的收入取決於閱聽人的收聽（視）率、娛樂便成為節目中重要的成分了（McChesney, 1993；Barkin, 2002）。這也不意外目前世界最久的明星談話性節目《今夜秀》（*The Tonight Show*）可以從1954年起成功地在NBC製播至今。

在這種電視文化下，市民的概念，等同於消費者已深度地受到侵蝕。公眾利益應該只能在市場邏輯下定義很清楚地起始於雷根第一任總統任期。在1982年，美國聯邦通信委員會（the Federal Communications Commission, FCC）的主席馬克·佛勒（Mark Fowler）如此寫道：

傳播規範應該直接導向最大化大眾所渴望的服務。不應該一昧地定義需求和考列節目的分類來依附這些需求，委員會應該依賴轉播業者的能力，透過市場的正常機制來左右他們的閱聽人所要，於是，公眾的利益（The public's interest）在此便定義了公眾利益（the public interest）。（Calabrese, 2005: 272）

到1980年晚期，一般市民對政治興趣銳減的擔憂隱約出現，形成一種冷感且悲觀的大眾氛圍，部分評論家開始認為這種現象會損害到新聞業的品質。持續減少的觀眾數和廣告迫使美國網絡適應一個更嶄新、多頻道、偏好軟特色大於硬新聞的轉播環境。這種潮流遷移的證據可以在1997年「美國卓越新聞」（the Project for Excellence in Journalism）的主要研究中可以看到，這份報告檢視了二十年來的美國大眾媒體，並如此說到：「已經有一些轉變指向在政府與外交事務以外的生活風格、明星、娛樂、明星犯罪／醜聞等新聞」。本報告更詳盡地檢視電視網絡並指出：

「在網絡新聞中最顯著的新變化是有關醜聞故事在數字上相當可見的增長，從0.5％增至1977 年的1％，再到1997的15％。下一波在網絡新聞中最大的變化會是人文興趣（human interest）和生活品質（quality of life）相關故事的興起，在網絡電視上，有關人文興趣和生活品質的故事從1977年的8％雙倍增長到1997年的16％」。（Project for Excellence in Journalism, 1998）

美國新聞媒體的商業化在1990更為劇烈，這被稱為「一段在轉播新聞業裡史無前例衰敗的時期」，這種網絡無疑是火上加油，為了接二連三的娛樂節目，直接建議將新聞故事用作推銷手段（Marc & Thompson, 2005: 121）。

具備有行銷和廣告背景的顧問們更被轉播網絡聘用，以協助裝飾、點綴新聞節目，其中手段包括「多用些軟特色的故事、多賦予些情感、善用畫面、和多放注意力在年輕、吸引目光的線上（女性）外表上」（Calabrese, 2005: 278）。娛樂入侵新聞最顯著的例子就是最聲名狼藉的辛普森（O. J. Simpson）的故事，道格拉斯·凱爾樂（Douglas Kellner）特別提到，這過程徹底紀錄了「從新聞到資訊娛樂化的轉變」。從1995年1月1日到9月29日之間，凱爾樂也說明了ABC、CBS和NBC的晚間新聞節目總共奉獻了1392分鐘來報導辛普森的官司，這遠遠地超過波斯尼亞戰爭的報導量（2003: 100-101）。

24小時新聞網絡的全球成長

從1980年晚期開始電波的去規範化、自由化和私有化對橫跨全球的媒體系統有著頗深遠的影響，美國中心的電視商業模式在後冷戰世界中全球性地定義了轉播。霍爾林和曼西尼（Hallin & Mancini）檢視不同文化和政治脈絡下的媒體系統，提出「自由模式的勝利」，有效地被世界所採納「因為它的全球影響十分遠大，更因為後自由主義和全球化持續擴散自由媒體的結構和思想（2004: 305）」。他們也提到各民族的媒體系統的差異性很清楚地在減少，當中一個相當類似自由模式（Liberal Model）的全球媒體文化正在浮現，這更體現在美國媒體系統的中心特色上（2004: 294）。

這種改變的一個原因是有關選擇性上的變化，這點反映在新聞網的數字上：到2009年，共有120個單位在全世界運作。經濟全球化，伴隨著其靈活和多變的勞動性，貢獻出大規模和成長中的「離散電視市場」（diasporic television market），讓私有網絡可以更快速地的剝削，從衛星足跡的延伸和以DTH（Direct-to-Home）轉播至跨國、地理-文化空間的方式中受益。不像國家轉播單位比較著重在傳統區域性的市民，私有網絡比較有興趣在付費顧客，並不拘泥於國籍與市民身分（Chalaby, 2005）。

然而，國家和區域轉播組織也跳入全天24小時新聞聯播的這股熱潮，以確保自身在全球媒體的存在性，另外，也可以把它用作政治上公關和外交的載體。雖然把這些靈活的產製方式和它們便宜、合宜的生產價值都比喻為資訊娛樂化有些不適當，但它們的存在的確說明了在全球影視系統（global image marketplace）市場被注意的重要性（見表1）。

表1：首要的全球24小時電視新聞聯播中心

聯播中心	所在地	成立年份
CNN國際新聞網絡（CNN International）	美國	1985
天空新聞網（Sky News）	英國	1989
英國廣播公司世界新聞（BBC World Television）	英國	1992
歐洲新聞台（EuroNews）	法國	1993
半島電視台（Aljazeeza）	卡達	1996
巴西環球電視台（Globo News）	巴西	1996
福斯新聞頻道（Fox News）	美國	1998
衛視新聞台（Star News）	印度	1998
日本國際頻道（NHK World TV）	日本	1999
亞洲新聞台（Channel NewsAsia）	新加坡	2000
中央電視台英語頻道（CCTV-9）	中國	2000
STAR亞洲新聞（Star News Asia）	香港	2001
鳳凰衛視資訊台（Phoenix Infonews）	印度	2003
NDTV 24x7	印度	2003
DD News	委內瑞拉	2005
俄羅斯電視（Russia TV）	俄羅斯	2005
法國國際新聞台（France 24）	法國	2006
半島英文頻道（Aljazeera English）	卡達	2006
伊朗英語新聞電視台（Press TV）	伊朗	2007

資料來源：整理自各公司網站

　　以上包括有像Euro News（一個歐洲公共電視的24小時多語言聯合新聞）和以拉丁美洲為主，於2005年成立的電視頻道Telesur的區域性網絡。英文新聞網仍然在全球電視新聞的產製和分配上佔有絕對優勢，從英語母語世界外突然崛起的一些新的英文網絡可以看出，Russia Today、France 24、NDTY 24x7、Channel NewsAsia和Aljazeera English都是這波潮流的重要例子。德國的國際轉播台 Deutsche Welle TV定期地用英文播報新聞簡報；伊朗在2007年

設立了英文頻道 Press TV；中央電視台的24小時英語新聞網絡CCTV9的擴張反映了北京當局方面理解用英文做爲全球商業、溝通橋樑、和策略方面成功的重要性，並用此把中國公共外交帶到全球觀眾。

資訊娛樂的全球化

電視新聞是一項相當昂貴的商業－特別是多樣化的24小時聯播－需要節目製作的龐大資源，因此只有大型的媒體企業或財力資源雄厚的國家組織有希望成功地經營全球新聞頻道。甚至一些開始時建立不錯的品牌也是在夾縫中求生存，例如英國的Independent Television News（ITN）因爲缺少足夠的收入，必須在2005年關閉The ITV News Channel（一個全天式的數位新聞頻道）。爲了收視率擴增中的新聞網間的殘酷競爭正好發生在各轉播業者掙扎於增加市場份額，這種情況就像分到一個大塊一點卻縮水中的廣告蛋糕，迫使他們只能用娛樂的方式來提供新聞。轉播業者沒有太多選擇，只能根據改變中的社會特質來協調他們的新聞事務，以此嘗試留守住他們的觀眾群或者獲取到一些新的。

在西歐，過度的商業主義和私有頻道的暴增已經對公共事務獨占或雙頭寡占帶來威脅。新聞電視，包括商業新聞頻道，在世界上最富有的媒體市場激增——從1990年的六台達到2005年的119台——同時間，紀錄片頻道從1990年的兩台增加到2005年的108台。在英國這樣完整建立有公共電視傳統的地方，有BBC這樣的例子，卻也包含有ITV和Channel 4這樣的商業電視台——具有在國家與國際公共事務提供品質節目的歷史，它的電視新聞也難免不被資訊娛樂這個潮流波及到。排列在「告知」、「教育」、「娛樂」大眾三者組合之末的「娛樂」的這個角色在1990年間嶄露頭角。這當中具代表性的影響是BBC的頭號時事節目Panorama系列（本系列自1953年起播，設立了之後半個世紀時事報導的標準）被更換到週末晚間時段，它乏力的內容勉強維持著銳減中的觀眾群（雖然2007年本節目在2007年又重新回到熱門時段開播，節

目時間卻縮減十分鐘變爲三十分鐘）。而在另一邊，ITV替換掉已播放許久並備受尊重的時事和調查性節目，像是*World in Action*（1963-1965和1967-98）、*This Week*（1955-1992），取而代之在尖峰時段播放的是更受歡迎的影集和時境節目。在歐洲其他地區，商業主義靈活地被政治力量所運用；在義大利，資訊娛樂導向的私有電視把貝魯斯柯尼（Silvio Berlusconi）從一名商人推至首相一席，他在1994年第一次選上（任期七個月），而在2001年和2008年他再次當選。

在東歐和前蘇聯的其他地方，市場資本主義的勝利已不可避免地損害國家掌控的公共電視模式，國家轉播單位的出現不外乎以政治宣傳網絡的方式呈現，完全失去公信力。新聞在市場運作的意義被市場塑造的新世界給正常化了，如捷克總統的前秘書所說：「多數曾經嚴肅的捷克新聞已經轉向資訊娛樂化，很多相關媒體用頗具內容和分析性的報導來換取軟新聞，娛樂取向正被電視文化導引著……（Klvana, 2004: 0-41）。在俄羅斯，一篇有關新聞的研究發現「媒體具侵略性地植入一種享樂精神，投入大量注意力在娛樂類型，年輕記者們本身也願意接受於扮演娛樂者的角色」（Pasti, 2005: 109）。

在印度這樣有著世界上最擁擠的電視新聞市場（到2009年，共有65個新聞頻道）的國家，資訊娛樂相當繁盛。當它國內的或跨國的私人投資者皆察覺到賺錢的新機會和影響力，皆一股腦兒地投入電視新聞事業的同時，印度電視新聞的去規範化必須爲這樣的暴增負起部分的責任。各頻道間與日俱增的競爭導致了電視新聞小報化的傾向，可以被封稱爲我曾經在別處形容過的印度資訊娛樂化的「3個C」——即「電影」（Cinema）、「犯罪」（Crime）、「板球」（Cricket）（Thussu, 2007）。這當中較顯著的一點，同時也反映著全世界各地的資訊娛樂潮流的是，幾乎所有新聞頻道都著迷在明星文化上；在印度目光都圍繞在每年電影產量最大也是世界上最大的電影工業「寶萊塢」（Bollywood）上。寶萊塢銷售電視新聞的

能力可以很清楚從Rupert Murdoch的印度娛樂網絡Star Plus選用寶萊塢巨星Amitabh Bachchan擔任《Kaun Baniga Crorepati》節目主持人的這個事件上可以證明，Kaun Baniga Crorepati是一個承襲英國《誰來做富翁節目》（*Who Wants to be a Millionaire*）的印度版本，此節目在2000年首播並由Star News為它做相關報導。這個節目戲劇性地改變了Murdoch在印度的命運，替Star Plus維持了平均每週在50個首榜節目佔有約40個節目的實力。這個節目在2007年由寶萊塢首席明星沙魯克漢（Shah Rukh Khan）主持的第三季保持了相當高的收視率，部分得歸功於Star News帶來的穩定宣傳，讓Star Plus成為印度最受歡迎的私有頻道。其他網絡也開始理解到寶萊塢附帶的銷售力，大部分今天皆定期播放有關寶萊塢浮華、美艷生活的相關節目，Star News的每日節目*Khabar Filmi Hai*（譯：有關電影的新聞）充斥著明星報導與電影有關的八卦消息。這種「寶萊塢化」（Bollywoodization）擴大成跨越各新聞頻道的一種潮流。

在中國，從毛澤東時期國家掌控和政治媒體宣傳時代發展到國家管理市場化的轉變有著截然不同的軌道，非常不同於歐洲前共產主義國家。新資本家路線導致媒體「軟化宣傳者的優勢」，取而代之的是軟性、娛樂性、和非政治性的新聞。這類新聞對大量的觀眾特別具有吸引力，更能為利潤鋪路（Chan, 2003）。由Murdoch的News Corporation部分擁有的鳳凰資訊新聞頻道定期播放一個資訊娛樂節目*Easy Time Easy News*，官方稱之為「軟式差異性新聞」。同時，在一貫由政府掌控電視的阿拉伯世界，資訊娛樂的全球化更被一位評論家稱作「自由商業化電視」，他更強調：「阿拉伯觀眾曝光在著重於聳動和技術上較誘人等特色的美式新聞型式和中心下」。

就像上述簡略所選的例子強調過的，收視率主導的媒體完好地建立在世界各處，而將軟故事優先當做一種「煽情化的奇觀」（sensationalist spectacles）的資訊娛樂化，被轉化成為可觀的收入。

稀釋中或民主中的電視新聞？

　　到此值得停下來提出幾個頗為重要的問題，像這種著重在消費新聞、體育和娛樂等民粹主義式的新聞是否正稀釋著電視新聞？要到什麼程度，我們才有資格質疑這種忽視公共新聞議程而投向私有化資訊娛樂的傾向—其中隱含著優先考慮新聞的資訊、娛樂價值大於教育價值—已經傷害到民主化論述？或者，像部分有名的傳播典範支持者不停辯稱的，這種轉播新聞的形態確實為公共領域的民主化帶來貢獻。在他們看來，關於批評新聞內容的「小報化」（tabloidization）或「下坡化」（dumbing down）的聲音夾帶著一種重申新聞精英式觀點的危機（Hartley, 1999）。

　　這些爭論在世代中不斷測試著媒體理論家們。在資訊娛樂的全球化相關辯論出現之前，像阿多諾（Adorno, 1991）這樣的評論家早已看出西方定義下的市場的優勢性，警告我們「電視的機制」（mechanisms of television）創造了一種錯誤的全球「自我感覺良好」元素。波斯特曼（Postman, 1985），在他頗具影響力的《娛樂至死》（*Amusing Ourselves to Death*）一書中，系統性地以理論陳述美國的大眾論述僅採用了娛樂的形式，他再辯稱「電視的認識論」（epistemology of television）從電視的對話宣傳著「無厘頭和輕蔑」以來，便對更深的知識和理解帶來負面的影響。他相信，電視「僅以一種固定的聲音說話—即娛樂的聲音」（Postman, 1985: 84）。

　　在此我要強調的是全球資訊娛樂化以強而有力、誘人的論述方式轉移中，藉著錯置於電波之間，將我們的注意力從殘酷的現實和新自由主義的暴行移開（我們都見證到的美國對伊拉克的的侵略和霸佔）；同時，這也替全球化貢獻了一種浪費式和斷裂性的消費者生活方式。隨著美國文物（Americana）和它的在地化版本在全球循環流動，儘管表面上看來是相反的，這種不停轉換、變向的能量實際上已增加了好幾倍。

結論：軟新聞即是軟政治宣傳

賈克·艾略（Jacques Ellul）在他關於政治宣傳精湛的研究中，重要地區分出一種它顯著的政治轉譯和更微妙的一個概念—稱之，即一種「政治宣傳之整合」，呈現在流行電影、電視、廣告、公關上，無意識地塑造每一個個體以適應支配性的社會觀念（Ellul, 1965）。全球媒體集團增強的力量和它們的在地複製體可以宣傳一種更軟性、偽裝成資訊娛樂的組織宣傳，再觸及數以萬計的人和延伸到他們的居家。橫跨於全球的政府們尚未意識到資訊娛樂化的擴張，也許是因為資訊娛樂可以將大眾導向多元版本的實境節目與消費者、娛樂相關資訊，錯置一些可能會讓觀眾發現新自由主義過度發展的嚴肅性新聞和紀錄片。例如，在印度，悲哀的缺少有關農村貧窮問題和農民連續自殺的報導（參考政府官方統計，在1993年到2003年間，即新自由改革的十年間，有超過十萬人），還有一些關於開發議題卻被忽略的報導，例如，健康與衛生、教育與就業品質（印度有世界上最大量的童工與難以數計的失業青年 ）等問題，證明了這些殘酷的故事不會變成收視率而被資訊娛樂化的消遣給轉移開了。

國族菁英作為很多開發中國家和經濟轉型體裡跨國階級初期的一份子，在全球資訊娛樂化的建立和人口中扮演很重要的角色。這種跨國菁英對於新自由主義，這種藉著靠攏極少數團體的有力核心來獲取利益（大多數集中在西方，從Fortune 500的年度名單便可推證）的方式所產生的魅力抱持著懷疑。媒體系統，如麥克切斯尼（McChesney, 1999）〔提醒我們的：「不單是緊緊地連結在商業驅動社會的意識形態支配面向，它也是經濟的內在要素」〕（1999: 281，原文為義大利文）。資訊娛樂化集團是新自由社會的支配性經濟力的一部分，如艾略（1965）宣稱的，它在完全、不變的政治宣傳環境下運轉著，在不注意的情況下處理政治宣傳的影響；他更提到，雖然教育階級深信他們不受政治宣傳左右，但事實上，在比一般人消費更大量的新聞與更

經常參與政治傳播的過程中，他們會暴露出更多的弱點。在資訊娛樂全球化的脈絡下，大部分是被西化、崇尚消費生活形態的年輕、中產社會族群參與在新自由媒體中。資訊娛樂化對於具有個人世界觀、社會和地理移動性高、和在跨國工作環境下的新世代有傳導力。

就如同我在其他地方所形容的，這個現狀是全球在地美國文物（Glocal Americana）餵養和創造出來的一種新自由主義深根的媒體文化，也因為這種持續性和軟性的政治宣傳讓新自由主義受到愛戴，而經由全球菁英的支配體來達到普及化。這些菁英關注著它的基本原則：

私有的（有效率而受偏好的）vs. 公共的（腐敗且無的）
個人主義（備受推崇的）vs. 群體（飽受評的）
市場（好的）vs. 國家（壞的）

上述難以質疑的對立面都落在「一般常識」的成規之中。就像哈維（Harvey）辯稱的，新自由主義變成一種霸權論述，對想法和政治經濟運作有滲透性的影響，進而成為這世界普遍觀點的一部分。新自由主義意識形態的全球化和電視資訊娛樂化的全球延伸和循環，提供新自由主義直接與世界居民溝通更有力的機會，愈來愈多的全球資訊娛樂集團致力於在地化他們的內容以更方便接觸到這群被西方化的精英們。

當資訊娛樂演變成侵犯到全世界的新聞議程時，美國經驗也會變的更廣泛地受到接納。透過對市場優勢的肯定，這些都無疑都在右翼政治議程的考量利益下。德國媒體社會學家尼克拉斯·魯曼（Niklas Luhmann）將大眾媒體視為現代社會的主要認知系統，提出了一個關鍵性的問題：「怎麼可能把有關世界和社會的消息看似真實的資訊來接受，一但我們了解到它們是如何被產製出來的？」（Luhmann, 2000: 122，原文為義大利文）。在2008年引發的全球金融危機揭露了新自由主義意識形態的侷限性，使得路曼提出的問題更為急迫和突出。

參考書目

Adorno, T. (1991). *The cultural industry: Selected essays on mass culture.* London: Routledge.

Ayish, M. (Ed.). (2002). Political communication on Arab world television: Evolving patterns. *Political Communication,19*, 137-154.

Barkin, S. (2002). *American television news: The media marketplace and the public interest.* New York: M.E. Sharpe.

Calabrese, A. (2005). The trade in television news, in J. Wasko (Ed.), *A companion to television.* Oxford: Blackwell.

Castells, M. (2004). *The information age: Economy, society and culture, vol. 2: The power of identity,* (2nd ed.). Oxford: Blackwell.

Chalaby, J. (Ed.). (2005). *Transnational television worldwide: Towards a new media order.* London: I. B. Tauris.

Chan, J. M. (2003). Administrative boundaries and media marketization: A comparative analysis of the newspaper, TV and internet markets in China. In C.C. Lee (Ed.), *Chinese media, global contexts.* London: Routledge.

Ellul, J. (1962/1965) *Propaganda: The formation of men's attitudes.* New York: Knopf.

Gitlin, T. (2002). *Media unlimited: How the torrents of images and sounds overwhelms our lives.* New York: Metropolitan Books.

Globe Scan. (2006.05.03). *BBC/Reuters/Media Center poll: Trust in the media.* Retrieved from http://www.globescan.com/news_archives/bbcreut.html

Hallin, D., & Mancini, P. (2004). *Comparing media systems.* Cambridge: Cambridge University Press.

Hartley, J. (1999). *Uses of television.* London: Routledge.

Harvey, D. (2003). *The new imperialism.* Oxford: Oxford University Press.

Kellner, D. (2003). *Media spectacle.* New York: Routledge.

Klvana, T. (2004). New Europe's civil society, democracy, and the media thirteen years after: The story of the Czech Republic. *Harvard Journal of Press/ Politics, 9*(3), 40-55.

Luhmann, N. (2000). *The reality of the mass media.* Cambridge: Polity.

Marc, D., & Thompson, R. (2005). *Television in the antenna age: A concise history.* Oxford: Blackwell.

McChesney, R. (1993). *Telecommunications, mass media and democracy: The battle for the control of US broadcasting, 1928-1935.* New York: Oxford University Press.

McChesney, R. (1999). *Rich media, poor democracy: Communication politics in dubious times.* Champaign, IL.: University of Illinois Press.

Mott, F. L. (1962). *American journalism: A history: 1690-1960* (3rd ed.). New York: Macmillan.

Pasti, S. (2005). Two generations of contemporary Russian journalists. *European Journal of Communication, 20*(1), 89-115.

Postman, N. (1985). *Amusing ourselves to death: Public discourse in the age of show business.* New York: Viking.

Project for Excellence in Journalism. (1998.06.03) *Changing definitions of news.* Retrieved from http://www.journalism.org/resources/research/reports/

Project for Excellence in Journalism. (2006). *The state of the news media: An annual report on American journalism.* Retrieved from http://stateofthemedia. org/2006

Schudson, M. (1978). *Discovering the news: A social history of American newspapers.* New York: Harper.

Thussu, D.K.(2006). *International communication :Continuity and change, second edition.* London: Hodder Arnold.

Thussu, D. K. (2007a). *News as entertainment: The rise of global infotainment.* London: Sage.

Thussu, D. K. (2007b). The 'Murdochization' of news? The case of Star TV in India. *Media, Culture & Society, 29*(3), 593-611.

Thussu, D. K. (2007c). Mapping global media flow and contra-flow, in D. K. Thussu (Ed.), *Media on the move: Global flow and contra-flow*. London: Routledge.

動畫的未來
論電影特效中的動畫美學、理論和產業實務 / Bob Rehark著／牟彩雲譯

導言

　　四年前，動畫學者馬克・藍格（Mark Langer）發表的論述中指出，我們正處於重新界定動畫美學和科技運用的時代邊緣。在他的〈動畫歷史的終結〉這篇文章中，他認為，被媒體研究歸類為文化與概念領域的動畫正在分解；什麼是動畫、它能做什麼，以及它將往哪邊發展，都無法確定（Langer, 2002）。

　　下面的解釋說明藍格的論述。動畫，在電視或電影媒體裡，已被界定為和真實影片是不同的。如同它的特色和能力，可以將現實誇張化和伸展的各種效果。像是動物們有趣的對白、用槍和球棒互相追打、人的身體可以奇怪地變形、眼睛從頭顱跳出、茶壺和打字機跳舞等等，都是它的特色。換另一種方式來說，動畫，是有「卡通」的精隨在其中：幽默、驚喜、誇張和神奇等。相反的特性也說明了真實影片：真實和客觀。因此，動畫和實拍電影是二種截然不同的表現模式。然而近年來電腦影像技術的進步，已改變了原有的規則。今日動畫是用來「偽裝」真實，例如史蒂芬史匹柏的《侏儸紀公園》（*Jurassic Park, 1993*）裡的恐龍、《阿甘正傳》（*Forrest Gump, 1994*）裡湯姆漢克斯和約翰甘迺迪在白宮的畫面，或是《鐵達尼號》（*Titanic, 1997*）沉船時的景象等。在擬真的電腦影像時代裡，動畫已經轉化為模擬。我們很難察覺真實和模擬的差異，動畫影像已完全的改變且不能後退。

　　在此，我不是要駁斥藍格的說法。相反地，他的論點有許多值得探討，尤其是他認為有必要研究動畫和真實影片重疊的「灰色地帶」。延續

他的論點，我探討科技的進步對於動畫的影響，捨棄對動畫舊的概念和理解，用更彈性和精確的方式，來看動畫對好萊塢和全球媒體工業的影響。藍格的論述有二點值得更深入討論。

第一，他嘗試將動畫和特效的牆籬瓦解。在近期的《連線》（*Wired*）雜誌的封面故事，數位動畫師的貢獻大受喝采，從電影《鍋蓋頭》（*Jarhaead, 2005*）裡的起火油田，到彼得·傑克森（Peter Jackson）的電影《金剛》（*King Kong, 2005*）等，都是動畫師的魔法。從此可看出數位影像的操控，早已涵蓋到影像製作的各層次和面向。爆炸、玻璃破碎等特效已由電腦在處理，其他如《神鬼傳奇》（*The Mummy, 1999*）、《殭屍》（*Shaun of the Dead, 2004*）裡的血腥場面和變形效果、《星艦戰將：異形入侵》（*Starship Troopers, 2004*）裡的戰艦和昆蟲部隊、《星際大戰》（*Star Wars, 2005*）裡的外星人等。這些效果早期是由縮小模型搭配背景繪製、玩偶和假體所完成，但現在大部分都由微處理器代勞了。數位技術的擴大，不表示我們該捨棄動畫和特效的區別，而是更須謹慎對待。

第二，藍格認為，今日的特效和動畫已和真實沒有區別，雖然我認為論點稍嫌薄弱。在他的文章中強調：「現在的動畫欲將虛幻『真實化』，也就是如照片般（photoreal）擬真的動畫，讓大多數欣賞實拍電影的觀眾無法區別虛實。」這暗示了電影本身已經轉化到另一種領域，在這裡它能模擬任何東西，完全地令人信服。如同藍格所說：「虛實間的關係正快速消失，無論我們喜歡與否，動畫不但可以完美的模擬真實電影，還能讓實拍所無法呈現的效果成真。」

這部分的論點在2001年的《太空戰士》（*Final Fantasy: The Spirits Within*）可以看出，裡面的虛擬演員或綜合體（synthespian）取代了真人演出。然而，從《太空戰士》的例子，我對動畫的未來提出稍微不同的看法。儘管《太空戰士》電影裡的科學家亞紀（Aki Ross）是影像技術的突

破，然而她的角色和敘事功能卻無法得到觀眾認同。我認為電腦動畫的成功，只有擬真是不夠的，還必須有「表演」（performance）才行。表演在兒童電影裡從不是問題，例如《玩具總動員》（*Toy Story 3, 2010*）、《冰原歷險記》（*Ice Age, 2009*）和《海底總動員》（*Finding Nemo, 2003*）等。這些電影在全球的票房，成功地用它的CG感擄獲了觀眾的心。皮克斯「卡通化」的成功和《太空戰士》擬真的飽受批評，暗示了動畫技術的完美，在於是否能將敘事性、電影藝術和表演力傳達給觀眾，而非僅是電腦的多邊形數量和貼圖而已。為了避免現今觀眾對動畫準則的解讀、接受或拒絕，此篇文章僅從電影語法的表演性和寫實性來探討動畫。從奈瑞莫爾（Naremore, 1988）對電影表演手法的分析為基礎，這裡嘗試將論點擴大到動畫、特效和表演面的分析。今日的電腦動畫是在「似真性」和「戲劇性」表演間的對立關係中遊走；文章最後將以電腦動畫的未來，及其與傳統動畫的關係做總結。

除了《駭客任務：重裝上陣》（*The Matrix: Reloaded*）和《駭客任務完結篇：最後戰役》（*The Matrix: Revolutions*）之外，2003年的《駭客任務——立體動畫特集》（*The Animatrix*）等，都是1999年電影《駭客任務》（*The Matrix*）的續集增加效果。在駭客任務——立體動畫特集裡的《絕命飛行》（*Final Flight of the Osiris*）裡，9分30秒的電影，[1]以魁梧的非裔美國人和性感的亞洲女人的武術對決做開場。雙方在跳躍、扭轉和閃避時都帶著眼罩，甚至在刀劍揮舞的路徑上，有熱氣的波紋出現。雙方比武的過程中，衣服鬆脫落地，裸體的男女僅剩丁字內褲的遮蔽。攝影機巧妙地落在他們所流的汗水、緊張的軀體上，極度的特寫出肉體上的每個毛孔、痣和皮膚的皺褶。

《絕命飛行》的開場片段，很明顯地呈現了特效技術跨時代的進步。決鬥的過程讓觀眾目不轉睛，片中虛擬演員茱（Jue）和薩德斯（Thadeus）的肌肉、調情眼神等，都是電腦運算而成，這些皆拜高科技技術的運用如

動態捕捉、影格設定和貼圖所賜。數位演員已經成長，變的更性感和嚴肅。儘管如此，對特效迷來說，絕命飛行的突破仍受批評。因為它是由史克威爾（Square USA）公司和動畫指導安迪・瓊斯（Andy Jones）所領導製作，而其虛擬演員的表演卻被譏為失敗之作。

關於第一部全以擬真的數位角色演出的長片《太空戰士》，所受到的評論和它的目標相同。影片從受歡迎的電動遊戲[2]取材，由日本軟體公司史克威爾（Square）和哥倫比亞影業（Columbia Pictures）共同合作，《太空戰士》歷經四年、美金1億4500萬資金製作，在美卻只有3200萬的營收，海外收入也不到美國的二倍。更悲慘的是它所受的批評不斷，尤其在它追求電腦擬真程度這方面。儘管它的視覺成就值得讚許，《太空戰士》的故事薄弱、對白老套和沒靈魂的演員遭受觀眾譏諷。它嘗試開拓出未來虛擬電影的先鋒，相反地，卻證明了虛擬的綜合體的有限。它無法跨越沒靈魂的模擬和戲劇式的情感、心理和動機等二邊的界限，而後者是觀眾所習慣的。

檢視《太空戰士》這部片，我希望能將問題放在何謂電影的真實性，當其套用於真人情感的表演時，而綜合體又如何讓我們重新評估真實。真實和模擬的區別、人性和人工的差異，以及這些詞句被複雜化的方式等，不僅取決於科技的創新，還有我們對電影習慣性的反應。影片的成功與否，其根本在於它運用的表現譯碼（representational code），而非在於它所使用的科技。《太空戰士》和其他CG電影的對比，讓現今觀眾對於何謂電影的「真實」這問題得到解決。檢視《太空戰士》和其他CG電影的關係，如皮克斯的《玩具總動員》、《蟲蟲危機》（*A Bug's Life, 1997*）和《怪獸總動員》（2001）等，我們開始思考數位的演出，是呈現何種表演的傳統和譯碼。《太空戰士》和其他動畫電影表演風格的對比，顯示了電影的真實性和科技間的緊張關係。

《太空戰士》似真的表演譯碼終究失敗，我認為，CG表演的成功就在於它明顯的、特意的人工效果。CG電影若將戲劇表演人為地強調出，容易吸引觀眾；刻意抹去想接近自然，則落入平淡無趣的傳統模式。除了表演外，當然配音也被認為是賦予虛擬角色生命力的要素之一。

　　早期電腦影像介入電影裡，不外是佈景、道具和怪物等，因此很多論述是關於這方面的研究。以《電子世界爭霸戰》（*Tron, 1981*）和《星艦迷航記2：星戰大怒吼》（*Star Trek II: The Wrath of Khan, 1982*）為例，就安排佈局了一些循環光和星球變形的效果。這些片段雖然只幾分鐘，中斷了敘事性，製造出炫麗的人工空間，讓觀眾不由自主地前傾讚賞。這樣表現的方式，和莫薇（Mulvey, 1989）批評主流電影對女性物化的觀看相似。這些電腦特意製造出的絢麗片段，可以被認為是增加「真實性效果」的作用。

　　隨著電腦技術發展，人工影像也全面滲入電影中。早期數位以綜合體存在，用異常的物件來吸引目光，如《無底洞》（*The Abyss, 1989*）的情感分離艙，或是《魔鬼終結者2》（*Terminator 2, 1991*）裡的變型T-1000，它們創新的模型和模擬方式，在片中的時間加長了，且在故事情節裡變的重要。到的1990年代中，電腦影像不再僅止於把奇異的生物加入真實背景或演員中，而是創造出自己的場景。因此《駭客任務》和喬治‧魯卡斯的《星際大戰首部曲——威脅潛伏》（*Star Wars: Episode One- The Phantom Menace, 1999*）都運用了虛擬場景。魯卡斯認為「數位片廠」就便利和經濟效益而言，將勝過實體場景。他說：「數位化似乎節省許多成本。很明顯地，我們無法實際建立許多場景和物件。即使有模型放在後面，還是有很多的攝影機運作，無法用傳統的攝影方式達到效果。」（Magid, 26-7）在訪談中，魯卡斯常提到數位化和表演間的關係，認為藍幕和其他的合成技巧，最終將需要回歸到傳統的表演形式上：

什麼是必要的，應該是所謂傳統形式的表演，和戲劇演出相似。方法式演出和融入角色的概念，對於今日某些演員來說，那種習慣「真實性」，有實體的物件以便演出的方式，從1960年代中即有了。尤其在英國，演員多有劇場訓練，因此他們習慣假裝觀眾不在，或是白色形狀代表建築物，藍色的光代表水等。

魯卡斯對於演員方法式訓練和其習慣的真實有貶低的意味。但這意指了電腦影像的出現，可能轉化表演的形式，朝向符號式演出：如同傳統默劇，每個表情或姿勢是設計來「說話」的。簡而言之，是「卡通式」的表演美學。另外重要的是，魯卡斯強調由綜合體本身為主的演出，像是《星際大戰二部曲：複製人全面進攻》（*Star Wars Two: Attack of the Clones*）裡的恰・恰・賓克斯（Jar Jar Binks）和尤達（Yoda）；試圖將他們的角色天衣無縫地融入真實演員，模糊特效和表演的界限。

在對電腦影像的辯論中，大部分專注在他們畫面的呈現而非表演，這或許是我們並不認為虛擬角色可以和真實演員一樣，用相同基準來看他們的表演。更明確的說，我們看待虛擬綜合體很表面，著重在它和真實世界的相似度有多高。T-1000之所以吸引我們注意，是它的銀色反光皮膚和金屬流體的變型。玩具總動員裡的角色令人開心，是因為他們塑膠鮮豔的顏色、機械構造、彈簧關節等等。然而，這些電腦影像很顯然地是**表演**，就像奈瑞莫爾所說：「他們專注在某種形式的戲劇表演，在其中便轉化成故事的角色。」虛擬綜合體的表演所包含的行為、性格、心理等，並不像它們的外表，同等地被注意。反過來看，玩具總動員裡的角色，順暢的表演讓觀眾不覺有異，因此專注在欣賞它們絢麗的外表上。

這暗示了綜合體的美學功能可以分成三種面向。第一：綜合體必需在時間和空間裡，證明它的實體存在。若非如此，那麼它只不過是個把戲、

一道閃光或是效果罷了。第二：它在敘事中扮演一致性的角色。第三：它必須有可辨別和令人信服的表演，反映它內在的性格，並隨故事情節作合理的變化。這三項任務和奈瑞莫爾提出的論點不約而同——擬人譯碼（anthropomorphic code）、調和譯碼（harmonic code）和表達譯碼（expressive code）。我認為，這三點是以觀眾的意識作為排序。也就是說，首先，綜合體必須實際的存在；然後，它屬於故事的構成要素；最後，它故事裡的表演。這並不是指表演不重要，實際上這是讓角色每個動作呈現的重要關鍵，只是到目前為止，我們關注角色的「外在生命」（outer life）遠大於它的「內在生命」（inner life）。

上述的特點可以套用到傳統的綜合體，在這裡指的是《太空戰士》之前的數位演員。例如《玩具總動員》、《蟲蟲危機》、《史瑞克》、《怪獸總動員》等，它們都有效地運用了綜合體，博得觀眾喜愛並有可觀的收益。若沒有《太空戰士》的失敗，我們不會注意到為什麼它的數位演員儘管細緻，卻無法讓觀眾信服。是什麼原因讓《太空戰士》的綜合體失敗，而其他的卻成功呢？

要了解它們的不同，關鍵在於現今數位電影裡，寫實主義和形式主義派別的關係，以及強調視覺或是表演方法二者間的擺動。《玩具總動員》的成功在於它著重在戲劇式的表演美學，進而加強了它人工的畫面效果，以及角色的雙重性：是生命體，也是機械體。相反地，《太空戰士》強調似真的（verisimilar）編碼，嘗試以真人的層次來說故事，捨棄奇想化的玩具或是怪獸。雖然《太空戰士》宣揚它細緻擬真的毛髮、皮膚、肌肉和骨架等技術，它的任務其實更深奧：它試圖將綜合體從布萊克特（Brecht）派別的反寫實、劇場式的美學，轉化到史坦尼斯拉夫斯基（Stanislavsky）派的寫實主義。《太空戰士》的虛擬角色，可說是第一個數位的方法式演員。

因此，這部片有雙重的目標。它不僅要模擬表面上的人體、衣著的真實性，還需呈現出史坦尼斯拉夫斯基派所強調，自然微妙的表演風格，「一種接近真實的表演，同時又呈現演員本身的真實性、「生物體」（organic self）感覺。具有自發的、即興的，和低調的自我內思的表演。」（Naremore, 2） 影片中的主角亞紀，即具有內在生命，有時透露出她受回憶所困擾，是種在攝影機前，流露她的個性，進而加強情感的真實存在。這種自然式的表演和它的模擬真實效果，皆受到觀眾的注意。儘管現代好萊塢在數位藝術上是成功的，但是，細膩的假象卻失敗。接下來，我將從電影語言中的表演，來探討《太空戰士》，試圖將綜合體真實化的演出，卻相反地破壞成不像真實的電影。

　　雖然《太空戰士》電影源自於電動遊戲，但影片中的角色和故事都是另創出來的。在唐肯（Duncan, 2002）的製作紀錄中提到，導演坂口博信（Hironobu Sakaguchi）把真實列為第一順位，故事發生在地球而非外星，描述有關宇宙的靈魂。主角有年輕的科學家亞紀、施博士（Dr. Sid）、軍事熱愛者格萊（Gray Edward）、三人小組：萊恩（Ryan）、奈爾（Neil）和珍（Jane），以及邪惡總司令軒（General Hein）。

　　電影由在CG電影常見的外星生物開場。接著由眼睛的特寫轉場到亞紀的空間，電影試圖顛倒一般科幻片常見的外星人世界、戰艦飛行、奇異怪獸和大爆炸等場面。相反地，唯妙唯肖的生物體模擬，像是可看到毛孔的皮膚、淚水的閃亮、睫毛上的細粉等，讓影片呈現最平凡也最非凡的景象，還有技術上的突破。或許我們觀察過於仔細，《太空戰士》最吸引人的片段，在那些安靜、親密的時刻，讓旁觀者思索人類世俗的反應。電影的開場有雙重目的：畫面上，它呈現亞紀那引人稱羨的美、細緻的臉和飄揚的髮絲。敘事上，它帶領我們進入她的內心，目睹她夢境裡外星靈入侵的預言。她的旁白說：「我能拯救地球嗎？」夢醒後，亞紀起動電腦終端機，將剛才的夢存入硬碟裡（畫面上出現「夢已存檔」，或許這是對導演將幻想科技化的諷刺）。

這種特別的運用譯碼，像是吸引觀眾欣賞的目光、誘導入真實感的夢境，是《太空戰士》的美學策略。首先，譯碼不斷地提醒我們在處理綜合體時，「庫勒雪夫效果」（Kuleshov effect）[3]就某種程度上，是一直在運用的：電影式的「精細畫」（trompe-l'oeil）手法不僅說服我們，是在觀賞某種我們認為已知但不可能或不存在的東西，也傳達出螢幕裡的虛擬角色，和我們看見一樣的景象。暫時先不談它裡面因數位繪圖和剪輯效果的問題，造成的不真實感方面。第二，夢境的開場將亞紀的內心主體描述出，其複雜性足以讓我們掉入情節裡。《太空戰士》不斷地強調主角的內心想法，讓我們和她在相同觀點上。令觀眾訝異的是，當亞紀從夢裡驚醒時，立即認為身處真實世界，而非不真實的幻境。這裡同樣地也帶到她的臉龐，表現出沉思和內在的情緒。

亞紀和其他虛擬綜合體的表演，皆明顯地有某種內心困擾和猶豫。藉由臉部表情和多餘的說話方式，呈現了自然化的表演風格，如同奈瑞莫爾所說：

> 要達到自然流露的效果，演員一開始說話時會有沒意義的加強語或修飾詞，這是電視肥皂劇常用的技巧，幾乎每句都以「　看」（look）、「現在」（now）或是「這樣」（well）開始。自然式的演員也會使用不完整的句子：例如不說「我很痛苦。」（I am very distressed.）改說「我痛…非常痛苦」（I am dis-… very distressed.）　同理，在動作時，例如會先喝一口酒，停一會兒，才有下個動作。（1988: 44）

以第一段亞紀和格萊在電梯裡的對話為例，兩人間相互嘲諷和防禦式的語調，令人想起電視影集Angst。他們側面對著彼此，不小心碰觸到時的退縮，以及憤怒地轉身離去。這些動作讓他們和一般的電影表現風格不同，

像是演員必須四分之三的角度面向鏡頭等手法。如同奈瑞莫爾所說，十九世紀末後的寫實性戲劇主要特色，傾向於將演員斜面對著彼此轉身離去，讓舞台看似較少誇張性，有較多的自然呈現。

當劇中角色背對著鏡頭時，旁觀的是總司令軒，在片中說話時幾乎皆眼神寧視專注、皺著眉頭、朝向窗外。這是讓他和其他軍隊人員有別的特色之一。軒是劇中唯一映證奈瑞莫爾所提的「表現式不連續」（expressive incoherence），一種暗示出表演中有表演的行為模式，一種真實的自我，與周圍的人不同。為了強調對於部下和亞紀的較高地位，軒一貫地用權威式的諷刺，來強調他的話語和情緒。可惜的是，軒的過度壞人形象，讓他的諷刺話語可以預料但起不了效果，這是片中眾多的刻板模式之一。

《太空戰士》以刻板模式呈現角色，或許是因為史克威爾公司不確定觀眾是否能夠理解綜合體的表演。在前製階段，亞紀、軒和其他角色的3D模型設計，無論在視覺上或行為上，都認為外表應該反映出內在的個性：

> 「設計應該是從他的性格開始」，指導片中角色造型外觀的設計監督史帝夫・吉斯勒（Steve Giesler）這麼說。「壯碩的人有濃眉和寬大的下巴；邪惡的角色可能有拱起的眉毛。設計過程中最重要的是，將角色設計和他的個性相符，如此觀眾一眼就能看出他是哪種人。」（Duncan, 35）

不幸的是，電影整體的真實度，造成演員外觀的近似模仿手段。總司令軒不僅有拱起的眉毛，還有狐狸般的尖鼻和下巴，聚集的邪惡小眼睛，還有全身黑色皮製的服裝，這和傳統好萊塢裡面的壞蛋形像完全一致。其他刻板外貌的例子，像是格萊，有方正的下顎、寬廣的肩膀，是一般的帥氣英雄；珍，纖瘦、面無表情的海軍人員，緊綁的頭髮和偶爾嘲笑的眼

神，暗示了她是位女同性戀；施博士，光頭、留著山羊鬍鬚，是位穿著實驗室外套的科學家等。《太空戰士》裡很多角色令人聯想到真實的演員。施博士像是《星艦迷航記：銀河飛龍》（*Star Trek: The Next Generation*）裡的派翠克‧史都華（Patrick Stewart）；海軍隊員萊恩，像是文‧雷姆斯（Ving Rhames）和麥可‧克拉克‧唐肯（Michael Clarke Duncan）的混合；格萊，在《娛樂周刊》（Entertainment Weekly）被評論，像是打了類固醇的班‧艾佛列克（Ben Affleck）（Brod, 2001: 64）。外觀的相似也被作為身分類別的暗示，例如裡面的海軍人員，讓人聯想到詹姆斯卡麥隆（James Cameron）的《異形》（*Aliens, 1986*），尤其是珍和Vasquez的相似性（由Jenette Goldstein飾）。

所有這些結合起來，對於《太空戰士》想要讓觀眾認出和了解的這種表現譯碼，是種自我破壞。簡單來說，電影一心想滿足觀眾期待，以致於將最有趣的元素－似真的綜合體，硬塞入單調的、無趣的表演，表現的敘事框架和科幻小說與電影極為相似。對於CG電影裡，視覺的相似性和敘事的原創性間的關係，似乎是相反轉的。玩具總動員裡加強了角色的鮮豔不真實外表，但在故事主題上贏得了觀眾的認同，就像在卡通裡，外表雖然奇怪，但角色內心的邏輯是真實的。相反地，《太空戰士》強調不讓觀眾覺得外表奇怪，以致於說的是最普通的故事，用最常見的好萊塢式手法。電影不僅複製了人類的血管和皺紋等細節，連可預期的鏡頭節奏、單面式的動機，以及老套的對白等，都全部套用。

然而，在重要的一方面，《太空戰士》將它的表演基於真實的人的：聲音。前面提到的《玩具總動員》或其他CG電影，虛擬角色的聲音目前依賴演員，像是湯姆‧漢克斯（Tom Hanks）、提姆‧艾倫（Tim Allen）、唐納‧蘇德蘭（Donald Sutherland）等，提供其真實聲音，限制了數位角色發展自我的潛力。儘管這些配音員被麗莎‧史瓦鮑姆（Lisa Schwarzbaum, 2001: 42）貶抑地稱為「銀幕演員協會欠款人」（SAG dues-payers）。她接著提

出：聲音是否不久也能由虛擬角色自己來配呢？很清楚地，到目前為止，就可說服觀眾的模擬而言，視覺效果的進步勝過聲音。《太空戰士》裡很多令人觸動的時刻，在於旁白細膩或激昂的聲音，賦予虛擬角色有一絲真實情感的感覺。這方面的演出，如同羅蘭・巴特（Roland Barthes, 1977）所稱的「聲音的顆粒」（grain of the voice），將真實性讀入綜合體的演出，因為它喚起了真實的軀體：

> 仔細聽俄羅斯男低音，有某種東西在裡面，很清楚卻難以去除，超脫了文字的意義、反覆唸誦的形式、單音節或是演奏的風格：某種像是領唱者的身體，進入你的耳朵，深入身體的每個洞穴、肌肉、膜和軟骨，從那裡，表演者的內在軀體和所唱的歌，散發而出。

我認為巴特的內在歌曲（geno-song）說法，和語言本身的實體有關，這對於了解綜合體美學是很重要的，因為目前CG無法模擬語言的化身。

《太空戰士》嘗試要打破動畫科技的最後關卡。電影無法說服觀眾裡面角色的真實感，證明了如同藍格所預言，模擬真實對象的時代尚未到臨。但這樣的限制只是局部的，在科技、期待、慾望和資金的交織下，終會產生向極限挑戰的實驗作品，而它不是成功就是失敗。換句話說，新的東西總是在角落等待著。文章前面提到，像是《駭客任務》動畫特輯裡的《絕命飛行》（Final Flight of the Osiris），證明了追求逼真的數位演出會繼續發展；更重要的是，就像駭客任務裡的人工智慧（AI），數位演出將從錯誤中學習，磨練它的虛幻能力。的確，科技的追求持續在前線拓展疆界。

在《駭客任務：重裝上陣》裡的「Burly Brawl」片段，特效總監約翰‧加塔（John Gaeta）發現了將真人基努‧李維（Keanu Reeves）、雨果‧威明（Hugo Weaving）的演出，和他們的數位複製人（Silberman）融合的新方法。在像是「Burly Brawl」這樣的片段，裡面尼歐（Neo）和超過一百位的史密斯幹員（Agent Smith）對打，在這裡數位和真人演出的界線是如此的散亂，因此它需要的是氣體式的合成美學。如果在1999年時，駭客任務將模擬和真實明顯切開，那麼絕命飛行和重裝上陣的真假區隔，很少不會被爭論。CG不僅超越了擴增電影的功能，更朝向成為電影的組成結構之一。當產業變的更數位化，這些明星和其表演也會跟進。幻想和真實的錯誤界線，寫實主義和形式主義的美學緊張關係，或許會變動，但不會完全消失。

同樣地，任何對於動畫未來的評論，必須考慮到和其他一樣，動畫是種推論的、意識形態的範疇，由複雜的科技、美學和文化變數交織而成。《太空戰士》和皮克斯動畫對比的例子，暗示了讓虛擬角色「動」起來，和其他一樣，是需要電影和戲劇的語言運用。換句話說，類型、故事、角色的心理面，和其下的數位影像製作，在建構電影的經驗上，都扮演相等的重要性。動畫的未來將會永遠與其過去做連結。

註釋

1. 爲了將專業術語減少，和迴避一些可能引發爭議的議題，這裡所稱的「電影」或「影片」指廣義的虛構敘事性的動態作品。如同Kipnis（2000）指出，電影、電視和數位領域，通常只是推論的範疇而以。Kipnis指出：「歷史上，電影替自己豎立一個認同感，和週遭的數位技術作區隔，然而技術的進步讓此區隔產生問題」（213）。此外，因爲「原始的媒體運用，並不表示最終的媒體呈現」（214）。電腦－電視－電影－DVD等層疊式的轉碼過程，儘管能在本質上作辯論，在此都將其打散，以「電影」這詞彙，方便口語來使用。

2. 原始的《太空戰士》1990年在北美發行。目前最新的設定爲多人線上角色扮演遊戲（MMORPG），叫做「太空戰士11」，2003年6月在測試階段。

3. 庫勒雪夫實驗是將演員的鏡頭和各種不相關的畫面，相互交叉安排，例如食物、棺材、遙遠的景象等，證明觀眾對於不相關的畫面，亦有解讀其意義的。這種手法過程，是對蘇維埃蒙太奇和好萊塢的連續性剪輯的諷刺。類似的風格在普多夫金（Pudovkin, 1958）的影片也出現，他談到綜合體時寫到：「每個物件，當從既定的觀點呈現給觀眾時，是死的，即使它在攝影機前有移動。只有在物件和其他個別物件放在一起，只有在它呈現以不同畫面構成爲主體的一部分時，它才有電影的生命。」

參考書目

Barthes, R. (1977). The grain of the voice, In *Image / music / text* (S. Heath Trans., pp. 179-189). New York: Hill and Wang.

Brady, M. (2006.03). How dgital aimation conquered Hollywood. *Wired 14*(3), 119-127.

Briscoe, D. Career of digital actress Aki Ross ends as studio shuts down. *AssociatedPress*, Retrieved April 25, 2002, from http://www.imdiversity. com/villages/asian/Article_Detail.asp?

Brod, D., & Grisolia, C. (Eds.). (2001.04.27). Summer movie preview. *Entertainment Weekly, 593*, 30-81.

Doyle, A. (2003.06). MATRIX: Anime-ted. *Computer Graphics World, 26(6).*

Duncan, J. (2001.07). *Final fantasy: Flesh for fantasy. Cinefex,86*, 33-44 & 127-29.

Kipnis, L. (2000). Film and changing technologies. In J. Hill & P. C. Gibson (Eds.), *World Cinema: critical approaches* (pp. 211-220). Oxford: Oxford University Press.

Langer, M. The end of animation history. Retrieved December 5, 2005, from http:// asifa.net/sas/articles/langer1.htm

Magid, R. (1999). Master of his universe. *American Cinematographer*, 80(9), pp. 26-27, 30, & 32-35.

Mulvey, L. (1989). Visual pleasure and narrative cinema. In V*isual and other pleasures.*

Naremore, J. (1988). *Acting in the Cinema.* Berkeley: University of California Press.

Pudovkin, V. I. (1958). *Film technique and film acting*. London: Vision.

Schwarzbaum, L. (2001.07.20). Movie review: Keeping it real. *Entertainment Weekly, 605,* 42.

Silberman, S. (2003.05). Matrix[2]. *Wired*, 11.

數位科技
浪潮下的當代電影變貌 / 邱誌勇／著

> 我已經走過以膠卷作為創作媒材的階段。
> ~大衛‧林區（David Lynch），〈膠卷之死〉（The Death of Film）

　　在當代社會情境中，隨著傳播媒體（如：電影、電視與網際網路）的普及與興盛，視覺影像就像水和空氣般地與人類生活密不可分，僅有極少人會對視覺影像多加思考，甚至去質疑視覺影響存在的理由。然而，大量影像堆積而成的景觀（spectacles）構成生活的本質，存在的一切事物全都轉化為再現；更甚之，成為比真實還要真實的擬真（simulacrum）。真實世界逐漸虛化；而幻化的影像也逐漸取代真實。景觀作為人與人間社會關係的中介體，藉由資訊、宣傳、廣告與娛樂消費等特殊形式，成為今日社會的主導性生活模式，甚至是形構人類生活世界的重要建制之一（Debord, 1983: 95-96）。

　　而隨著麥克魯漢（Marshall McLuhan）地球村概念的提出，似乎意味著這樣形構人類生活世界的重要建制已經擴散成為全球文化的一環，並且以一種全球性文化整合、東西族群融合、跨文化互信與了解，與四海一家的理念為主要訴求的數位科技影像逐漸地佔據了我們生活的重心。詹明信（Fredric Jameson, 1995: 47-49）便強調，伴隨著資訊科技、知識的電腦化與商業化的一連串全球轉型，這是一種巨大的擴張，以及晚期資本主義世界中，文化領域的基本改變。詹明信在其論述中提出全球資本主義的概念，將其晚近的資本主義發展視為資本主義的第三階段發展，並將之稱為全球性資本主義（global capitalism）。在這個全球性資本主義發展的階段中，資本不再由國家來掌控，而是

經由跨國公司的形式，以廣泛的消費市場爲著眼點，來作爲一種全球性的串連與投資（Jameson, 1995: 23）。

這樣的景況使得本地的生活方式在媒體科技與跨文化媒體內容的充斥與滲透之下，形成一股含混交織（hybrid）的情境。在地文化不再是人們建構認同的唯一途徑，主體認同的概念在當代也已經成爲一個開放的場域，並隨著個人的生活方式與接受資訊的不同而變異。阿帕杜萊（Arjun Appadurai）便在此晚期資本主義全球文化流動的現實中，分析出五種景觀，認爲全球化便是透過五種景觀（scapes）的流動（flow）與相互運作而產生的，包括：媒體景觀（mediascapes）、科技景觀（technoscapes）、金融景觀（finanscapes）、種族景觀（ethnoscaes）與意識形態景觀（ideoscapes）。這些流動的景觀重新界定了人們的生活空間與型態，並促使在地文化不斷地與外來文化相交融，同時衍生出新的文化型態（Appadurai, 1990: 295-310）。舉例來說，美國迪士尼（Disney）從上個世紀開始，便稱霸了整個國際動畫市場，一直到上個世紀末，日本動漫電玩產業成功打入美國市場之後，才刷新了美國動畫影視上的票房記錄（傻呼嚕同盟，2000：8-9）。

如今，數位影像科技正快速地改變當代電影生產的所有進程，電影工作者必須面對的是，同時使用傳統攝製方式與使用電腦以構成活動影像。從2009年被日本電影工業宣稱爲是3D電影元年至今，3D影像構成技術不斷地改變電影的本質與定義。2010年金球獎頒獎典禮中，由詹姆斯·柯麥隆（James Cameron）所執導的《阿凡達》（*Avatar, 2010*）一舉拿下「劇情類最佳影片」和「最佳導演」兩項大獎。在全球一片熱潮中，《阿凡達》以相當驚人的速度累積票房數字，更突破了同爲柯麥隆於13年前執導的《鐵達尼號》（*Titanic, 1997*）。連昆丁·塔倫提諾（Quentin Tarantino）都讚言：「如果我可以搭乘時光機器，像他（柯麥隆）一樣思考，並有他的能耐，那將是很棒的一件事」（明報，2010.1.26）。

因此，面對媒體科技全球化所造成在地文化的改變或在地文化認同的問題，不能再狹隘地單純以傳統傳播的視野來認知，其中由媒體科技所衍生出的視覺影像文化更牽涉到更廣泛的文化社會與經濟的面向。當聚焦於影像文化的跨國流動時，我們更可以發現，種族與金融景觀隱身至科技、媒介與意識型態的總體型構之後，成為支撐影像跨國流動的背後因素。以致，我們所生存的世界已然成為一個以視覺再現所主宰的世界，且電影與電子等再現科技更深刻地影響著人類感知的表意系統。然而，不同於傳統電影影像的再現，現今的科技將影像文化在本質上做了一次改變，亦即：藉由電腦程式處理來成就了擬真的影像世界。如此的改變成就了數位時代的視覺文化特質，也就是「以電影為形，以數位資訊為實，以數理運算為邏輯」的本質（見http://www.manovich.net/TEXT/digital-cinema.html.）。以致，本文試圖從電影作為當代視覺文化表徵的視野切入，檢視當電影創作已經高度依賴在電腦科技的輔助之下，如何造成電影視覺文化與美學經驗在當代數位科技時代中的轉變。

當代視覺文化：影像與媒體科技的交織

　　自古希臘開始，與「視覺」的相關議題便已受到討論，在柏拉圖（Plato）的洞穴理論中，認為人類感官所見並非真實（reality），真實是存在於人類感官之外的理型（ideal type）世界中。亞里斯多德（Aristotle）更認為真實需透過人類運用感官去親身經歷才存在。直至今日，隨著影像紀錄工具的發明（如：攝影機），以及傳播媒體的快速發展，人類的視覺經驗隨著科技媒介的進程，愈趨多元且複雜。誠如，二〇世紀電視的問世與普及，改變人們過往藉由透過報紙或廣播接收資訊的感官經驗。電影與電視的聲光影效果滿足人類的感官訴求，動態的視覺影像營造出一種「正在發生」的氛圍，拉近觀者與影像空間／事件間的距離。「影像」在今日幾乎已成為社會生活的核心，無論是戰爭宣傳、政策宣導、商業行銷甚至近來盛行的個人式網路部落格等，訊息

黏附在各種如：手機、電腦、電視、雜誌書刊、建築物等任何可以承載它的媒介上。由此可知，當代社會在媒體科技與消費文化的簇擁之下，視覺影像儼然已經從人造物的角色成為自然景觀，與人們的生活世界緊密牽繫。伯格（John Berger, 1972: 154）早已言明，歷史上沒有任何一個社會像我們這樣，充斥著這麼高濃度的影像，這個高濃度的視覺訊息。而「視覺影像」正以前所未有的力量影響著人類的文化與生活世界。

視覺影像獲得重視更可從另一個面向來窺視，米歇爾（W.J.T. Mitchell, 1994: 13-16）繼羅逖（Richard Rorty）的「語言轉向」（linguistic turn）提出「圖像轉向」（pictorial turn）的概念。米歇爾認為關乎影像的問題，如：影像是什麼、與語言間的關係為何、如何在觀者與世界上運作等，無法單從論述語言層面獲得解決，因此產生典範上的轉移。此外，「圖像轉向」所涉及的問題並非是模仿、複製或再現上的問題，而是後語言（postlinguistic）與後符號（postsemiotic）的再發現，是為視覺性（visuality）、觀看機制（apparatus）、社會機構（institution）、論述（discourse）、身體（body）與形象性（figurality）間複雜的交互作用。「圖像轉向」意味著賦予視覺影像與語言相等的地位，兩者皆是透過人為的建構與詮釋而產生的。換言之，傳統的口語與文字書寫已不再是建構意義、產生知識的唯一途徑，視覺影像亦是意義建構的重要機制。視覺影像不僅是真實世界的再現，在看似真實、自然的影像背後，更存在著相當複雜的訊息操作機制。

不言而喻，自從電影與電子的再現科技從上一個世紀起，對人類感知的表意系統有著重大的影響，我們所生存的世界已然成為一個以視覺再現所主宰的世界，以致現代世界成為一個影像社會。回溯傳播媒介發展初期，不同的媒體科技象徵著人類不同感官的延伸，如：報紙是人類視覺的延伸、廣播是聽覺的延伸等。傳統媒介傳遞出的訊息，尚須閱聽者運用本身的生活經驗等方能勾勒出可能意象。而當代媒體

科技技術的突飛猛進，不僅大幅整合了原仍存在著功能差異的傳播媒體，媒體科技的匯流更大幅提身資訊傳遞的速度，各國的資訊亦能藉此傳遞至不同的角落。在今日，無論是電影、電視或是網際網路，特別是隨著數位化所造成的科技匯流，不僅大幅度地改變閱聽眾的感官經驗，更重新組構了人類社會。傳統媒介如：繪畫、攝影照片、新聞等皆可透過「科技」來產製、再現與傳遞，不同的傳播媒介幾乎是相互依賴以產製與傳遞訊息意義（Sturken & Cartwright, 2004: 11）。

傳播科技衍生而出的視覺影像，對當代的影響已不言而喻，而其中值得注意的是「媒體科技」在觀者與社會間扮演著的中介角色，即「科技」已成為人與社會互動的重要建制。在當代觀者、科技與社會三者是以一種近乎共生性的關係，相互體現與存在。威廉斯（Raymond Williams, 1974 / 馮建三譯，1996：22-26；27-31）亦指出，科技與社會間的發展過程源自於人們的意向性（intention），即藉由人類心理的憧憬（vision），搭配資金、技術與社會制度等種種條件後，科技才有出現的可能。面對當代的傳播科技，視覺影像幾乎可說是一種必然存在的功能，人們對視覺影像的渴望與依賴全然體現在自身設計、發展、購買或使用的媒體科技之中。端看今日媒體科技強調視覺感官的特性，及其在人類生活世界與社會文化中扮演的重要角色，「媒體文化」（media cultures）著實可謂「二十一世紀的視覺文化」的重要基礎，且這些視覺人造物（visual artifacts）甚已成為組構當代視覺語藝環境中的重要元素（Foss, 2004: 303）。以致，當代社會不僅是「書寫文明」（civilization of writing）的時代，更是「影像文明」（civilization of image）的黃金時代（Sturken & Cartwright, 2004: 161）。

至此可以發現，視覺影像透過媒體科技傳遞資訊，影響著居住在地球村中的每個人，正如米爾佐夫（Nichlolas Mirzoeff）所認為，視覺文化是組成現代生活的重要成分，其中人與人間的關係既是分散卻又是聯繫的，且認同感亦不再是共處於同一生活領域人民的專利，而

造成此現象的主要原因便是日常生活中的跨文化視覺經驗所致。因此,米爾佐夫強調須從影像消費的觀點,探究日常生活的視覺全球化現象(轉引自Sturken & Cartwright, 2004: 161)。其中,好萊塢電影全球化現象所反映出的正是視覺文化的影響性,其透過不同的媒體科技甚至文化產品已然成為俗民生活的一部分,更是不同世代的成長記憶與認同對象。簡言之,當代媒體科技不僅在人類社會扮演著重要的角色,其強調視覺感官的特性,同時在消費資本邏輯的支持下,影像遂以成為現代人生活世界的重要景觀,而影像文化的重要性也已不言而喻了。同時,在消費資本主義邏輯的擴張下,商業化邏輯更是直接緊扣著影像文化生成的產業環節中。

科技的變貌:0s與1s的世代

從班雅明(Walter Benjamin)的機械複製論點出發便可清楚發現,媒體科技已經發展出一條將歷史科技之先決條件視為人類集體意識的途徑。班雅明的美學論述乃是一個知覺理論;嚴謹來說,是一個人類集體意識的知覺理論,藉由科技過程與媒體所組成的集體知覺理論,透過新媒介文化來決定民主主義生活的實踐,徹底分析與了解自己所生存的年代。美學的標準從來就不是件永恆的事,美學的位置是投射而非反射的、複雜和有力的而非簡單靜止的。在全球化浪潮下的今日,時間空間壓縮的特質,讓各國的資訊、文化等急速地橫越地球表面,而數位科技更已經成為人類認知、建構真實、經驗世界的主要依據。或者我們可以說,在當前這個數位時代裡,人類的生活根本無法脫離數位科技。在透過數位科技經驗世界、建立真實的過程中,身體更是經驗起源的主要場域,且傳統需要透過個人與團體實質互動而產生的總體生活方式,如今遂已轉變成為以媒體科技為中介的影像互動。無論我們論述的是個人電腦或是電腦網絡,當代新媒體科技論述與美學實踐中最大的問題之一乃是在於媒體本身的結構上。在認定什麼樣的數位科技特質是最重要的,或是什麼樣的數位科技特質可以成為美學的根本元素時,我們必須從科技的發展歷史中尋求解答。雖然,電腦的

根本本質已經被證明是在於它的處理過程（processuality）上，但是它的物質基礎為何？就科技的發展史而言，倘若我們說類比式媒體的物質基礎在於能量或電力上，那麼，電腦的基礎結構即在於它的軟硬體組成上，亦即電腦的符號結構（symbol structure）（Heibach, 2004: 41）。

　　如同赫茲曼（Steven Holtzman, 1997: 123）所言，我們所經驗的當代數位媒體世界，在本質上是一個藉由0s與1s抽象結構的位元轉換所構築而成的世界，而這個抽象的結構在尼葛洛龐蒂（Nicholas Negroponte）的論述中有著深刻的描繪，他認為：「位元並無顏色、體積、重量，它可以在光速中被傳遞，它是資訊的最小單位元素，且僅是一個存在的情景：有與無、真與假、上與下、裡與外、黑與白。為了特別的目的，我們將位元認定為一個1或一個0的概念」（Holtzman, 1997: 123）。因此，不同於傳統的攝影複製影像，新媒體藝術影像乃是藉由電腦程式處理來成形。摩斯洛波（Stuart Moulthrop）試圖重新定義人們觀看電子化書寫模式中的文字與影像意義，並做為一個我們觀看數位美學情境的定律。意即：這些數位語言所創造出來的影像仍無法避免地需要將現實世界中的實體影像視為參照的對象。缺乏這些視覺化的電腦程式語言，數位科技影像的創作則無法成為可被觀看的視覺影像。因此，電腦程式語言的視覺化創作了數位影像的物質性。換言之，便是將程式語言與電腦符碼實體化。這個新的數位影像視覺化的過程已經在環境與人類感知系統的互動中，發展出一套新的認識方式。這套新的認識方法強調「文字終究都是影像」（The word is an image after all）（Kirschenbaum, 2003: 137）。

　　此外，在論及媒材/體的物質形式時，曼諾維奇（Lev Manovich）點出了新媒體藝術表現上的基本命題，他認為新科技美學乃是伴隨著每一種早期現代媒體與傳播科技而生：每一種現代媒體都曾經歷經其「新科技階段」，就某種程度而言，攝影、電影、電視都曾是所謂的「新媒體科技」。就此觀點而言，我們並非要定義數位媒體的獨特性為何，而是要探

查每一種新的現代媒體與傳播科技在一開始出現時，它們的美學策略與意識型態隱喻（Manovich, 2001: 23-42）。

　　至此，觀眾開始意識到這些影像並非依賴傳統舊式方法所製做出來的，而是以電腦成像的能力挑戰了某些關於現實主義的傳統預設（Prince, 2005: 214-215）。因此，數位影像成像技術（CGI）對奠基於照相真實的電影真實概念所產生的挑戰，換言之，電影中創造出的數位影像，其所帶來的問題與挑戰是身處於數位影像時代的人們必須要認知到的。或許應該思考的是兩者之間的悖論。傳統電影理論中都存在著一個照相式寫實影像與其指涉之間的索引性（indexicality）關係。 然而，數位影像以其影像處理與CGI的雙重模式，挑戰著照相寫實主義索引性依據的概念。一個數位設計或由電腦所創造出的影像，能夠具有無限的可操控性，它的後端（back-end)本質是儲存於電腦記憶體中的複雜程式功能，並非是對一個現實指涉的機械再現。而物體形象在攝影記錄的物體三度空間中無法並存，卻可以在電腦運算營造出的空間裡並存。也就是說，做為電腦的網狀建模與貼圖本質之影像，並不存在電影的現實指涉基礎，而數位影像技術則是在幻覺性的過程中營造初一種現實的效果，以致在真實與非真實之間的界限越來越模糊了；同時，也讓我們在面對數位影像時，對電影寫實主義中的概念開始產生猶疑。

　　此外，從全球的賣座電影中可以發現，這些電影的製作均大量的運用電腦特效及電腦繪圖影像，可見電腦特效技術及電腦繪圖影像已經與電影密不可分。這些利用電腦科技所創造出的電影有：《鐵達尼號》、《魔戒三部曲：王者再臨》（*The Lord of the Rings: The Return of the King, 2003*）、《神鬼奇航2：加勒比海盜》（*Pirates of the Caribbean: Dead Man's Chest, 2006*）、《哈利波特：神秘的魔法石》（*Harry Potter and the Sorcerer's Stone, 2001*）、《神鬼奇航3：世界的盡頭》（*Pirates of the Caribbean: at World's End, 2007*）、《哈利波特5：鳳凰會的密令》（*Harry Potter and the Order of the Phoenix, 2007*）、《星際

大戰：曙光乍現》（*Star Wars: Episode I – The Phantom Menace 2002*）、《魔戒二部曲：雙城奇謀》（*The Lord if the Rings: The Two Towers, 2002*）、《侏儸紀公園》（*Jurassic Park, 1993*）、《哈利波特4：火盃的考驗》（*Harry Potter and the Goblet of Fire, 2005*），其票房收入如下表一：

表1：全球十大票房影片

片名	上映年代	票房收入(美金)
鐵達尼號	1997	1,843,201,268
魔戒三部曲：王者再臨	2003	1,119,110,941
神鬼奇航2：加勒比海盜	2006	1,066,179,725
哈利波特：神秘的魔法石	2001	974,733,550
神鬼奇航3：世界的盡頭	2007	960,996,492
哈利波特5：鳳凰會的密令	2007	938,212,738
星際大戰：曙光乍現	1999	924,317,558
魔戒二部曲：雙城奇謀	2002	925,282,504
侏儸紀公園	1993	914,691,118
哈利波特4：火盃的考驗	2005	895,921,036

資料來源：http://www.boxofficemojo.com/
註：以上十部電影是在《阿凡達》票房紀錄前的十大賣座電影

曼諾維奇便認為，數位電影影像有著創造「完美影像的可行性，儘管他們從未真正拍攝」。而柯麥隆也認為「我們現在處在於一個電影歷史的開端，而這個開端是空前未有的」（Balides, 2003: 315-316）。換言之，構成電腦科技的複雜性正是0s與1s的位元模式符號結構從編輯語言、再到程式語言，也是因為這些符號語言與軟體的相結合之下才構成了電腦世代下的電影科技特徵與美學基礎。總言之，虛擬真實的數位科技所提供三維空間的效果，呈現出一個與人們所處的世界相仿的空間；數位擬真科技轉變了人們對於真實的認知方式，它所創造的虛擬真實並非僅是真實的模擬、再現，它不僅顛覆了物質真實的概念，更創造出一種似真非真的超真實，甚至，它所顛覆的是「真實」的根本概念。

正如上所述，數位科技所帶來的影響（包括：拼貼、蒙太奇、合成）已和傳統技術有所區隔，不僅如此更是挑戰傳統的寫實主義，另外用模仿或是創新打破過去的傳統觀念。事實上，數位科技可將圖像重建和複製，做到無縫隙幾乎趨近真實，問題在於自然的真實性是備受考驗的，數位技術常用來改變歷史上和美學環境中問題的代表，這些問題在歷史上又有個很大的議論空間。唯有在數位媒體科技的支持下，影像美學才得以跟進。隨著電腦動畫的大量運用，觀眾對於電影聲光效果的要求也越來越高。

舉例而言，詹姆斯‧柯麥隆使用最新進的數位攝影機（Panasonic HDV）及其相關數位技術來現實化（realize）其所執導的《阿凡達》，並以DaVinci Resolve調色系統共同創作出超越人類想像的視覺經驗。其實3D電影的製作邏輯便是以故意製造視覺落差，以1920×1080全HD品質錄下兩眼各別所見之影像，左右兩個影像以每秒60個畫面的速度交替顯示總數120畫面的訊號，透過主動式交錯立體眼鏡接收來自銀幕的訊號，訊號斷續地遮住左右鏡片，並與銀幕上的影像同步，使得人們的肉眼無法察覺這種高速閃爍，來製作3D效果（聯合報，2010.1.18）。此外，Modern Videofilm使用4個DaVinci Resolve調色系統，為《阿凡達》實現顏色校正和完整的3D立體特效。為處理《阿凡達》片中外星世界龐大的空間和複雜度，Modern Videofilm 公司開發了一個Davinci Resolve系統的網絡，全部通過光纖連接。其中的3個系統安裝在 Modern Videofilm 公司位於加州格倫代爾市（Glendale）的總部，第4個系統安裝在56英哩之外的Fox Studio片場。透過直接在Fox片場安裝一套顏色校正系統，Modern Videofilm可以處理海量的實時校正操作和不同工作地點的3D轉換。這些要求包括在某些EDL中的高達120次顏色改變、使用數百個節點，以及為不同的發行院線制作多種版本（見 http://www.hitrontech.com）。更甚之，柯麥隆的技術團隊更開發出應用性相當強的「擴增實境」技術，使得部份真實情境融合入3D影像，給人更加逼真的想像，更使擴增實境從傳統空間設計的工具，逐漸地轉變到新媒體藝術創作的媒材，至今更成為可被應用的成熟技術。

總體而言，在當代數位科技的視覺美學實踐中，數位科技於此扮演著兩個不同的角色，首先是以數位科技作為創作的工具，利用數位科技來完成傳統影像藝術的客體，如上所述，我們可以看到好萊塢的電影視覺創作趨勢已然成為數位科技輔助之下的必然成果。數位科技在當代美學實踐中的另一角色則是將數位科技作為自身媒材，從製作、呈現到保存皆是透過數位化形式，這亦是當今好萊塢動畫電影與IMAX電影製作和播映發展的主軸。換言之，以數位科技為中介的影像作品創造出一種專屬於當代的美學體驗，提供人們在觀看藝術過程中的全新感官體驗，讓每次的觀影過程出現於不同於傳統電影的震撼感受。而這樣的趨勢更讓一部部以3D技術為噱頭的電影於2010年的今日陸續問世。

　　因此，正如前文所述，過去一個世紀以來電影與電子媒體等再現科技已經對我們的表意方式產生極大的衝擊。然而，這些科技對我們所擁有，以及我們用來定位身處之社會、個人與身體存在之特定意義的衝擊卻鮮少受到關注。索伯察克（Vivian Sobchack, 1994: 83-87）便宣稱，我們的生活與文化早已成為動態影像（moving-image）文化的一部份，我們亦早已生活在電影的與電子的生活裡，無論我們是否真的進入電影院或打開電視，或在電腦上寫文章。即便我們並未主動去擷取，這些動態影像也早已充斥在我們的生活之中。索伯察克甚至認為，我們可以宣稱「我們的日常生活根本無法脫離與這些電視、電腦科技、傳播網絡以及這些科技所產生的文本等「客體的」現象（objective phenomena）之間的關係，亦即，在與這些客體現象的交會過程中，我們被轉變成主體」（Sobchack, 1994: 83-87）。由此可知，這些由科技所產生的客體現象是相對於體現主體而言的，意即，人類的體現主體與科技的客體現象兩者之間的關係是動態的、相互建構而成的。因此，不同於以往的舊科技，數位科技0s與1s的本質對人類的影響，尤其對人類日常生活的影響是在無形之中、更徹底也更全面地作用。

從真實到擬真：電影美學的轉變

> 我們看電影的方式正在改變
> ~大衛・林區（David Lynch），〈電影的未來〉（Future of Cinema）

> 想想看，你真的看見什麼？全都是特效，就像是在電影裡面的一樣！
> ~Christine to Nicholas Van Orton,《致命遊戲》（The Game）

　　數位科技對影視藝術發展的影響已不在話下。在電影藝術發展之初，迪嘉・維多夫（Dziga Vertov）提倡電影眼（Kino-Pravda）的概念（英譯為 Film Truth，即所謂的真實便是攝影機真實）。電影眼的精神不僅是一個藝術運動，更是一個革命性的概念，電影眼呈現出重新定義人們透過電影這個媒介觀看，以及如何被觀看的可能性。 維多夫相信攝影機能捕捉人類肉眼所看不見的微小事物，而這些微小事物往往是最容易被忽略的；因此，我們不該完全地相信自己的雙眼，而應該相信機器所捕捉的畫面。時至今日，這樣電影寫實主義的美學觀已經被電影筆刷（Kino brush）所取代，電影工作者將不再只依賴攝影機來做為眼睛的延伸，而將更依賴電腦軟體來對動態影像作更創造性與抽象性的電腦繪圖製作。

　　當電腦科技成為電影核心之際；電腦特效在當代好萊塢電影也已然成為規範。在數位電影時代，電影不再依賴於攝影機捕捉的真實素材，而在相當大的程度上是回歸於「繪圖」本身。儘管這種電腦繪圖依舊依賴於滑鼠等電腦中介器材，在此之中所謂機械捕捉的「真實素材」（live action materials）之於傳統電影中的神聖性已逐漸消融。這樣的趨勢可藉由窺視當代好萊塢電影的特效運用得知全貌。從《侏儸紀公園》到《駭客任務》（*The Matrix, 1999*）當中，廣泛的使用電腦繪圖影像（Computer graphic images，CGIs）技術，大量運用電腦特效，製作了大量的特殊畫面及效

果，1993年由導演史蒂芬史匹柏所拍攝的《侏儸紀公園》之成為世界有名的電影之一，是因為它是第一部廣泛使用電腦繪圖影像（CGIs）來製作動物電影，並且成為電影特效史上的一個里程碑。

此外，2001年史上第一部全3D模仿真人的動畫電影《太空戰士》（*Final Fantasy: The Spirits Within, 2001*）將場景設定在二十一世紀中期，由於流星撞擊，地球上大部分地區都成了廢墟，而流星帶來的外星種族正侵佔殘餘的人類生存區域，他們能吸取人類的靈魂，並使身體變得毫無生機。在整個過程中，透過主角Aki的夢，找出復興地球原貌之道。然而，這部電影的重要性並不是在設定於未來時空的故事情節，也不是在特效技術上。《太空戰士》的重點在於電腦動畫的發展已經做到相當擬真的地步，並透露出人類和技術間再製關係的一個重要訊息，亦即照片真實推進了仿建一個世界，創造出有如幻境中的實景與人物影像，他們是不能被其他方法所複製的，從電腦圖像程式設計師的文化之中，建立起一個微觀世界。更甚之，現在這種擬真的技術已經運用在電腦角色扮演遊戲中，人物必須在遊戲環境下，有一定的行為準則，和行事模式。也就是說，藉由想像力的實踐，數位媒體科技讓主體性和物質性能被塑造於虛擬空間之中，而如今人類已經透過數位科技資訊的接觸來認識全世界。

從上述全球賣座的電影中，我們可以發現，這些電影的製作均大量的運用電腦特效及電腦繪圖影像，可見電腦特效技術及電腦繪圖影像已經與電影密不可分。在當代的好萊塢電影，大量運用電腦繪圖影像讓電影畫面更為生動且逼真，但在拍攝某些畫面，演員必須配合特效製作需求進行拍攝。著名電影《阿甘正傳》（*Forrest Gump, 1994*）的成功代表了數位影像製作上的里程碑，其生動的數位特效圖像（Computer-generated imagery，CGI）讓電影製作者見識到了影像創新的可能性。在《阿甘正傳》中隨風飄下的羽毛、扮演阿甘被截肢的好朋友辛尼斯（Gary Sinise）、以及阿甘與美國總統甘迺迪（Kennedy）交談的畫面，

都在寫實般的數位影像中被呈現出來。在《侏羅紀公園》中，利用電腦繪圖影像描繪大量的恐龍，其中最關鍵的一幕是在恐龍將亞倫‧葛蘭特（Alan Grant）吞沒，透過電腦繪圖影像所建造的影像真實性已經讓觀者分不出恐龍究竟是不是應該出現在這個年代，顯然觀者儼然跟隨著影像融入故事情節。而萊絲與堤姆（Lex and Tim）在返回遊客中心的路程中，經過被恐龍破壞沒有管制的主題公園，運用電腦影像繪圖描繪恐龍栩栩如生的動態肢體、皮膚、表情等，原始時代的恐龍極盡逼真的再現效果，且將電影人物與恐龍融入的電腦場景當中，劇中恐龍的活動、喘氣、咀嚼有聲雖在根本上不可能是以真實為基礎的影像，卻相當真實地呈現在觀眾面前，透過鏡頭及電影特效將觀者帶入電影情節當中，那樣的現實又逼真的影像讓觀者彷彿有身歷其境的感官，使得擬像的意義深入電影。到了2010年的今日，《阿凡達》一片不僅創造出更具臨場感的視覺經驗，更讓觀者分不清何者為透過攝製的寫實影像？何者為虛擬技術創造出的影像？

更加成熟的例子來自於好萊塢的動畫電影製作巨擘皮克斯（Pixar），皮克斯的動畫電影更可謂是電影美學轉變之後的具體表徵，皮克斯電影更是全面性地依賴科技來呈現影像。至從皮克斯動化工作室推出全世界第一部擬真度可謂惟妙惟肖全3D的立體特效電影《玩具總動員》（Toy Story）之後，刷新了電影史暨動畫史上的新紀錄。影像在當代美學表現中，已經是個不可或缺的重要角色，對於藝術的表現與創造，也有多方面的滲透與影響。例如：《怪獸電力公司》（Monsters, Inc.）一片中主角之一的毛怪（Sulley）毛茸茸的龐大身軀，增加更多擬人化的肢體語言和臉部表情，身上的毛髮看來綿密且栩栩如生，總隨他走動或擺動身軀時，隨之晃動，非常的細膩生動，那可是透過電腦高速運算，才能將三百萬根毛髮的柔軟度、光澤都自然的表現出來。皮克斯領著數位動畫電影往前邁進，將真實世界感官知覺轉換在虛擬世界裡的圖像、動畫、聲音、影像、文字等創作元素做結合，徹底改變了人的視覺、思維、行為和認知方式，打破以往單純看得形式，配合聲光效果、動態影像、數位裝置與空間場域情境

的營造，帶來視覺與聽覺上的震撼體驗，滿足消費者的需求，如表二。

表2：皮克斯動畫電影一欄表

名 片	上映年代	票房收入（美金）	主要獲獎紀錄
《玩具總動員》 （Toy Story）	1995	361,958,736	1996年奧斯卡特殊成就獎、最佳原著劇本提名、最佳音樂或喜劇片配樂提名、最佳歌曲提名
《蟲蟲危機》 （A Bug's Life）	1998	363,398,565	1999年奧斯卡最佳音樂或喜劇片配樂提名
《玩具總動員2》 （Toy Story 2）	1999	485,015,179	2000年奧斯卡最佳歌曲提名
《怪獸電力公司》 （Monsters, Inc.）	2001	525,366,597	2002年奧斯卡最佳歌曲獎、最佳動畫長片提名、最佳音效剪輯提名、最佳原創配樂提名
《海底總動員》 （Finding Nemo）	2003	867,893,978	2004年奧斯卡最佳動畫長片獎、最佳原著劇本提名、最佳電影配樂提名、最佳音效剪輯提名
《超人特攻隊》 （The Incredibles）	2004	631,442,092	2005年奧斯卡最佳動畫長片獎、最佳音效剪輯獎、最佳原著劇本提名、最佳混音提名
《汽車總動員》 （Cars）	2006	461,983,149	2007年奧斯卡最佳動畫片獎提名、最佳歌曲提名、2007年金球獎最佳動畫片獎、2007年葛萊美獎最佳電影原聲帶獎
《料理鼠王》 （Ratatouille）	2007	623,722,818	第80屆奧斯卡金像獎最佳動畫長片獎、最佳原著劇本提名、最佳配樂提名、最佳音效剪輯提名、最佳混音提名
《瓦力》 （WALL.E）	2008	521,311,813	第81屆奧斯卡金像獎最佳動畫長片獎、最佳原著劇本提名、最佳配樂提名、最佳歌曲提名、最佳音效剪輯提名、最佳混音提名
《天外奇蹟》 （Up）	2009	731,342,744	第82屆奧斯卡金像獎最佳動畫長片獎、最佳配樂、最佳影片提名、最佳原創劇本提名、最佳配樂提名、最佳音效剪輯提名
《玩具總動員3》 (Toy Story 3)	2010	1,042,219,427	2010年6月16日上映，目前尚無完整資訊

資料來源：http://www.boxofficemojo.com/、http://zh.wikipedia.org/zh-tw/

儘管如此，科技對皮克斯而言只是具有一種工具性的性質，它的想像力和創造力，透過科技發揮無窮盡的可能性，將影像如實般地展現在觀眾面前。更重要的是，皮克斯電影中的美學表現並不全然是脫離傳統美學定論中美是存在外在形式上的，只是因為觀看的模式轉變、呈現的方式轉變，觀眾接收的程度也不同，如此，藉由科技帶領自然世界進入另一個視覺化世界，就更加擴張了電影美學的定義。換言之，虛擬真實的數位科技所提供三維空間的效果，呈現出一個與人們所處的世界相仿的空間；數位擬真科技轉變了人們對於真實的認知方式，它所創造的虛擬真實並非僅是真實的模擬、再現，它不僅顛覆了物質真實的概念，更創造出一種似真非真的超真實，甚至，它所顛覆的是「真實」的根本概念。

　　綜而言之，數位影像技術正在快速地改變當代視覺藝術（尤其是電影）的生產進程。如今，電影製作者幾乎皆是使用電腦所操控的圖像來製作故事腳本、分鏡、拍攝並編輯他們的電影。這些快速變化的現況不但改變了電影製作的模式，也衝擊了電影理論對影像本質的思考。《阿凡達》一片中的數位影像合成技術與虛擬場景的設計正表明了這樣的契機，更因為這些數位操控的圖像所提供的想像空間與可能性已經全然超越了過往使用膠卷拍攝的情景，亦即：數位影像經由一種不同的存在方法來發生作用，而非使用可供對照的影像，它能夠脫離照相式符碼化的寫實主義。因此，當電腦科技成為電影核心之際；電腦特效與3D成像技術在當代好萊塢電影也已然成為規範。《阿凡達》證明了在數位電影時代，電影不再依賴於攝影機捕捉的真實素材，而在相當大的程度上是回歸於「繪圖」本身。儘管這種電腦繪圖依舊依賴於滑鼠等電腦中介器材，在此之中所謂機械捕捉的「真實素材」（live action materials）之於傳統電影中的神聖性已逐漸消融。這樣的趨勢可藉由窺視當代好萊塢電影的特效運用得知全貌。換言之，3D電腦動畫技術的運作可以直接地在電腦上創作出虛擬景致，而真實鏡頭也已經不是製作電影的唯一材料。一旦真實鏡頭數位化，影像便失去了與真實間的特殊索引式關係，逐漸地在影像後製人員

已無法區分獲得的圖像是通過攝影鏡頭、還是圖像創造在畫圖程序，或是透過合成的圖像。至此，數位電影中的真實材料只是被拿來操作控制的片斷素材，在數位電影的製作中，拍攝的畫面並不是最後的重點，這些畫面皆會被重新到電腦上進行再製，經過重新的組合成為新的場景。因此，數位電影可謂是「一個使用真實活動影像做為它許多構成元素之一的動畫製作」（見 http://www.manovich.net/TEXT/digital-cinema.html）。

從上可知，唯有在數位媒體科技的支持下，影像美學才得以跟進。隨著電腦動畫的大量運用，觀眾對於電影聲光效果的要求也越來越高。曼諾維奇便直言，數位科技時代的電影影像已經是真實物件、繪圖、影像處理、合成編輯，以及二維與三維電腦動畫的總和。總體而言，在當代數位科技的藝術美學實踐中，數位科技於此扮演著兩個不同的角色，首先是以數位科技作為創作的工具，利用數位科技來完成傳統影像藝術的客體，如上所述，我們可以看到好萊塢的電影視覺創作趨勢已然成為數位科技輔助之下的必然成果。數位科技在當代美學實踐中的另一角色則是將數位科技作為自身媒材，從製作、呈現到保存皆是透過數位化形式，這亦是當今好萊塢動畫電影與IMAX電影製作和播映發展的主軸。換言之，以數位科技為中介的影像作品創造出一種專屬於當代的美學體驗，提供人們在觀看藝術過程中的全新感官體驗，讓每次的觀影過程出現於不同於傳統電影的震撼感受。

時至今日，正如曼諾維奇所言，其實我們還是處於一個相當難以描繪什麼是後數位（post-digital）或後網路（post-net）的數位時代。但是，可以確定的一個取徑是，研究新媒體影像藝術必然需要發展出一套美學體系，而這個美學體系也必然以電腦與網路文化中的新觀念來取代傳統的媒材／媒體的概念。曼諾維奇便描繪了數位科技（或後媒體）美學的六個必須思考面向（見 http://www.manovich.net/TEXT/digital-cinema.html）：

1.數位科技美學需要一些可以用來描述文化客體是如何組織資料,並建構使用者對於這些資料的經驗的範疇。

2.數位科技美學的範疇不應該受限於任何特定的儲存媒材/體或傳播媒體。舉例而言,我們不應將「隨機存取」視爲電腦媒體的一項特殊特質。反之,我們應該視它爲組織資料的一般性策略,以及使用者行爲的特殊策略。

3.數位科技美學應該採用電腦網絡時代的新概念、隱喻與運作方式,諸如:資訊、資料、介面、儲存、壓縮等等。我們可以運用這些概念來論及後數位與後網路文化,也可以透過這些概念來談論過去的文化。如此一來,我們才能了解新舊文化之間的連續性。

4.傳統的媒材/體觀念強調物質性及其再現能力。就傳統美學而言,媒材/體的概念鼓勵我們思考作者的意圖、內容與藝術品的形式,而非使用者。反之,若能思考文化面向,像是軟體,就能將我們的焦點轉向使用者、使用者的能力與行爲上。亦即,我們可以改以軟體的概念,而非媒體的概念來思考過去的媒材/體。

5.文化評論家與軟體設計者皆開始清楚區分文本/軟體的理想讀者/使用者與實際的閱讀/使用/再使用策略之間的差異,而數位科技美學也須以類似的方式來區分所有相關的文化媒體或文化軟體。

6.使用者所使用的策略與戰術並非隨機而爲,而是遵循著特定的模式。這種資訊存取與處理模式可被稱之「資訊行爲」(information behavior),而這種行爲並非總是具有顛覆性的;反之,它可能非常接近於軟體所預設的「理想」行爲,或者,使用者可能僅是因爲還不熟悉軟體的操作規則。

　　從曼諾維奇所描繪的後媒材/體時代的數位科技美學面向中足以證明,當代學者在思考新媒體影像藝術的創作與美學時,已經逐漸地重視到物件/媒體/媒材的物質性與使用者/觀眾/參與者之間必然存在的物質性關係。這樣的關連性也正是現象學式思考中的體現美學內涵。既然,人是以一種體

現式（embodied）的存在，而身體是人介入於生活世界中的主要媒介，透過身體的知覺，人得以適應周遭環境的變化。伊德即認為，科技對於人類能力的強化與改變才是在我們處理人與科技之間關係時所應該關注的焦點（Ihde, 1990: 51）。

註釋

1.影像與其指涉間的索引性關係持續地建構著電影理論中形式主義與寫實主義間部份的分歧，這種索引性的關係論點在羅蘭巴特對攝影的分析中特別有說明，巴特認為攝影永遠無法獨立於它們的指涉對象而單獨存在。因為電影是一種照相式的媒介，電影理論家聯繫起照相符號的索引性關係發展出寫實主義的概念，最著名的就是巴贊，他認為照相影像就是對象本身，對象從宰制它的空間和時間限制中解放出來。由於它特有的形成過程，它分享著拍攝對象的存在，成為拍攝對象的複製品，它即是對象。

參考書目

〈DaVinci Resolve為3D電影大片《阿凡達》輝煌增色〉，《仲琦新聞》。上網日期：2010年1月13日，取自http://www.hitrontech.com/News_Events/News_Detail.asp?PKey={74C3523C-DAA7-4922-8E36-28646938E088}&ContentTypeID=6010&GetPage=1&LC=TC

李道明。〈回顧歐美電子影音藝術的發展〉。上網日期：2006年9月30日，取自http://techart.tnua.edu.tw/~dmlee/article 2.html

邱誌勇（2009）。〈動畫電影的美術館年代：論《皮克斯動畫20年》展〉，《電影欣賞季刊》，140：62-66。

邱誌勇（2010）。〈《阿凡達》：數位影像科技的卓越展驗，及其之後〉，《電影欣賞季刊》，142：9-14。

陳世欽（2010.1.18）。〈3D影像運作原理〉，《聯合報》，9版。

陳芸芸譯（2004）。《視覺文化導論》。台北：韋伯文化。（原書Mirzoeff, N. [1999]. *An Introduction to Visual Culture.* New York: Routledge.）

馮建三譯（1996）。《電視：科技與文化形式》。台北：遠流。（原書Williams, R. [1974]. *Television: Technology and Cultural Form.* London: Collins.）

傻呼嚕同盟（2000）。《動漫2000》。台北：傻呼嚕同盟。

崔君衍譯（1995）。《電影是什麼？》。台北：遠流。（原書Bazin, A. [1976]. *Qu'est-ce que le cinéma?*）

盧慈穎譯（2008）。《大衛‧林區談創意》。台北：遠流。（原書Lynch, D. [2006]. *Catching The Big Fish: Meditation, Consciousness, and Creativity.* New York: Penguin Group.）

Prince, S.（2005）。〈真實的謊言：知覺現實主義、數碼影像與電影理論〉，吳瓊（編）《凝視的快感》，頁213-232。北京：中國人民大學出版社。

Appadurai, A. (1990). Disjuncture and difference in the global cultural economy. In M. Featherstone (Ed.), *Global culture* (pp. 295-310). London: Sage.

Balides, C. (2003). Immersion in the virtual ornament: Contemporary movie ride films. In D. Thorburn & H. Jenkins (Eds.), *Rethinking media change: The aesthetics of transition* (pp. 315-336). Mass.: MIT Press.

Barthes, R. (1977/1977). Image, music, text (S. Heath, Trans.). New York: Hill and Wang.

Berger, J. (1972). *Ways of seeing*. New York: Penguin.

Comments on the society of the spectacle. (1988/1998). (M. Imrie, Trans.). London: Verso.

Debord, G. (1967/1983). *Society of the spectacle* (D. Nicholson-Smith, Trans.). Detroit: Black & Red.

Foss, S. (2004). Framing the study of visual rhetoric: Towards a transformation of rhetorical theory. In C. A. Hill & M. Helmers (Eds.), *Defining visual rhetoric* (pp. 303-313). NJ: Lawrence Erlbaum.

Heibach, C. (2004). Conversation on digital aesthetics: Synopsis of the Erfurt discussions. In F. Block, C. Heibach & K. Wenz (Eds.), *The aesthetics of digital poetry* (pp. 37-56). Germen: Hatje Cantz.

Holtzman, S. (1997). *Digital mosaics: The aesthetics of cyperspace*. NY: Touchstone, 1997.

Ihde, D. (1983). *Existential technics*. New York: State University of New York Press.

Instrumental realism: The interface between philosophy of science and philosophy of technology. (1991). Bloominton: Indiana University Press.

Jameson, F. (1995). *Postmodernism, or the cultural logic of late capitalism.* Durham: Duke UP.

Jenkins, H. (2003). Quentin Tarantino's star wars? Digital cinema, media convergence, and participatory culture. In D. Thorburn & H. Jenkins (Eds.), *Rethinking media change: The aesthetics of transition* (pp. 281-312). Mass.: MIT Press.

Kirschenbaum, M. G. (2003). The word as image in an age of digital reproduction. In M. E. Hocks & M. R. Kendrick (Eds.), *Eloquent images: Word and image in the age of new media* (pp. 135-156). London: MIT Press.

Manovich, L. (2001). *The language of new media.* Cmabridge: MIT Press.

Mitchell, W.J.T. (1994). *Picture theory: Essays on verbal and visual representation.* Chicago: University of Chicago Press.

Philosophy of techonology: An introduction. (1993). NY: Paragon House.

Technology and the lifeworld: From garden to earth. (1990). Bloomington: Indiana University Press.

The photographic message. (1977). In S. Heath (Trans.), Image, music, text (pp. 15-31). New York: Hill and Wang.

What is digital cinema. (2009. 08.31). From http://www.manovich.net/TEXT/digital-cinema.html.

Sobchack, V. (1994). The scene of the screen: Envisioning cinematic and electronic "presence". In H. U. Gumbercht & K. L. Pfeiffer (Eds.), *Materialities of communication* (pp. 83-87). California: Stanford UP.

Sturken, M. & Cartwright, L. (2004). *Practices of looking: An introduction to visual culture*. Oxford: Oxford University Press.

道德、倫理與電玩 / Mark J. P. Wolf／著 許夢芸／譯

電玩與傳統媒體

　　傳統媒體的敘事，諸如小說、電影與電視，通常都試圖藉由建立起行動與結果之間的因果關連，來實現某些世界觀、想法或觀點（至少是故事）。為了表達這些觀點，敘事模擬了某些情境，而角色在其中的行動也與某些既定的命運有所連結（例如：某人因為犯罪而被捕、入獄，或是某人因為行善而受到嘉獎，或者反之亦然，全視作者的觀點而定）。敘事之所以能成功說服觀眾是因為它的因果關係，也因此，敘事也能成為觀眾的一種替代經驗，甚至能影響他或她未來的行動。舉例而言，倘若電玩《模擬城市》（*SimCity, 1989*）的玩家相信它是立基於真實的都市計畫原則，那麼他們可能會覺得他們已從中了解都市的發展與某些運作方法。或者，像是《迷霧之島》（*Myst, 1993*）、《回歸之路》（*Rhem, 2002*）此類關於探險與航行遊戲的玩家，可能會發現他們自己不斷地反思他們用來經驗真實空間的方式，並設法讓自己成為更好的航行者。

　　然而，**影響力**（influence）並非等同於**成因**（cause）。廣告商當然會假定人們在觀看他們的廣告後，會比較容易去購買他們的產品，也有無數的研究試圖將暴力電影與挑釁行為連結在一起，然而，這並非意味著影響力等同於成因。

　　然而，電玩卻可能產生某些行為，因為這些行為即是參與這些電玩的必要條件。舉例而言，在許多射擊遊戲裡，倘若玩家不能採取猛烈的攻擊，那麼遊戲很快就會結束了。為了要贏得勝利，玩家必須學會如何行動、如何思考。因此，玩家的行動即是電玩發揮其影響力的一種方式，玩

家是在**演出行動**，而非僅是觀看他人表演這些行動，經過一段時間後，他們就能學會新的技巧與反射動作。玩家可以花幾個小時練習這些技巧，不斷的嘗試與反覆練習，就如同其他形式的訓練運動一樣。不同於其他種類的媒體產品，諸如電影、電視節目或書籍，通常僅僅會被消費幾次，但電玩的螢幕與情節可能會被玩家瀏覽過數十遍。玩家甚至可能需要學會一些策略、分析方法，才能解開謎團、擊敗對手，或是學會更快速的行動，甚至化為反射動作。

電玩的影響力有時被高估了，因為它們被當成是一個主要為孩童設計的媒材，即便成人市場早已佔據相當大的比例，而且也有愈來愈多的題材與主題是為成人設計的。主要原因可能是因為電玩一開始的發展即是如此，早期的電玩在圖像的設計上相對較於簡單與抽象。同樣的，遊戲中的行動也非常簡化，而且與它們試圖描繪的真實經驗其實相差甚遠（也因此，當時的電玩被視為是毫無殺傷力的）。但是隨著電玩在圖像解析度上的改變，而且也愈來愈逼真，玩家的經驗也變得愈來愈真實。過去，電玩的圖像總是較為概念性的（conceptual）（較為抽象模糊，所以遊戲的說明書必須詳細描述每個圖像所代表的意義），如今則變得較為知覺性的（perceptual），圖像看起來與它們所代表的比較類似；也就是說，模擬的技巧已大為改善。當然，高解析度的電玩的角色在螢幕上所呈現的複雜行為，比起低解析度所呈現的簡單行為，前者當然不只比後者來得更為「真實」，而是玩家的經驗之所以有所不同完全是因為電玩所能呈現的精細程度與複雜性（可比較玩家對於平面的黃色小精靈的認同感以及《古墓奇兵》（*Tomb Raider, 2001*）中完全3D的羅拉・卡芙特（LaraCroft）的認同，兩者之間的差異）。

然而，高解析度並非意味著必然包含暴力或色情。第一個描繪人物的遊戲，Exidy公司於1976年所推出的遊戲《死亡賽車》（*Death Race*）中，玩家必須靠輾過站立不動的路人才能得分，這個遊戲因此而備受爭議。然而，

光是一個粉紅色的圖像其實很難稱得上具有攻擊性，究竟影像的解析度在何種程度才會被視為是色情的或暴力的？即使是1977年低解析度的雅達利（Atari 2600）系統，其像素即可表現出色情與暴力。1982年，兩百五十名抗議民眾聚集在紐約希爾頓飯店門口，因為當天是American Multiple Industries首次發行第一部成人遊戲《卡斯特的復仇》（Custer's Revenge），這部遊戲描述一位身材結實、全身赤裸的將軍卡斯特試圖強暴一位被捆綁的印第安女子。後來，雅達利控告該公司在此遊戲產品中不當地使用雅達利的名號（Moriarty, 1983）。

就電玩遊戲而言，無論解析度高或低，圖像都是用來表達概念的主要方法。解析度愈高，它愈能細緻地描繪該遊戲所欲表達的想法。當圖像逐漸朝向攝影寫實主義（photorealism）以及愈來愈逼真的聲光效果發展時，這些想法愈來愈能具體的表現在它們的視覺表現裡（甚至更類似於由其他媒體所產製出來的影像），包括那些真實世界的知識與社會互動的方式都能如實的呈現於其中。在許多多人電玩遊戲裡，尤其是線上角色扮演遊戲，玩家之間的社會性互動已經成為遊戲中極為重要的一部分。

電玩遊戲裡的社會元素

隨著圖像的發展，遊戲（game play）本身的發展也愈來愈複雜。多人線上遊戲打從單機遊戲出現之際即已存在，無論是在遊戲裡或是在家裡。以往玩家們會一同出現在同一個房間裡，而且這些玩家們時常都是相互熟識的，因此，大部分在遊戲當中所發生的社會互動也會實際發生在遊戲外的區域。然而，隨著網絡與線上遊戲的出現，玩家們如今通常不會共同出現在同一個房間裡，而且玩家之間甚至互不相識。諸如《網路創世紀》（Ultima Online）、《亞瑟龍的呼喚》（Asheron's Call）、《星際大戰》（Star Wars Galaxies）以及《無盡的任務》（Ever Quest）此類的角色扮演遊戲，其線上玩家大約都有數十萬人之多，這些玩家們彼此相遇、交談、結

盟，但卻無須在遊戲外的世界進行面對面的溝通。因為玩家的人格特質是由真人所控制，因此，雖然相較於人際之間的實際互動，遊戲裡所發生的社會互動是在有限的環境下發生的，但它卻是真的發生了。

社會性元素豐富了線上遊戲，而且大部分的玩家都僅能從他們的角色來認識彼此，這個事實意味著玩家會在遊戲裡更加投入於他們所代表的角色。大部分的角色扮演遊戲（RPGs）都需要長時間的投入，甚至長達數年之久，玩家才能建立起技巧、權力與能力。在角色身上所投入的時間、精力、情感甚至金錢愈多，就愈能增加角色的價值以及玩家對於該角色的認同，甚而成就玩家的另一個自我。

對於角色的認同在家用遊戲機（console-based）或卡匣遊戲機（cartridge-based）甚至單機遊戲裡，也同樣可能極為強烈。玩家可能時常會脫口而出類似於「我陣亡了」或「我被逮了」諸如此類的話，即便螢幕上的角色擁有不同於玩家的名字與身分。雖然電影觀眾在觀看電影時，是透過電影的敘事提供角色所處的各種不同情境，有時他們也會想像倘若他們身處其境時可能會發生的事，但是，就電玩而言，玩家是透過他們的行動與反應直接在螢幕上產生結果，兩者之間存在著從模擬（simulation）到仿真模擬（emulation）的轉變。在這個轉變當中，我們可以界定出三個電玩可能會造成影響的區域：玩家的反應（reflexes）與行為、道德觀與世界觀，以及遊戲所形塑的特定思考方式。

從模擬到仿真模擬

模擬與仿真模擬之間的差異就如同情心（sympathy）與同理心（empathy）之間的差別。雖然「同情心」與「同理心」這兩個字擁有相同的希臘字根pathos，意指感情（felling）（苦痛或感覺），同情心的字首（sym）則有「共同」（together）的意思，而同理心的字首（em）則意指

「其中」（in）（Webster's new universal unabridged dictionary, 1983）。就同情心而言，是指某人對於第三人具有一種經驗或感覺，而同理心則是指更為內化的感覺。同樣的，模擬可能限於消極的沈思（contemplation），而仿真模擬則涉及行動。將兩者放在一起，則可能影響行為、信仰與外貌。

反應與行為

觀看軍教片對於反應的發展其實並無幫助，但是電玩卻能訓練手眼協調與反應能力。當電玩的節奏愈快，玩家也愈需要發展出快速度的反應能力，有時往往能造成巴夫洛夫（Pavlovian）所謂的刺激與反應訓練，在此種訓練裡，反應的速度尤為關鍵。這種反應能力涵蓋層面非常廣，從抽象的方塊操作，例如：《俄羅斯方塊》（*Tetris, 1985*）與《水管狂想曲》（*Pipe Dream, 1989*），到冒險遊戲中的冒險精神，例如：《迷霧之島》（*Myst, 1993*）、《裂縫》（*Riven, 1997*），以及諸如《毀滅戰士》（*Doom, 1993*）與《浴血戰場》（*Unreal Tournament, 1999*）此類射擊遊戲中的射殺技巧。雖然遊戲的設計本來可以幫助各種技巧與反應能力的發展，但不幸的是，射擊與獵殺卻是最常出現的種類。

電影與電視節目可能會鼓勵某些特定的行為產生，但是遊戲卻必然會造成特定的行為。而且不同於網際網路的互動性瀏覽，電玩時常出現的輸贏模式卻會鼓勵競爭式的行為產生，而且就許多例子而言，這種競爭行為常常涉及侵略性。安德森（Craig A. Anderson）與迪爾（Karen E. Dill）的研究指出：「暴力的電玩遊戲與不良攻擊行為之間有必然的關係」，而且「愈常暴露在充滿暴力圖像的電玩遊戲裡，就愈容易造成侵略性的思想與行為」（Anderson & Dill, 2000）。這項研究還考慮了其他因素，包括玩家的傾向、不良行為、喜愛的遊戲種類、投注在遊戲的時間等等，相較於先前的其他研究，此研究所探討的範圍又更為廣泛。然而，與此相關的圖像解析度、遊戲的速度、角色的認同、敘事等等面向卻仍有待探討。

最後，玩家的行動與行為面向也必須被仔細思考。正如就電影而言，對於暴力畫面的反應可能必須視觀眾對於角色的認同而有所不同，例如觀眾是認同於施暴者或受暴者。但是在殺人或被殺的電玩遊戲裡，玩家可能會發現自己雖然能在這兩者之間做轉換，但是一般而言，他們總是被設定是在殺手的位置上，至少在大部分的射擊遊戲中即是如此。

經過一定的時間後，在遊戲中所學得的反應能力與行為可能會變得根深柢固，而且也可能影響玩家的個性。許多研究都指出，電玩可能成癮，而且葛林芬斯與杭特的一份研究中也指出，五位成人中就有一位會對電玩產生依賴（Griffiths & Hunt, 1998）。根據安德森與迪爾：

> 當電玩中的選擇與行動的要素伴隨著遊戲的各種強化特質出現時，這將產生一種極為強烈的學習行為。就某方面而言，暴力電玩提供了一個學習攻擊行為的環境，同時也是形塑行為、強化行為以及為行為提供預演的環境。電玩如此將各種學習策略加以結合起來的結果，比起單獨使用這些方法還要來得有力許多。（Anderson & Dill, 2000）

許多關於電玩的心理學研究皆關注於電玩與暴力、攻擊行為之間的關係上，但正如上文所述，在電玩裡所學得的技巧與反應並非總是與暴力或攻擊行為有所關連。倘若暴力與攻擊性遊戲能夠影響玩家的行為，那麼這似乎也意味著我們可以透過遊戲的設計來強化正向的、有用的技巧。雖然安德森與迪爾的研究的確透過《迷霧之島》與《俄羅斯方塊》兩款遊戲來探討暴力遊戲與非暴力遊戲之間的差異，但就傳統的研究而言，仍鮮少問及冒險遊戲是否能讓玩家的觀察力變得更為敏銳，或者是否能增進玩家解決問題的能力。對兒童具有教育意味的電玩遊戲的存在，以及那些能夠教導成人心理技巧（例如：解決問題的能力或資源管理）或生理技巧（例如：

手眼協調或打字技巧）的遊戲，皆意味著人們能夠從電玩當中學得更多。具有教育性的遊戲同時也不斷地在諸多學術環境中被研發出來，例如德州奧斯汀的I. C. Squared Institute或麻省理工大學（MIT）的寓教於樂（Games-to-Teach）專案計畫。

然而大部分的遊戲仍未將學習視為一個主要目標，而且有時遊戲所能產生的學習行為只是偶發的結果。正如一名美軍上校在一次ABCnews.com的訪談中所言：

> 飛行模擬器可以讓玩家在電腦上學會如何飛行，而且你也可以將這種模擬技巧轉移到現實裡。同樣的，玩家在電腦裡所模擬的殺人行為，也能讓他學會如何殺人，而那些技巧也將轉移到現實生活當中。（The games kids play: Lt. col. grossman on violent video games, 2001.03.22）

此外，因為電玩不同於其他以敘事為主、以及主要設定在螢幕世界的軟體，所以，不僅是技巧，就連某些特定的世界觀[1]也可能在電玩中學得，而且也可能轉移到遊戲之外的現實生活裡。

道德觀、世界觀

觀察當故事涉及某些道德觀點時，時常都是透過如何採取行動以及這些行動所可能產生的後果來表現。壞人或惡人最後都將遭到處罰，而英雄與好人最終都能獲得獎賞。角色採取的行動所造成的後果與結果，以及個人的行動及其對他人所造成的影響，皆是文學與電影中常見的主題。透過將作者的觀點設定在故事情節裡，對觀眾而言，當他們在真實世界裡，遭遇到類似情景時，關於如何採取行動及其所可能產生的後果，比起直接的

道德說教似乎更能發揮效果。由於電玩需要玩家親自參與與選擇，也因為玩家可以採取不同的方式來行動，也能探索不同行動的可能性及其後果，因此，就實現某種隱晦的世界觀而言，電玩似乎是一個較好的媒介。玩家的行動以及由玩家的經驗值所獲得的所謂的「生命」，可以讓事件發生在當下，而非過去式，以及遊戲所提供的選擇機會似乎比較不會產生所謂的早已決定了的後果，即便遊戲的程式設定早已決定了行動的結果。諸如《模擬城市》（*SimCity, 1989*）與《模擬市民》（*The Sims, 2000*）以及其他的模擬遊戲，皆包含了數十種的「規則」，玩家們可以透過不斷地嘗試錯誤，最後在遊戲中獲勝。

電玩中的經驗可以不斷地重複與改變，這個事實可能會低估了模擬世界或模擬情境所可能產生的正向效果。當一個遊戲是可以不斷重來，或者玩家可能擁有多個「生命」時，那麼就不會有所謂的終點或無法挽回的事。魯莽的行動或許會造成一個遊戲的結束，但這並不會造成無法挽回的結果。相當少數的電玩可能可以造成深層的情感或感動，這或許就是電玩為何至今仍無法被歸類為「藝術」；然而，電影與電視在一開始時，也同樣面臨這樣的困境。包含暴力畫面的遊戲所產生的並非所謂的同理心，而是減敏感（desensitization）效果，尤其是當這些遊戲將暴力視為幽默的或「酷的」，或者鼓吹暴力是解決問題的唯一方法時。換言之，的確有某些遊戲是可以讓玩家去思考所謂的暴力，例如：在《創世紀四：天人合一》（*Ultima IV: The Quest for the Avatar*）中，倫理道德變成了非常重要的課題，玩家是不容許肆無忌憚的獵殺與搶奪。

然而，線上角色扮演遊戲卻迥異於大型遊戲機（arcade games）或家用遊戲機，因為角色扮演遊戲所涉及的是一個就某些方面而言與真實世界極為雷同的螢幕世界。例如《網路創世紀》或《亞瑟龍的呼喚》此類遊戲所塑造的世界是「持續進行的」（persistent），無論玩家是否登入，遊戲都是一天二十四小時持續不間斷（因為這些遊戲擁有數以萬計的玩家，在任何

時間裡，最少都有上千名玩家登入其中）。這些遊戲是無法重來的，而玩家們可能投注大量的時間與金錢，因此當玩家所扮演的角色不幸戰敗身亡時，他們所承擔的風險當然高出許多。在這些遊戲裡，玩家所扮演的角色之間會互相結盟合作與競爭，同時也存在著社會階層系統。雖然侵略性與暴力行為仍然存在，但是這些虛擬世界的「持續性」本質、它的社會性要素以及長時間的投注，卻創造出一種極為不同的遊戲經驗，同時也引發諸多關於暴力本質與限制的論辯。[2]因為玩家之間太多的相互殘殺（PvP，玩家攻擊玩家）將導致玩家人數愈來愈少（申請的帳號愈來愈少，也將導致收入減少），然而玩家之間太少的衝突也可能導致玩家的不滿，因此，必須在這兩者之間取得一個平衡。《亞瑟龍的呼喚》的一個玩家卡內（Simon Carne）博士即解釋：

> 《亞瑟龍的呼喚》總共有六個伺服器，其中有五個是屬於「非攻擊性玩家遊戲」（NPK）（也就是所謂的「愛心熊」，是指喜歡幫助其他玩家的玩家），玩家可以選擇不進行玩家攻擊玩家的遊戲；但是在其中一個伺服器黑潮（Darktide）中，玩家卻無法選擇不進行玩家攻擊玩家的遊戲。這意味著任何人可以在任何時間攻擊你，即便你是新手，而對方卻是力大無窮的老手。倘若對方將你擊斃，他們就能獲得經驗值，而且可以偷取你的財物（假設你擁有任何財產）。

一般而言，黑潮上的玩家可分為兩類，一類是「玩家殺手」（Pks），這些玩家會攻擊任何不是朋友的玩家，亦即，玩家會攻擊任何一個玩家；另一類則是「反殺手玩家」（Antis），這些玩家只攻擊那些參與RPK的組織成員。另外也有一些組織未必會攻擊任何他們所遇到的對手，他們只攻擊那些與他們對戰的敵人（這些玩家一般稱為所謂的中立者）。最差勁的玩家殺手是那些攻擊新手、造謠以及暗地進行攻擊者（例如，他們會假裝

友善，等待對方防禦力降低時，在「背地裡」攻擊你）。例如有些《雷神之槌》（Quake）的玩家即是此類，但是這些玩家通常在變成更強的玩家殺手後即退出遊戲；另外一些玩家則是所謂的「惡意玩家」（grief players），他們四處造謠，散播垃圾訊息、垃圾信件騷擾其他玩家，而且也可能是其他高階玩家殺手的間諜。

因此，就倫理學而言，這些都是相當有趣的現象，究竟誰應該或不應該被殺害？可以在什麼情況下被殺害？這些問題一直是「反殺手玩家」網站上不曾間歇的論辯。玩家殺手不會殺害他們自己的組織成員，因此這對他們而言比較不會構成問題。玩家殺手也有相當奇怪的休戰共識，例如在特定的情況下，他們彼此都有不應該殺害彼此的共識，通常都是在他們離開時或是在「升級」（leveling）時。雖然有些「令人尊敬」的反殺手玩家不同意這點，但其他比較中立的玩家則是遵循這項共識。

> ……我想我曾經在某個非攻擊性玩家遊戲（non-player killer）伺服器上玩過大約十分鐘，但我就是不得其門而入。然而，這些伺服器卻是大多數人最想玩的，顯然，如果另一個黑潮伺服器的門檻更高，那麼他們就會開放另一個攻擊性玩家遊戲伺服器。[3]

在虛擬的世界裡，玩家投入了大量的時間與金錢，也建立起人際關係與社會結構，因此，倫理學對於這些遊戲如何延伸進真實世界，就顯得極為重要。

顯然，真實世界的道德觀與線上螢幕世界的「虛擬道德觀」之間迥然不同。雖然「殺害」另一個玩家所扮演的角色，這樣的行為可能被視為侵略性行為，但這仍是落在遊戲（例如《網路創世紀》）所建立的規則裡，

而且玩家只要避免進入黑潮這個伺服器就能避免這些行為的發生。而且即便玩家所扮演的角色被殺害了，他們隨時都能以新的角色再回到遊戲裡。但是「殺人」的隱喻仍舊存在，同樣的，為何有這麼多的人會覺得假裝「殺人」是一件非常有趣的事，這仍是一個未解之謎。射擊或「殺人」的觀念已經根深蒂固的存在於電玩文化裡，因此對許多人而言，他們很難想像遊戲中不存在這些觀念。如此的疑問於1976年首次伴隨著《死亡飛車》（*Death Race*）的問世而浮上台面，當時電玩遊戲的圖像呈現仍相當粗糙、生澀；如今，當圖像發展已朝向攝影寫實主義時，這樣的疑問更顯得重要而不容忽視。

　　影像暴力、廝殺、撒謊、詐欺以及其他與玩家角色（player-characters）之間的社會互動有關的道德議題，時常都是玩家之間討論的主要話題，也時常出現在與電玩遊戲相關的論辯中，甚至也時常出現在法庭上；科倫拜中學（Columbine High School）槍擊事件中被殺害的學生家屬花費五十億美元與大型電玩公司進行法律訴訟，他們認為若非電玩提供了射擊的學習環境，校園的槍擊事件也許不會真的發生（Fishman, 2001.06.10: 28）。然而還有其他潛在的效應是更值得被關切的，這些潛在效應可能涉及的是玩家的內在想法，以及思考世界、概念化世界的方式，這種內在的哲學觀點會成為形塑玩家經驗的重要背景。

思考方式

　　玩家為了要在遊戲中獲勝，他們必須讓他們的思考方式符合遊戲的要求。這在暴力風格（殺或被殺）的電玩遊戲中更加表露無遺，因為在這類遊戲中，玩家角色總是處於危險的狀態中。正如安德森與迪爾所言：

> 玩家每次在玩暴力的電玩遊戲時，他們都必須先閱讀一次
> 充滿攻擊性的遊戲說明，這些遊戲說明會教導他們如何提

防敵人的攻擊、如何採取攻擊行動，以及預期他人可能會採取的攻擊行為、對於暴力使用採取正向的態度，以及相信暴力的解決方法是最有效、最適當的方式。除此之外，重複的暴露在暴力影像之中，極有可能造成減敏的結果。本質上，這些與攻擊性相關的知識結構的創造與自動化的過程，以及減敏的結果，在在都改變了個人的人格特性。（Anderson & Dill, 2000）

不僅是暴力遊戲會產生此種效果，那些設計不良的遊戲也有可能產生類似效果。根據心理學家忒斯（Rebecca Tews）所言：

玩遊戲可能可以形塑玩家的人際關係行為。遊戲，尤其是暴力遊戲，似乎能增強對於威脅的感受，也會強化暴力環境下的肢體表現，但是卻減少使用傳統解決問題的策略，以及解決人際衝突的適當方法。（Tews, 2001）

在既定的遊戲場景中，玩家所擁有的選擇其實相當有限，而且不斷地重複遊戲（有時是因為必須從初級開始，不斷地練習直到可以進入高級的遊戲；有時則是因為電腦當機或是軟體臭蟲的影響）可能會耗盡玩家的耐心，讓他們陷入挫折。玩家若在家中與朋友一起玩遊戲而輸了，或者在公共的大型遊戲機以及眾人面前輸了，都有可能傷害到玩家的自我與自尊。然而，有趣的是，許多電玩的設計卻都偏向於最終要導致玩家的失敗；《太空入侵者》（*Space Invaders*）（又譯《小蜜蜂》）的設計也總是想盡辦法要讓太空飛船到達螢幕底部，擊敗玩家；小精靈（Pac-Man）最後都難逃小鬼的追捕；此外，在為數眾多的打鬥或射擊遊戲裡，玩家角色最終都以死亡為結尾。

然而，並非所有的遊戲都是悲劇收場，許多像是《迷霧之島》、《裂縫》與《創世紀三：魔胎》（*Ultima III: Exodus, 1993*）等遊戲都包含一些可

以實現的客觀目標，而且當中的故事線最終都能導向玩家的勝利。雖然這些遊戲都建構出一個屬於他們自己的世界，而且也鼓勵玩家以特定的方式來做選擇，但是他們仍舊有可能影響玩家對於外在世界的思考方式。其中一個結果即是玩家的世界觀已經被遊戲所建構了。

電玩也許是唯一較常使用第二人稱的媒材，尤其是在冒險遊戲裡。就圖像而言，這些遊戲模擬第一人稱的觀點，但是玩家卻被類歸為參與者（第二人稱）或只是一名觀察者（第三人稱）。所有的事物都是為玩家所建構的，場景的呈現也是為了讓玩家產生某些特定經驗。遊戲中的其他角色經常是為了幫助玩家角色或給予提示而存在，而且當他們要開口時，他們總是以最為直接的方式提供提示（這完全不同於遊戲中的其他角色）。遊戲中所存在的物件，都是提供給玩家使用、索取、消費或破壞的。這一切所導致的最終結果可能是一種自我中心的、功利主義的觀點，玩家在遊戲的世界裡，他們所思考的依據都是根據自己會有何影響或是事物可以被如何利用。

然而，正面的結果也有可能產生。舉例而言，在冒險遊戲裡，玩家若要完成其中的任務，他們的行為時常必須是以目標為導向，而且必須全心全意的追求。即使他們充滿疑問，大部分的冒險遊戲的問題與目標彼此之間都存在著顯而易見的關係，而且這些問題、目標與玩家在現實生活中所遭遇到的，彼此之間也有密切關係。電玩可能移除了現實生活中問題的複雜性，提供給玩家的問題是可解決的，衝突也較為簡化，而且這些目標可在數個小時內或數日之內被解決，因為解決之道早已存在。

無論是正面或負面的結果，這些影響可能都極為細微，但是不斷地重複暴露在這些人們必須以特定方式來思考的情境裡，可能會造成極為嚴重且長期的影響。有些人可能可以在遊戲之外的世界找到印證；特定的思考方式，像是過度的競爭以及個人財富與財產的增加，這些都已成為主導資

本主義社會的主要力量，這也許正解釋了為何類似主題的遊戲會逐漸興起的原因。換言之，電玩的確可以產生正面的影響，可以強化解決問題的技巧、觀察力與耐力。

雖然大部分的人都能輕易地區分電玩世界與真實世界，但是從電玩當中所學得的觀念卻足以涵蓋其他行為，無論是正面的或負面的行為。然而，當媒材大量充斥在人們的生活時，電玩世界與真實世界之間的界線可能將模糊不清。美商藝電（Electronic Arts）所推出的遊戲 *Majestic*（2001）即是一個人們樂見這條界線逐漸模糊的最佳寫照。正如媒體所言「懸疑、令人毛骨悚然的氛圍滲透至你的生活裡，令你不得不猜想究竟遊戲結束於何處，真實生活又始於何處」（見 http://www.majestic.ea.com），*Majestic* 透過電子郵件、語音信箱以及傳真，甚至還使用美國線上即時通（AOL Instant Messaging）傳送線索給它的玩家。因此，遊戲可能發生在真實生活裡，時間可能長達數個月之久，而且玩家可以隨時隨地接收線索。正如 ABCnews.com 專欄作家林區（Dianne Lynch）所報導：

> 美商藝電及它的夥伴 Anim-X 經過相當長的一段時間的努力，終於讓它成真了。他們在全國各地購買了上百個電話號碼，建立了嚴格控管的網站，甚至設立虛擬企業模糊視聽。（Playing the new game of life?: In the upcoming, cutting-edge game majestic It's a man's world, 2001.03.07）

有鑑於那些關注於虛擬與真實之間界線逐漸模糊的言論，遊戲本身也開始出現所謂的「可調式真實設定」（adjustable realism settings），這些設定明確標明訊息是遊戲的一部分。這些遊戲可單獨進行或者可以在線上與其他玩家一起進行，而這些線上玩家可能是也可能不是真實存在的玩家。

雖然大部分而言，玩家都是單獨體驗Majestic的世界，但是線上的角色扮演遊戲由於它的社會結構特性以及一天二十四小時、一週七日的限制，卻是最能將幻想與現實結合在一起的遊戲種類。有些玩家每天花上數小時的時間在角色扮演遊戲上，同樣的，他們的朋友與同胞也會花費時間在其中，有時線上的人際關係取代了遊戲外的真實世界。玩家角色之間所產生的友誼與婚姻可能會影響真實世界的人際關係。在《電玩》（Computer Games）一書中，吉爾柏特（Christine Gilbert）即描寫了此種虛擬婚姻：

> 這些虛擬的人際關係在真實世界中是否還能倖存？當然可以！是否有人會因為虛擬社群的其他成員而失去了他們的另一半？根據網路論壇，也的確可能。

　　麥克丹尼爾（McDaniel）即證實：《無盡的任務》曾接獲諸多配偶的抱怨，他們抱怨這個遊戲不僅會讓人成癮，甚至會危害到真實世界的人際關係，因此它應該為此負責。

　　然而，雖然有令人傷心的故事存在，但還是有一些值得高興的事實。因為還是有許多夫妻會在每個夜裡一同進入遊戲世界，共享尋求新冒險的樂趣（Gilbert, 2001: 22-26）。

　　當線上角色扮演遊戲已經發展出各種擬仿真實世界的新的社會經驗形式時，它們已經不再只是「遊戲」了。它們不僅是簡單的影響玩家的真實生活，因為當玩家們每天投注數個小時在線上遊戲時，遊戲已經變成了現實生活中非常重要的一部分。而且遊戲的複雜度、圖像的精細度以及玩家的人數也一直持續的成長。

一個不斷成長的媒材

的確，雖然大部分的電玩內容都不具有教育意義，但是人們似乎還是希望這個媒材能夠實現它的可能性。雖然射擊遊戲與暴力內容仍是層出不窮，就如同鬧劇與滑稽內容時常出現在電影與電視裡，但是如今的確也出現了各種不同種類的內容。過去許多相當暢銷的遊戲，像是《小精靈》、《俄羅斯方塊》與《迷霧之島》，皆為非暴力且廣受喜愛的遊戲。在一篇關於兩千年最佳遊戲的文章裡即指出：「最常被忽視的事實」是「在兩千年裡，最為暢銷的遊戲其實都不具有暴力內容 」（Gray, 2001.04a: 46）。遊戲設計者莫利尼斯（Peter Molyneaux）的《黑與白》（*Black& White, 2001*）即是建立在道德的主題上，而且該公司也「的確帶入一個心理學團隊來探索關於道德的概念，更將道德所牽涉到的行動與現實生活所可能造成的後果之間的關係加以連結起來」（Gray, 2001.04b: 68）。在由eGenesis所開發出來的角色扮演遊戲《沙漠傳說》（*A Tale in the Desert*）裡，沒有出現任何玩家打鬥的場景；去除了殺戮或謀財的場景，角色的升級必須仰賴於他是否能靠美德來完成計畫與挑戰。

既然，許多暢銷的遊戲都是非暴力類遊戲，這個事實正暗示著一個市場上的重大改變，同時也鼓勵了遊戲開發商能更加擴充這個媒材、同時也探索它的可能性。商業上的成功已經主宰了電玩的科技發展，而科技也凸顯了這個媒材具有創造出替代性的經驗與互動的潛能。因此，我們期許當這個媒材逐漸發展成熟時，遊戲的設計者與開發商都能勇於挑戰這個媒材所具有的潛能。

註釋

1. 舉例而言，傅勒（Mary Fuller）與詹金斯（Henry Jenkins）即曾描述帝國主義的概念是如何以殖民主義的視野具體呈現在遊戲裡。Mary Fuller and Henry Jenkis. "Nintendo® and New World Travel Writing: A Dialogue." In Steven G. Jones Ed. Cybersociety: Computer-Mediated Communication and Community. California: Sage Publications, 1995. pp.57-72.

2. 2001年3月7日，我曾於Auric's Ultima Moongates（http://www.moongates.com/ Chatzone/）留言，詢問網友關於《網路創世紀》的倫理道德議題。當天，一名名為「Casey」的網友留言：

> 過去你都到哪兒去了？在不斷地嘗試與努力後，最終我還是放棄了，而且也不再玩遊戲了。在《網路創世紀》裡根本不存在所謂的道德倫理，因為身為一個成年人，我發現我所面對的是一些自認為網路擁有自主權，因而他們可以為所欲為，甚至無視於其他玩家的感受。

不到一個小時候，另一則來自於「Billiamie」的留言出現，並對Casey的留言回應道：

> 道德並非不存在於《網路創世紀》（或是其他的線上遊戲），它們只是相當匱乏。技術上而言，缺乏倫理道德並非等同於「沒有倫理道德」。

3. 引自於一封名為卡內（Simon Carne）寫給作者的電子郵件，此封郵件於2001年3月25日早上8點47分寄出。

參考書目

Anderson, C. A., & Dill, K. (2000). Video games and aggressive thoughts, feelings, and behavior in the laboratory and in life. *Journal of Personality and Social Psychology, 78*(4), 772-790. Retrieved from http://www.apa.org/jourals/psp/psp784772.html

Fishman, T. C. (2001.06.10). The play's the thing. *The New York Times Magazine*, Section 6, 28.

Fuller, M., & Jenkis, H. (1995). Nintendo® and new world travel writing: A dialogue. In S. G. Jones (Ed.), *Cybersociety: Computer-mediated communication and community* (pp. 57-72). California: Sage Publications.

Gilbert, C. (2001.04). Virtually married. *Computer Games, 125*, 22-26.

Gray, T. (2001.04a). The year's best. *Computer Games*, 125, 46.

Gary, T. (2001.04b). Shades of Gray: Peter molyneaux's epic Black & White will expose your morality for the world to see. *Computer Games*, 125, 68.

Griffiths, M. D., & Hunt, N. (1998). Dependence on computer games by adolescents. *Psychological Reports*, 82, 475-480.

Moriarty, T. (1983.10). Uncensored videogames: Are adults ruining it for the rest of us. *Videogaming and Computergaming Illustrated*. Retrieved from http://cvmm.vintagegaming.com/mystique.htm

Playing the new game of life?: In the upcoming, cutting-edge game majestic It's a man's world. (2001.03.07). Retrieved from http://abcnews.go.com/sections/scitech/Wired-Women/wirewomen010307.html

Tews, R. R. (2001). Archetypes on acid: video games and culture. In M. J. P. Wolf (Ed.), *The medium of the video game*. Austin, Texas: University of Texas Press.

The games kids play: Lt. col. grossman on violent video games.
   (2001.03.22).   Retrieved from http://abcnews.go.com/onair/DailyNews/
   chat_2020_000322videogames.html

Webster's new universal unabridged dictionary. (1983). New York: Dorset and
   Baber.

台灣音樂創意產業
唱片業的區域性流傳與華人社群的重構 / 劉現成／著

　　過去，台灣流行音樂創意產業的發展相當蓬勃活絡，產業的觸角與市場的擴張逐漸地延伸到亞洲相關的華人地區，使得台灣唱片業不僅成為深具競爭優勢的媒體產業，更在全球華語流行音樂領域中扮演著至為關鍵的角色。台灣的流行音樂能在區域市場上流通，論及緣起，過往的論述咸認為1980年代末期，跨國媒體集團大舉進入台灣唱片業，將台灣作為揮軍華語唱片市場的橋頭堡，這些跨國企業以其雄厚的資源與全球性的產銷網絡為其後盾，引領著台灣的流行音樂迅速響徹華人的區域性市場。

　　不過，這樣的觀點，其視界大抵僅限於1990年代彼時台灣流行音樂在華人地區的流傳盛況而已。事實上，台灣流行音樂在華人地區的傳唱，遠比這樣年代還要來得更早。就以曾經風靡一時的流行歌曲〈今天不回家〉為例，1969年台灣大眾電影公司推出一部電影《今天不回家》，這部電影曾經出口至香港上映，賣座平平，票房約為60萬港幣左右，同時由海山唱片所出品的電影歌曲唱片，卻在香港賣出60萬張。至於演唱主題曲〈今天不回家〉的歌星姚蘇蓉，旋即成為香港家喻戶曉的明星，這股熱潮甚至延燒到東南亞，姚蘇蓉頻頻走唱於當時新加坡、馬來西亞、印尼與越南，掀起了亞洲華人地區對於台灣流行歌曲的熱潮。後來到了1970年代，台灣的流行歌曲挾著愛情文藝影片大量的出口，在南洋地區廣受歡迎，東南亞遂成為台灣唱片重要的海外市場（沈玫姿，1980.11；張夢瑞，1999.01）。

　　因此，綜觀當前台灣唱片產業相關的研究，咸認為直至1980年代末期跨國公司大張旗鼓地進入台灣市場之後，促使台灣流行音樂進行跨區域的擴張。然而，台灣流行音樂在區域市場的流傳遠比現有的歷史論述還要來得更早，從歷史的實際發展來看，甚至這可以追溯到1930年代前後，台灣

的唱片產業即透過不同的傳播形式或相關管道，滲入到亞洲的華人地區，從初期拓展香港和東南亞等地的市場開始，爾後將海外市場的觸角逐漸延伸到中國大陸，乃至韓國和日本，以至於許多台灣的流行歌曲成爲全球華人所共有的記憶，而台灣的演唱者也成爲華人所共同仰望的偶像。本文即試圖透過歷史分析的取徑，重新檢視台灣唱片產業如何面對全球化與區域化的發展脈絡；以及台灣唱片業長期以來在區域市場流傳其產業特色與發展優勢爲何；最後，作爲華人流行音樂產製與創作的沃土，台灣到底有何獨特的音樂生產環境與文化資源等等這些相關的問題，逐一細究與檢視。

遭遇全球化與區域化激流的台灣唱片業

1990年代之後，全球化的議題甚囂塵上，其中對於文化與媒體全球化的討論尤爲熾烈。學者阿帕杜賴（Arjun Appadurai）在其〈全球文化經濟體系中的斷裂與歧異〉（"Disjuncture and difference in the global cultural Economy"）一文中，指出文化流動是一種社會的想像，若僅從文化的同質性與異質性來探究全球化的議題，是無法窺其全貌，主張須從包括種族景觀（ethnoscapes）、科技景觀（technoscapes）、金融景觀（finanscapes）、意識形態景觀（ideoscapes）、媒體景觀（mediascapes）等五個面向，來進一步檢視全球性的文化流動（Appadurai, 1990），如此使得媒體的發展躋身爲全球化論述中顯著的議題。至於從媒體經濟學的傳統中，也開始從全球的觀點來討論世界媒體的發展樣貌，諸如愛倫・艾爾巴朗等（Alan B. Albarran and Sylvia M. Chan-Olmsted）在其撰寫的書中即指出，造成媒體經濟全球化與區域化的驅力眾多，其中包括：區域經濟的發展與聯盟關係；科技的進步；美國媒體市場的角色變化；大眾媒體政治控制的鬆動；相似的生活形態等等。在這些驅力之下，媒體市場的發展逐漸朝向全球化的趨勢前進，這種全球化的潮流不僅造成媒體產業將其擁有權延伸到其他國家，同時也發展出各種跨國傳播形式，促使更多區域性與全球性內容發行商蜂擁而至（Albarran & Chan-Olmsted, 1998: 10-13）。

從以上對於1990年代媒體全球化的討論，再進一步聚焦於流行音樂的全球化軌跡，根據羅伯·柏奈特（Robert Burnett）在其《全球點唱機：國際音樂產業》（*The Global Jukebox: the International Music Industry*）一書中提到，二次大戰是英國與美國唱片產業發展的分水嶺，在戰前，英美等國的大型唱片公司基本上都以本國市場為營運的範疇，這些公司大部分的收入幾乎來自本地的市場，迨二次戰後，這些企業才積極拓展國際市場，開始其全球化的經營觸角（Burnett, 1996: 4）。但是，其他研究進一步提出，早在二次大戰期間，世界各地早已感受到美國流行音樂的魅力，此際，美國流行音樂隨著美軍廣播電台的聯播而流傳於國際社會。全球大約超過九十家的美軍廣播電台播放著美國的唱片，聽眾超過百萬。因此，早在1940年代之前，美國的流行音樂即已躋身為一種全球性的風格，到如今依然如此（Baskerville, 2001: 11）。

然而，追本溯源，其實流行音樂全球化的腳步比以上所提及時間還要來得更早些。早在十九、二十世紀之交，錄音科技問世之際，唱片這項新興的媒體形式即已具備了國際性格，這可以從留聲機發明之後，迅速地在英美等國流通，進而向全世界各個角落擴散，使得在1931年就出現了六家跨國唱片公司支配著全球的唱片市場。這樣的情況儘管到了1990年代，這六家公司已歷經多次的重組或購併，不過卻仍依然控制著全球75%的唱片市場（Jones, 2001／宋偉航譯，2004：80-87）。因此，檢視流行音樂及其全球化的發展軌跡與歷史脈絡，需回溯到二十世紀之初，將影音錄製科技視為西方資本主義高度發展與列強殖民擴張下相伴而生的產物，如此才能還原流行音樂其全球化脈絡的本來面目。

由此，循著媒體全球化的脈絡，其實同時也看到了媒體區域化的發展趨勢。傳播學者史托帕（Joseph Straubhaar）在其研究指出，從媒體本質與產製流程來看，媒體區域化的現象已比全球化的現象要來得重要，而所謂的區域化，是指連結相近地理區域、語言與文化的多國市場，在本質上，地

緣文化市場（geo-cultural markets）的概念要比區域市場（regional markets）這個語彙要來得更為準確一點，因為這種媒體市場體系的形成，不只因為地理的鄰近程度，同時也涵蓋了人口、市場與文化等相關因素（Straubhaar & Robert, 2002: 522-523）。史托帕更進一步認為：之所以造成這種地緣文化市場形成的原因，主要的是由於文化接近性（cultural proximity）所致，並以此來解釋一般閱聽大眾喜歡與自己文化背景相似的媒體產品（蘇宇玲譯，2000：44-45）。所謂的文化接近性有相當的程度是以語言為基礎的，而這種以語言為基礎所建立的媒體市場，特別是在影視媒體相關流行文化市場上。這種因語言文化條件和市場規模所形成的區域媒體市場，是一種以「地緣語系區域」（geolinquistic regions）為基礎的國際媒體產製與貿易形式，例如孟買提供全印度的電影、香港供應華語電影、開羅成為阿拉伯電影電視的供應中心、墨西哥城是供應西班牙語系影視節目的集散地（Morley & Robins, 1989）。

這股以地緣語系為基礎的媒體區域市場趨勢，隨著華人地區整體經濟的蓬勃發展，一個以華人或華語為核心的媒體市場儼然已經成形。即有研究指出，在亞洲討論有關跨界的媒體產業發展議題之際，有一個新興、無法被忽視的區域市場崛起，那就是所謂的大中華市場，這個市場是由人口數量達13億以上的華人所組成，其中大部分來自中國大陸，部分則是來自台灣與香港，這個市場甚至可以遠及東南亞以及其他遍佈世界的華人（Thomas, 2000: 92）。因此，在這樣的發展背景之下，自1990年代已降，紛紛出現了以這樣的地理區域、種族語言範疇，來指稱華語或華人相關的媒體產業，如華語媒體、華語電影、華語電視節目等。其中，尤其是在唱片產業領域，更發展出以中文或華語為範疇的流行音樂市場。在馬來西亞，1990年代前後，《星洲日報》即已出現中文專輯相關的報導；衛視音樂台（Channel V）與上海的電視台舉辦跨華語地區的唱片頒獎活動——「全球華語音樂榜中榜」，截至2007年為止，已逾十三屆。此外更具代表性的是「全球華語歌曲排行榜」，這個頒獎活動從2001年開始，聯合了亞洲七家

的電台，並輪番在各地舉辦大型頒獎活動，已逐漸確立了其華語唱片市場的地位。而台灣在這股華語流行音樂扮演著相當重要的角色，根據進一步的研究顯示，檢視這個排行榜在2001至2005年的相關資料，分析各年度得獎歌曲的語言別、音樂製作及藝人來源、資本、歌手國籍等特性，從中驗證了台灣的確是華語流行音樂領域裡，在音樂創製與人才產出的引擎（周志龍，2006）。

然而，從唱片業作為一種媒體產業，從流行音樂作為一種文化商品形式在區域市場上流通，循著媒體全球化的歷史發展軌跡，以上所論及的媒體區域化現象，或者所檢視的華語流行音樂的論述，事實上僅是就1980年代之後，正值媒體蓬勃發展時刻的表象陳述與時髦論述而已。如文前所述及，當影音科技問世之際，便已出現了全球化的運作原型。在流行音樂方面，美國出現第一架留聲機，此後即由美英兩國唱片業建立起以英語為核心的國際流行音樂風潮。至於在唱片業肇建的年代，除了英語發展出跨界的流動，還有哪些語言具有這樣跨界能力呢？在《巴西流行音樂與全球化》（*Brazilian Popular Music and Globalization*）一書中提及，1990年代之後，美洲興起了以葡萄牙語系為核心的巴西流行音樂風潮，若仔細探究其在美洲流傳的時間，甚至可以遠溯到1920年代前後（Perrone & Dunn, 2002: 9）。

至於華語流行音樂的傳統可以追溯到何時？根據《留聲中國：摩登音樂文化的形成》（*Yellow Music: Media Culture and Colonial Modernity in the Chinese Jazz Age*）書中強調，在1920年代前後的上海，像百代唱片這樣的跨國公司林立於當時的租借地區，旗下有許多在地的代辦公司為其製作唱片。當時上海的唱片除了發行於中國市場之外，更有一大部分外銷到海外與東南亞一帶的華人市場，以1929年為例，上海輸出到荷屬東印度群島的唱片（即今印尼）即有五萬張。此外，在1928年，當時上海知名作曲家黎錦暉，組建「中華歌舞團」並開始在東南亞的華人社會中巡迴演出，這樣的演出活動不僅為當時上海的唱片業與有聲電影開拓了東南亞的海外市場

，如此更開創出「泛華人」（Pan Chinese）流行文化的跨國網路。作者進一步提到，1970年代末期之後，當中國重新躍上全球經貿與文化的舞台，過去黎錦暉以及其所代表的上海華語音樂遺產，借跨國公司「百代唱片」旗下的台灣小調女歌手鄧麗君之口，再度傳唱於中國（Jones, 2001／宋偉航譯，2004：22-87）。台灣承襲了上海流行歌曲的遺緒，此後，循著鄧麗君的餘音，像台灣歌手如蔡依林、張惠妹或周杰倫等人亦透過跨國唱片集團的觸角，得以進入中國大陸或華人地區的市場，甚至進入了全球流行音樂的場域（劉滿貴等譯，2006：222），而台灣有何發展條件或者文化優勢，得以接續上海流行音樂的傳統，並成為跨國唱片集團其經略華語市場的前哨？從歷史的脈絡來看的話，這與台灣唱片業國際化的程度有著密切的關係。這可以從跨國公司的進入與國際市場的輸出等二大面向來加以交互討論。

跨國唱片公司何時進入台灣？其實這與唱片的問世與媒體產業全球化的市場擴張密不可分。早在1910年代唱片業發展的初期，一些領導性的留聲機或唱片公司，如維多說話機器公司（Victor Talking Machine Co.）、哥倫比亞唱片公司，一開始即已設定了開拓國際市場為企業目標，期望在重要的市場能建立起當地的工廠，紛紛透過分公司，或是運用代理機構，進入世界各地的市場，使得這些公司的市場網絡逐漸地覆蓋全球。1920年代晚期，唱片的種類與數量大幅增加，就以哥倫比亞唱片公司來說，在1929年便出版了超過一千種的新唱片。到了1930年代，儘管有些國家已發展出屬於自己的唱片產業，以日本為例，日本唱片業逐漸國家化，國內唱片公司林立，每年可生產大約1500萬張的唱片，但是全球唱片仍是這些跨國公司的天下（Gronow, 2004）。

1930年代日本唱片產業蓬勃發展。而此際台灣正逢日本的殖民統治，台灣唱片業的發展正好趕上這股潮流。崛起於1920年代末期的「古倫美亞」唱片公司（即哥倫比亞唱片公司，Columbia Phonograph Company），這

家由日本人主持的美籍唱片公司，不僅為台灣開啓了唱片產業的序幕，同時對台灣後來流行音樂的發展影響深遠。主要的影響有二個方面：其一是音樂取材與唱片內容的本地化，古倫美亞唱片大量地啓用本地的詞曲創作者，奠定了台灣在唱片產業上以創作為核心的價值體系；其二是以時代曲式的唱腔來演繹帶有地方色彩的歌曲：由於古倫美亞唱片旗下的歌手，有部分是來自歌仔戲的演員，為了讓這些原本是唱戲的歌手能揚棄帶有傳統戲腔的歌聲，在訓練發聲時，特別讓這些歌手模仿美國或日本歌手的演唱方式，使其歌聲更具有時代性與現代感（台灣公共電視，2003），這種沒有地方戲腔特色的歌聲，更具有跨地域性質的穿透力，奠定了台灣的閩南語歌曲可以在華人社會中流通的基礎。

台灣流行歌曲在海外華人社會的傳唱，早在日治時期即已開始。在1930年代，古倫美亞唱片除了帶動台灣本地唱片事業的勃興之外，更流傳到海外的華人社會中。根據曾在當時擔任古倫美亞唱片文藝部主管的陳君玉回憶到：這個時期在台灣所創製的歌曲，不但台灣人愛唱，南洋各地更是台灣流行歌唱片最大的消費市場（陳君玉，1995.05.05）。另外，再根據當時古倫美亞唱片的歌星愛愛回憶當時的盛況，指出：日治時期古倫美亞唱片不僅在台灣受到大眾的歡迎，這些唱片更輸出到中國大陸的福州與廈門一帶，受到這些地方聽眾的熱烈迴響。[1]因此，台灣的流行歌曲，特別是閩南語歌曲的傳統，其實早在日治時代即已受到海外華人社會的青睞。

台灣唱片產業在1930年代即已進入亞洲的華人社會，這樣的傳統到了1960年代再起。根據海山唱片公司發行人鄭鎭坤追憶當年開拓東南亞市場的緣由時，特別指出：

> 民國五十四年（西元1965年），我們公司前往東南亞地區
> 參加商展，那時便發現當地僑胞對祖國文化極爲熱愛與嚮
> 往，他們一直在努力把祖國的語言、文字、音樂、文化教
> 導給下一代。而流行歌曲是其中最簡單、平易的一種。我
> 們瞭解東南亞會是個好市場，回到台灣，便積極策劃唱片
> 大量輸出的工作。（沈玫姿，1980.11）

　　海山唱片在1965年便已經積極地開拓海外市場，根據《出版年鑑》資
料顯示，台灣國語歌曲唱片的出口，從1966年至1971年出現高峰，其中連
續三年出口年度總數達四十萬張以上，其中90％出口到香港、東南亞與南
洋華僑居住地區或國家（中國出版公司，1976：40）。這也正好印證文前
提到在1969年〈今天不回家〉這樣的歌曲，在亞洲華人地區流行的盛況。
此後，進入了1970年代，台灣所攝製的愛情文藝影片，在亞洲華人地區深
受歡迎，其中尤以瓊瑤電影爲代表，在這類的影片中往往夾帶著具有時代
曲風的國語流行歌曲，這些歌曲隨著電影跨界的輸出，進而帶動了台灣唱
片業開拓這些海外市場，奠定了台灣國語歌曲在東南亞地區的閱聽與消費
慣性。

　　1990年代，隨著跨國唱片集團如潮水般地湧入台灣，在這些以全球化
爲策略的跨國唱片公司帶領下，引進更爲精緻的國際化操作策略、經營管
理模式、產銷制度（葉淑明，1998：104-105），將台灣唱片公司在經營管
理上的視野與營運模式，推向國際性與全球性的唱片產業加以進行操作，
進而提升了台灣唱片界在經營管理的知識與技能。因此，台灣唱片產業歷
經多年國際化衝擊之後，整個產業從製作到發行體系，已不再是以本地市
場爲經營範疇的產業。台灣唱片界可以將華語地區，甚至是亞太地區，視
爲曲目與藝人等創意內容的來源，同時亦是這些音樂內容相關商品的潛在
市場。

至於，1990年代前後，跨國唱片公司大舉進入台灣唱片產業界，相繼併購了多家本地的唱片公司，這對唱片產業的生產條件所帶來的衝擊，特別是凸顯在資本方面，跨國公司挾其龐大的資金為後盾，以華語流行音樂市場為腹地，激化原本就高度競爭的華語流行音樂市場，亦改變台灣原有唱片市場的運作模式。在1990年代之前，出版一張唱片的製作費用僅為百萬元之譜，1990年代之後製作與企宣已達千萬，千禧年之後，由跨國唱片集團所運作的跨區域藝人，如孫燕姿等，新專輯的行銷費用更超過了三千萬元以上，這樣的製作與宣傳費用規模，其實已經超越了美國影片在台灣的發行與宣傳規模。[2]由於跨國唱片集團的介入，加劇了本地唱片市場的競爭，同時也促使了唱片產業對於產業國際化與國際行銷專業知識的極度需求，此際跨國公司適時進駐台灣，既輸入又彌補了台灣這類專業知識的不足，進而也促使台灣本土唱片公司，重新找尋生存之道，思索如何在華語地區如此激烈的競爭局勢中突圍而出，於是唱片公司走出了台灣，一起競逐華語流行音樂的市場。

　　跨國唱片公司不僅引入了產業國際化與國際行銷的專業知識，更迫使本地唱片業者必須面對來自國際或全球市場的競爭，在併購、跨國合作與拓展國際市場的夾縫中突圍而出，藉以尋找企業生存的活路。其中，像台灣本地的滾石唱片公司，從1992年開始便在新加坡、香港、馬來西亞、韓國、日本與中國大陸等地，相繼設立九個海外分公司或辦事處。其中在馬來西亞便設有四家公司，包括滾石（馬）有限公司、滾石版權（馬）有限公司、全球音樂有限公司及滾石娛樂（馬）有限公司，分別處理滾石唱片在大馬地區，有關曲目藝人的開發、版權的代理、演唱會的舉辦與製作等業務。滾石唱片積極投入國際唱片市場的開拓，海外市場的營收比例逐年提高百分之四十左右，而且儘管近年來唱片業不景氣，海外的營收正好彌補了本地市場的萎縮，大大降低了企業營運的風險（滾石單挑國際巨無霸，1996.07）。因此，跨國公司進入台灣，除了激化本地市場的競爭之外，同時也迫使本地唱片企業必須自強不息，以應付高度的產業競爭，更

重要的是將唱片市場的觸角延伸到本地之外的國際市場。

台灣唱片產業特徵：市場開放競爭與產業支援效果

　　相較於其他的創意媒體來說，流行音樂作為一種媒體創意產業，自有其產業的獨特性。首先，就唱片作為一項創意媒體的特質來說，誠如傳播學者麥魁爾（Denis McQuail）的研究指出，相較於其他傳播媒體，唱片業是屬於政府低度介入的媒體，從政府管理角度來看，音樂的內容實在很難進一步加以管理規範（2000: 27）。流行音樂學者亦強調，相對於像電視此類的媒體，音樂科技與歌曲之所以可以流通於世界各地，在於音樂具有較少的科技與官僚（bureaucratic）的障礙。特別是當電子音訊問世之後，讓聲音的紀錄與大量的複製傳散變成可能，如此更利於音樂的內容進行跨區域的流通（Lull, 1992: 14）。

　　台灣的唱片事業起於1910年代的日治時期，由於殖民政府對於這項媒體並未給予特別的關注，當時台灣總督府所推出的相關媒體規管措施，與唱片產業有關者不多，加上開始由日本人經營這項產業，以至於讓唱片業有極大的發展空間。台灣光復之後，國民政府雖然對於大眾媒體採取嚴厲的規管措施，除了對於歌曲的歌詞內容特別嚴厲之外，其實對於唱片業相關的規管成效有限，這可以從日本歌曲在台灣的流傳，即可證明。1945年之後，國民政府為了割斷日本文化對於台灣的影響，從中央到地方，運用各種國家機制，禁唱日本歌曲，但是日本歌曲深受台灣民眾歡迎，愈禁愈盛，於是日本盜版唱片氾濫，而根據日本歌重新填上中文歌詞加以翻唱的風氣，更大興其道。直到1980年代，這樣現象仍未曾稍減（中國出版公司，1982：917），因此，從台灣政府管制日本歌曲的歷史，顯示出政府干預唱片產業發展的程度有限，加上唱片產業的規管制度在台灣媒體法制框架中是屬於有聲出版部分。因此，在1990年代之後，隨著出版業的逐步解禁，產業獲得了空前的自由，更為台灣唱片事業的發展，提供了相當自主

的發展環境。

　　唱片或流行音樂作為一項聽覺創意媒體，具有無孔不入的特性，政府也許可以透過相關的法令與制度，來禁絕一張唱片的出版與發行，可以運用各種舉措禁止在任何的媒體播放，但是卻無法杜絕人們運用口耳相傳這種最為原始方式傳唱著。況且，當下在網際網路、手機等新的傳遞與接收音樂的管道出現，政府在唱片的規範上更加顯得鞭長莫及。流行音樂相較於其他創媒產業來說，市場進出的法制障礙與門檻較低，使得音樂的流傳更容易穿透疆界，進出某些地區或國家的自由度與彈性更大，超越了政治的藩籬與媒體的限制，不僅強化了相似的文化區域或相近的地理區域之間流行音樂的互動與流通，更加促成了區域性流行音樂市場的形成。以鄧麗君在中國大陸所受到的歡迎為例，鄧麗君本人從未涉足中國大陸，也未曾在中國大陸發行過相關音樂製品，而且政府曾運用種種措施限制大眾接觸其歌曲，但是她的歌聲依然可以在中國各處流傳；而在2002年電視劇《流星花園》遭中國大陸官方禁止在電視台上播映，但是四個主要男演員（F4）卻可以運用演唱會的形式，分別在上海、南京、寧波、成都與廣州等地進行巡迴演唱。因此，唱片產業可以轉化成各種音樂形式，擺脫各種政治的障礙與限制，滲入並穿透政治藩籬與地理疆域的界線，達成開拓區域性與全球市場的使命。

　　從國家產業競爭優勢的相關概念來看，誠如麥克‧波特（Michael E. Porter）在其研究中所言的，一個國家其產業的競爭力，除了來自本身的努力與產業競爭之外，其實還需要仰賴相關產業的支援，由於這些相關產業價值相近，可以共享彼此的資訊與效益，如此便創造了相關產業群聚的效應（1990: 100）。台灣流行音樂在華人地區發展的優勢，除了來自於創作空間的自由度較高之外，從產業發展的意義來說，若僅有唱片業是無法創造產業的發展優勢，特別是像流行音樂這樣的創意媒體內容，更需要產業上下游之間具有完整的產業鏈，以及相關媒體產業之間的相互支援與

整合，不僅可以擴大產業的範疇經濟（economies of scope）效益，更創造了以唱片業爲核心的流行音樂產業聚落的出現（參見附圖）。

附圖：台灣唱片業之媒體產業相互支援圖例

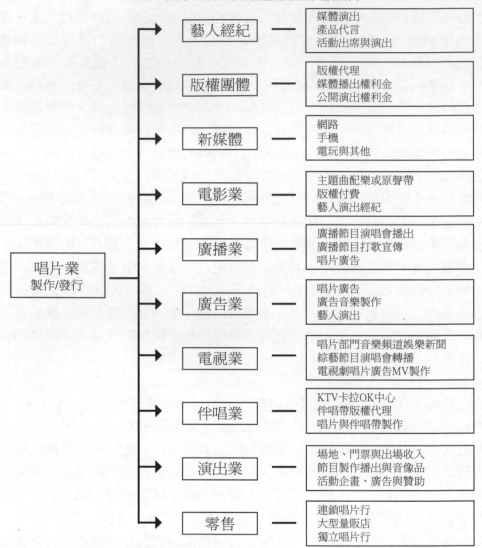

藝人經紀	—	媒體演出 產品代言 活動出席與演出
版權團體	—	版權代理 媒體播出權利金 公開演出權利金
新媒體	—	網路 手機 電玩與其他
電影業	—	主題曲配樂或原聲帶 版權付費 藝人演出經紀
廣播業	—	廣播節目演唱會播出 廣播節目打歌宣傳 唱片廣告
廣告業	—	唱片廣告 廣告音樂製作 藝人演出
電視業	—	唱片部門音樂頻道娛樂新聞 綜藝節目演唱會轉播 電視劇唱片廣告MV製作
伴唱業	—	KTV卡拉OK中心 伴唱帶版權代理 唱片與伴唱帶製作
演出業	—	場地、門票與出場收入 節目製作播出與音像品 活動企畫、廣告與贊助
零售	—	連鎖唱片行 大型量販店 獨立唱片行

唱片業
製作/發行

資料來源：劉現成，《跨越疆界：華語媒體的區域競爭》（台北：亞太圖書公司，2004），頁82。

這個流行音樂產業聚落以唱片業為龍頭，除了產業本身從上、中、下游之製作、發行和銷售體系完整，並衍生出版權團體、歌唱伴唱業、演出與藝人經紀等相關行業。復又以唱片產業是一個以音樂內容和偶像藝人為核心的創意產業，因此需要負載在各種不同的平台上，才能進一步讓閱聽大眾有接近使用與消費音樂相關產品的機會。這些呈現藝人演出與負載音樂內容的相關平台，可以分為二大類，一是傳播媒體，如電視、電影、廣播、廣告以及新興媒體；另一個即是演出平台，以演唱會、秀場演出或活動演出方式來傳佈音樂內容。因此，台灣的唱片業便是經由整合各式各樣不同通路與平台的形態，澤披惠及相關的媒體產業，並由此建構出深具競爭優勢，以唱片產業為核心的媒體產業聚落。

在下游的零售市場方面，在過去，是唱片公司最直接、也最大宗的營業收入來源，這個通路包括連鎖唱片行、大型量販店以及獨立的唱片行等（Albarran, 1996: 139）。這些是唱片業傳統的零售渠道，至於進入網路商務時代之際，網路通路對於零售市場的重要性也將逐漸升高。台灣的唱片零售市場具有一定的經濟規模，景氣好的時候年度銷售額可以達百億以上，年產值甚至超越電影戲院的票房，由於本地市場深具經濟規模，這成為台灣唱片業進軍華語市場的後盾。千禧年之後，由於數位傳輸形式的音樂迅速崛起，使得唱片業總體的產值逐年下降，零售體系直接面對衝擊。在市場急遽萎縮的情況下，演唱會的收益成為唱片業最為重要的經濟來源。演唱會的收入項目繁多，其中包括票價、出場費、節目製作播出與音像製品發行，以及演唱活動的廣告與公關贊助。演唱會主要的市場不只在台灣本地的市場，挾著台灣流行音樂過去在華人地區曾經受到歡迎的餘威，海外華人社會充斥著台灣歌手的演唱會活動，延續著台灣唱片業跨界的影響力。

台灣唱片業的活力延伸出視聽伴唱事業，包括伴唱帶業與視聽歌唱業（俗稱KTV業）。原本盛行於日本的卡拉OK與伴唱事業，由於台灣對日本

文化的偏好與依戀、以及旅台日本商人的休閒活動與日本伴唱相關軟硬設備的進口，台灣伴唱事業早在1970年代中期即已興起，1980年代發展出MTV中心，1990年代更出現了KTV（Otake & Hosokawa, 1998: 178-179）。根據台灣行政院公平委員會在2002年進行調查的資料顯示，台灣伴唱業年度營業額為179.44億元，產值已超過當年度唱片零售體系銷售總額的三倍以上（經濟日報，2003.07.04）。唱片公司與伴唱業者之間有伴唱版權代理商，版權代理商從唱片公司取得營業用伴唱產品專屬授權之後，再銷售至下游的KTV業者（梁秀雯、林富美，2004：244）。主要的伴唱版權代理商，包括揚聲多媒體公司、弘音公司、美華與啓航等四家，分食一年超過十億元以上伴唱版權市場。在台灣伴唱市場上，存在著兩大主要經營者：好樂迪KTV與錢櫃KTV。好樂迪在台灣不只經營KTV市場，其經營觸角更延伸到唱片業的製作，鼎盛時期旗下擁有阿爾發唱片、動能音樂、摩迪、有魚等四家唱片公司。近年來，受到網路、通訊科技與其他消費空間（如餐廳）紛紛推出伴唱的相關服務，視聽伴唱業的發展遭遇到嚴重的衝擊。

唱片產業是透過音樂創作而衍生出知識產權的產業，因此智慧財產權的維繫便成為產業經濟發展的命脈。為了以產業整體的力量來維護自身的權益，而組成各種不同的版權團體，其中在台灣較具影響力的，包括國際唱片業交流基金會（International Federation of the Phonographic Industry，簡稱IFPI）、錄音著作權人協會（The Association of Recording Copyright Owners，簡稱ARCO）、中華音樂著作權仲介協會（MUST）以及台北市音樂著作權代理人協會等等。這些版權團體在規範與處理音樂著作相關權利的使用與收費事宜，對唱片產業總體的發展影響甚大。

台灣唱片界所擁有的產業活力，不單只是唱片業自身的經營與激烈競爭的結果，更與相關的媒體產業高度的發展有著極為密切的關係。文前曾提及，自1980年代以降，台灣媒體事業蓬勃發展，導致對於音樂內容的龐大需求，使得傳播媒體與唱片業之間呈現高度的依存關係，於是形成了產

業間相互拉抬與支援的效應，其中扮演著關鍵性角色的媒體即是電視產業。

電視是當下台灣最重要的媒體產業，然而，電視產業發展卻與唱片產業的榮枯有著休戚與共的依存關係。台灣的唱片業能為電視提供眾多的資源，其中包括所能提供電視相關的音樂內容，包括音樂頻道、演唱會轉播、娛樂新聞、電視節目的歌手演出或提供歌曲音樂，以及唱片廣告與音樂錄影帶（MV）的製作。電視媒體既然現在作為流通最為廣泛的傳播形式，即成為唱片業進行新專輯的宣傳與推廣工作的首選媒體平台。台灣電視產業頻道眾多，在市道景氣時，一張新專輯的宣傳費用平均約千萬台幣之間（民生報，2003.02.13）。當新專輯在發行宣傳之際，有音樂錄影內容可以填充節目、有藝人可以接受專訪，而專輯的廣告更是相關媒體與電視業者重要的經濟來源。以無線衛星電視台（TVBS）為例，台灣是該公司在海外最重要的市場，在2001年曾遭逢虧損，原因除了包括台灣總體經濟情況欠佳與廣告市場疲弱之外，其實最重要的因素是台灣唱片業者發動三〇八條款（唱片公司要求在有線電視節目中播出MTV需付費），以唱片的電視廣告為籌碼，進一步跟電視業界交涉周旋以取得自身合法的權益，使得電視台遭受到巨大的損失（電視廣播公司，2001：5）。

唱片公司在宣傳與發行上最重要的手段是電視廣告，除此之外，電視劇的主題曲與片尾曲，成為唱片宣傳的兵家必爭之地。在1980年代後期，無線三台黃金時段連續劇主題曲即已成為唱片公司亟欲爭取曝光的平台，其中台視與華視交由製作人自行處理，中視則是電視台內部統一管理。1990年代唱片公司更將主題曲的競爭延伸至片尾曲與插曲，一般情形來說，片頭要價高達百萬元，片尾則為60萬元，插曲亦不少於20萬元。當時台視楊佩佩製作的《末代兒女情》片頭曲更高達120萬元。2000年之後台灣多頻道電視產業雛形初具，電視劇主題曲已包裹在電視台總體廣告行銷方案中，衍生出不同的配套費用，以搭戲而言，有線電視台戲劇片頭片尾曲

的一集至少起跳價是五萬元，無線電視台為八萬元左右。有些電視劇的製作人與唱片公司建立長期合作關係，如1990年代瓊瑤連續劇，由於收視率居高不下，片頭曲一檔戲曾有高達七百萬元的行情，後來則長期與上華唱片公司合作（劉現成，2004：86-87）。隨著瓊瑤電視劇在華語地區的流傳，後來再推出相關的電視連續劇之際，更在其製作公司旗下設立唱片部門，專門負責處理相關唱片事業。這些電視劇，不管是台灣本土劇、大陸劇、韓劇或是日劇，片頭片尾都可以植入歌曲，定期定時地播出，使得這些歌曲的生命週期比一般的唱片還要長，加上劇情與故事的催化，這些歌曲更可以深植人心。而且，台灣部分的電視劇可輸出到海外市場，讓這些歌曲的流傳逐步擴散到華人地區。

不管是在默片時代，還是有聲電影的來臨，音樂在電影中的扮演著重要的角色。電影與流行音樂的關係密切，大致可以分成四種形態：包括古典歌舞片、搖滾音樂片、音樂紀錄片以及電影原聲帶等（Roy, 1990: 124-133）。台灣電影業與唱片業之間的互動關係，可以追溯到日治時代。1914年台灣唱片事業興起，1932年台灣電影片商進口了上海聯華影業所出品的默片《桃花泣血記》，片商為了宣傳這部影片，創作出〈桃花泣血記〉這首歌，此舉不僅讓上映的影片賣座，也讓這首歌流傳於台灣市井之間，後來片商相繼循此模式來促銷影片，而當時古倫美亞唱片公司，鑑於這首歌在當時社會中廣為流傳，於是錄製了〈桃花泣血記〉這張唱片，在市場上受到相當大歡迎，掀起了台灣在日治時期唱片業的高潮。

台灣光復之後，1949年台灣第一部國語影片《阿里山風雲》上映，片中的主題曲〈高山青〉後來成為台灣的音樂圖騰。1955年之後台語片時代的來臨，對於音樂或歌曲需求殷切，電影界與唱片公司合作大量翻唱來自日本、美國、甚至是國台語老歌的歌曲。而文前特別提到電影《今天不回家》的主題歌曲在香港造成熱潮。1970年代台灣愛情文藝影片的熱潮，電影界喜與唱片公司合作，將歌曲安排於影片中，蔚為風潮。這股由電影觸

發的流行歌曲熱潮，更隨著影片外銷至東南亞地區，使得新加坡、馬來西亞一帶，早已熟悉台灣流行歌曲的品味。1983年電影《搭錯車》的音樂與歌曲，不僅催生了飛碟唱片，這些歌曲更傳到華人地區，特別是中國大陸，演唱歌手蘇芮的走紅，同時也終結了鄧麗君的時代。因此，儘管到了二十一世紀，台灣電影產業式微，但是過去電影業對於唱片界所提供的支援與影響，都將成為1980、90年代之後台灣唱片產業跨國輸出的發展基礎。

從過去到現在，廣播業依舊是唱片業最重要的宣傳管道，台灣從全區域到地方的電台，超過六十餘家的電台，對於音樂內容的需求甚深，新舊的唱片曲目或者演唱會內容、或歌手新專輯的通告，皆成為時下電台重要的節目內容，而唱片廣告更是電台的經濟命脈。至於廣告產業方面，唱片廣告已嘉惠眾多的媒體產業，由於相關的廣告內容都對音樂有迫切的需求，且數量龐大，媒體廣告便成為這些音樂創作者的操練與實踐的園地。而歌手在廣告內容中演出或代言特定產品，不只可以賺取其中高額的代言費用，同時唱片公司可以藉著廣告播出而取得大量的曝光機會，為歌手進行宣傳。[3]

在數位科技與盜版的衝擊之下，唱片業雖已歷經了十年的營收下滑狀態。但是，數位化與網路等新形態的音樂流通平台，重要性已逐年升高。在2006年，全球數位音樂市場的實際規模達20億美元，這個數額是前一年的兩倍，數位音樂的穩定成長，已取得音樂市場十分之一的份額。在數位音樂所提供服務中，行動通訊的音樂鈴聲與歌曲下載服務，由於是和電訊業者服務，所以獲利最為穩定，成為數位音樂最重要的市場。以日本為例在2006年，來自行動電訊收入在數位音樂市場的90%左右（IFPI, 2006: 4-6）。在中國大陸，來自行動電訊所提供的來電答鈴服務，佔2007年唱片市場總收入的62%（IFPI, 2008: 5）。

在台灣，由電信平台所提供的加值服務當中，手機鈴聲與來電答鈴是主要服務項目，而其中最重要的聲音內容則是國語流行歌曲。這些國語歌曲，循著過去曾在華人地區流行，也跨入了區域性行動通訊的市場。以台灣過去曾在華人社會擁有許多暢銷歌曲的滾石集團，在2002年8月成立了滾石移動公司，成為台灣首家全頻道手機娛樂服務商。滾石集團運用現有音樂內容資料庫的資源，以及在華語地區長期的經營與知名度，積極佈局大中華地區的行動娛樂服務市場，分別與中國大陸的中國移動、網通、中國電信以及香港的香港和記、盈科電訊、數碼通等電訊業者合作，開拓華語地區行動通訊內容下載市場。

近年來電玩市場興起，帶動了電玩製作的風潮，同時也吸引唱片產業的加入。剛開始找尋知名的歌手為遊戲廣告代言或演唱主題曲，如周杰倫、伍佰、孫燕姿、張惠妹等藝人。後來一些音樂創作者加入了配樂的工作，如李泰祥為角色扮演遊戲《雍正傳奇》擔任配樂的工作；電影配樂家史擷詠擔任線上遊戲《天下無雙》的音樂總監，延請上海交響樂團以電影配樂的規模來配製遊戲的音樂；施文彬為線上遊戲《萬王之王 II》配樂，並在遊戲之後同步推出遊戲原聲帶。雖然，現階段由電子遊戲所衍生出來的音樂相關產品，其實仍處於相當初始的階段，未來與電玩相關的音樂內容將會有更大的發展空間，而且這些遊戲都具有開發跨區域的市場的潛力，這是唱片產業可以繼續拓展的新事業網絡。

台灣：華人文化薈萃於斯

在華語地區當中，何以台灣唱片業能在區域市場上攻城掠地呢？台灣又是如何成為發展華語流行音樂的溫床與沃土？當然，這與台灣本身媒體發展條件以及在文化創製上所擁有的資源，具有相當密切的關係。首先，從台灣的發展歷史來看，自原住民的世居於此，到漢人的移民墾拓，荷蘭人的早期佔領，乃至在日本的殖民統治下長達五十年之久，二次戰後又與

美國有著深厚的依存關係，所以台灣長期以來接收眾多的外來文化，從文化發展的角度來看，台灣的社會與文化結構豐富多元，易於接收外來文化，這成為台灣在發展媒體文化上極具特色的關鍵所在。

　　台灣是中國大陸之外最大的華人聚集地區。儘管，在台灣的華人與其他聚居在海外華人的地區一樣，大多是來自中國大陸，但是，在歷史發展與人口結構上，卻有著相當程度的差異。從人口結構來看，以閩客為首的本省籍人口比例約為84％，而所謂「外省籍」佔有14％，餘下則為原住民（*AsiaCom*, 2002.05.28）。原住民佔總人口的比例雖然不高，但是他們的音樂文化，自有其豐富性與獨特性，甚至出現在奧運會上，成為全球聆聽的樂曲。長期以來，在人口組成上，一直以華人的閩系與客家人為主。1945年之後，掀起了新一波人口移入的熱潮，這波熱潮匯聚了來自中國大陸各個地域與省分的移民，因此相對於其他華語地區，台灣更像是人口比例與文化品味濃縮版的「中國」，使台灣在文化消費與媒體使用上，不僅層次豐富多元，並且更扮演著折衷與調和的特色，這成為台灣在發展華語流行音樂上相當重要的文化資源。

　　從人口結構組成的優勢，更延伸語言上的優勢。台灣便在這樣的歷史境遇下，逐漸建構出以華語為核心的台灣媒體文化發展趨向。首先是，這個華語的媒體文化以國語（北京話或普通話）為主流，這個主流特別可以迎合全球華人社群的媒體文化品味；其次，則是以閩客等其他華人語系的文化為支流，這個支流則可以投合部分海外華人社會的文化需求，特別是東南亞一帶，如此即建構出臺灣當前在全球華語社會中獨特的文化優勢。

　　台灣這種具有折衷華人文化品味的特質與能力，除了展現在人口結構和語言文化上之外，也充分地體現在唱片產業的發展上。回溯台灣唱片產業的歷史過程，從日治時代乃至今日，台灣唱片產業至少出現過兩次以上的「回歸中華曲風」浪潮。一是出現在日治時期唱片產業濫觴的時代；一

是1970年代中期之後興起的民歌運動。

目前台灣最早灌製唱片的紀錄是在1914年，日本人岡本堅太郎帶了15位台灣的樂師與歌手到日本東京，錄製了21面的唱片原盤，這些唱片的內容大多是客人調、山歌與鬧廳用的華人客家音樂（呂訴上，1954.01.20）。1920年代末期，「古倫美亞」唱片公司為了更貼近台灣當地的市場，負責人柏野正次郎相當認真地研究台灣本地的戲曲音樂之後，製作了西皮、福佬、山歌、採茶歌、歌仔戲等唱片（陳君玉，1995.05.05）。後來更大膽啟用了像陳君玉、李臨秋、廖漢臣、周添旺等漢學基礎深厚的作詞者，而這家唱片公司最重要的作曲家－鄧雨賢，雖然曾在日本修習音樂，雖然是一位客籍人士，但是其曲風卻帶有極為濃厚的中原福佬系歌謠的底蘊。因此，如果把古倫美亞唱片的崛起，當作是台灣流行音樂史上第一波的創作風潮，那麼這一波風潮是在日本殖民統治之下，回歸漢族福佬系五聲音階與華文詞意的歌謠創作運動。

1975年6月6日台北市中山堂舉行「現代民謠創作演唱會」，會中發表演唱了由余光中作詞，楊弦譜曲的八首歌謠，自此掀起了1970年代中期之後的現代民歌風潮。這股「唱自己的歌」的潮流深含著文化尋根的意味，期望經由這種現代民謠的創作運動，可以找尋到華人所特有的歌謠風格，特別是自此之後，更標舉著所謂的「中國現代民歌」的旗幟，[4]不僅為歌謠的創作回歸到一個以台灣為藍本所濃縮成的「中國」民謠曲風，更將這些「中國民歌」加以現代化。而這股回歸中華曲風的浪潮，更在1980年代之後，成為台灣流行音樂產業蓬勃發展的起點。因此，這兩次「回歸中華曲風」的浪潮，分別為台灣唱片產業奠定了在「台語歌」（閩南語）和「國語歌」（北京話）二大華人流行歌曲語系的發展實力。

此外，再從中國上海流行歌曲的傳統來看，中共政權確立前後，有部分的上海唱片界遷移至香港，為香港開啟了國語唱片的傳統，1950年代，

乃至1960年代，香港的國語歌曲經由電影與唱片的形式進入台灣與其他華人地區，但是香港國語唱片市場規模不大，雖然在海外的市場獲得相當的迴響，但是創作者難以為繼，在人才上便出現了斷層的現象，儘管從華人地區遍尋創作者，如來自台灣的周藍萍加入邵氏電影公司與百代唱片，使得上海流行歌曲的傳統逐漸在香港式微，最後卻由台灣承繼了上海流行歌曲的遺風，特別是從1960年代初期，以台視《群星會》節目為基地所逐漸興起的海派國語歌曲傳統。

從過去到現在，台灣的流行音樂深具「中華曲風」，並承繼上海國語歌曲的傳統，這樣的音樂對於跨區域的聽眾具有何種意義呢？任何音樂的創造與其呈現，和社會發展與人文環境有著密切的關係，當音樂這樣的文本在特定的語境中被大眾加以聆聽與消費之際，這個活動並非僅是單純的意義解碼的再生產過程，而是消費、創造想像、情感、社會關係與意義的高度生產的形式。所以，歌曲的演出與聆聽的語境決定了其所提供並可共享的符碼意義所在（Fornas, 2003:40）。至於，台灣流行音樂在華人區域中的流傳，這些聽眾到底共享著何種符碼意義？誠如班迺迪克·安得森（Benedict Anderson）在其《想像的共同體》（*Imagined Communities*）一書中，指出像印刷或報業這類運用大量生產手段所製造的商品，使用者透過日復一日的集體閱讀與媒體消費，其實就是藉著這種「大眾儀式」（mass ceremony）方式，重新建構了現代社會中集體的族群認同（1991: 34-36），因此，當台灣的流行音樂運用各種大眾傳播的形式在區域間獲得了廣大的迴響時，這些海內外的華人即是以聆聽或消費等大眾儀式的行為，共同參與並重新建構了當下全球華人集體的族群想像。半世紀以來，台灣的流行歌曲即成為華人在詞意曲調與聽覺想像的原鄉。

結語：繁華依舊在？

　　台灣唱片業是影音媒體全球化浪潮下的一環，這樣宿命其實在唱片這項科技傳入台灣之際已然形成。從日治時代以降，台灣唱片產業深受跨國公司的衝擊，這些跨國公司為了尋求獲利，吸引最大消費人口，而致力於引入具有本地傳統色彩的音樂內容，將唱片中的內容加以華語化。日治時代的華語化是涵蓋了福佬語或客語化，所以早在這個時代，由日本人所經營的跨國唱片公司，其實早已運用本地化的策略進行唱片的創製，後來再透過這樣本地內容逐漸擴展至文化接近的海外華人社會中。再從歷史的發展過程來看，台灣文化的生成與發展具有匯納各式各樣外來文化品味的性格，所以對於外來或嶄新的文化內容深具再詮釋與轉譯的能力；此外，在人口結構與文化品味上，台灣更像是折衷整合過的華人社會，這種折衷華人文化的性格，特別凸顯出台灣在語言的優勢上，在這樣的優勢之下，建構出以華語（包括北京話、閩南語等）為主體的流行歌曲走向，加上台灣唱片產業沿襲了中國遺風，又有本地深具特色的原住民音樂，兼容並蓄眾多外來的音樂形式，如此創造了過去台灣的唱片業在華語地區居於領導的地位。

　　台灣的社會開放多元，這不僅是以音樂創作為核心的唱片產業，提供了自主的創作空間與社會環境，更孕育出豐富多元的媒體生態環境。使得唱片業與媒體業之間得以相互支援，相得益彰，創造了台灣唱片業跨區域發展的競爭優勢，並建構出以唱片業為發展重心的媒體產業聚落。這個產業聚落以唱片業為龍頭，除了擁有本身完整的產業體系之外，更令版權團體、歌唱伴唱業、演出與藝人經紀等相關行業深具發展潛力。至於豐富多樣、具有經濟效益的音樂內容，不僅填補了相關媒體平台，包括電視、電影、廣播、廣告以及新興媒體，對於音樂內容的需求，同時，也為這些媒體平台帶來廣大群眾的矚目以及豐厚的經濟收益，讓台灣進一步成為華人流行音樂的集散中心。

最後，流行音樂從國語到華語市場的更替，雖然都是以北京話爲主的歌曲製作形態，但是就產業發展與市場本質來看的話，其實已產生了重大的變化。這樣的變化大致可以分成二個面向。首先是，這意味著市場質量的轉變，特別是中國大陸市場的崛起，從原來以台灣東南亞爲市場訴求的國語唱片市場，轉移到具有更大市場潛力與能量的中國大陸普通話唱片市場，不管是跨國性或區域性唱片經營者，已然無法再用過去台灣慣用的「國語唱片」的概念進入中國大陸市場，華語唱片成爲經營跨界唱片市場的中性稱呼；其次是，華語唱片概念的崛起，國語唱片聲音的隱沒，這也意味著華語音樂市場能量與競爭勢力的消長。面對嶄新華語音樂市場的競爭，如何善用台灣過去唱片產業的國際化性格、市場的開放競爭與政治的低度介入、多元折衷的文化特質，將是未來唱片產業發展的優勢所在。

1. 相關資料轉引自紀錄片《跳舞時代》，台灣公共電視，2003，古倫美亞唱片的歌星愛愛所接受的專訪。

2. 1990年代之前，一張新專輯製作費用約為100至200萬元，宣傳費約為300到400萬元。1990年代之後，製作費升高到800萬元左右，宣傳費更高達800到1000萬元。進入2000年之後，在台灣一般新專輯的宣傳費用平均大約在1000萬至2000萬台幣之間，而以華語地區為市場訴求的藝人，新專輯的企宣費用更高達3000萬元左右，這樣的發行費用其實已超越了美國電影在台灣上映的規模了。就以2004年暑假檔為例，《特洛伊：木馬屠城》的廣告預算為2000萬元；《亞瑟王》約為2000萬元；《明天過後》則是2200萬元；《哈利波特：阿茲卡班的逃犯》提高到2300萬元；《史瑞克2》的廣告預算接近2300萬元；至於《蜘蛛人Ⅱ》其廣告預算更高達2500萬元。資料見，《聯合報》，2004年6月9日。

3. 唱片業者為了彌補唱片盜版的損失，積極簽訂歌手的「全經紀約」，唱片公司規劃藝人的廣告代言、偶像劇演出與演唱會，以及相關的海外市場。以新力集團簽下王力宏的全經紀約為例，運用新力集團總體力量，全力打造王力宏為亞洲巨星，發行中英文唱片，爭取到麥當勞的廣告代言。單以廣告代言，便為新力音樂賺進極為豐厚的收入，而王力宏新推出的專輯在亞洲銷售成績不惡。資料見江逸之，2004.08。

4. 「現代民謠創作演唱會」之後，在1975年9月30日，台灣大學代聯會在學校體育館舉行「中國民歌之夜」，演出者包括楊弦、章紀龍、林文隆、胡德夫、楊光榮及民風合唱團等；同年10月，以「中國現代民歌」為名，經洪建全教育文化基金會協助灌製，由余光中作詞、楊弦譜曲，包含〈鄉愁四韻〉、〈江湖上〉、〈迴旋曲〉等九首的專集唱片出版；同年10月16日楊弦更以演唱「中國現代民歌」名義，在華視《文化橋》節目中彈唱〈鄉愁〉等相關作品。

參考書目

〈滾石單挑國際巨無霸〉（1996.07）。《天下雜誌》，96-102。

中國出版公司（1976）。《中華民國出版年鑑（1976）》，台北：作者。

中國出版公司（1982）。《中華民國出版年鑑（1982）》，台北：作者。

台灣公共電視（2003）。《跳舞時代》。

江逸之（2004.08）。〈唱片，變臉求生〉，《遠見雜誌》，218。

呂訴上（1954.01.20）。〈台灣流行歌的發祥地〉，《台北文物》，2（4）：93-94。

沈玫姿（1980.11）。<輕歌妙樂滿寶島——看中華民國三十年來唱片事業的發展>，《光華雜誌》。

宋偉航譯（2004）。《留聲中國：摩登音樂文化的形成》。台北：台灣商務印書館。（原書Jones, A. F. [2001]. Yellow music: Media culture and colonial modernity in the Chinese jazz age. London: Duke University Press.）

周志龍（2006）。《都市創造力與產業調節——台灣、香港、新加坡與大陸流行音樂產業比較研究》。（國科會專題研究計畫成果報告）。

梁秀雯、林富美（2004）。〈數位時代伴唱產業之經營模式與管理變革〉，「2004年數位廣電時代學術論文研討會論文集」。台灣：台北。

張夢瑞（1999.01）。<盈淚歌后——姚蘇蓉>，《光華雜誌》。

陳君玉（1995.05.05）。〈日據時期台語流行歌概略〉，《台北文物》，4（1）：30。

電視廣播公司（2001）。《電視廣播公司2001年中期業績》，香港：作者。

葉淑明（1998）。《全球與本土：台灣流行音樂工業的演變》。輔仁大學大眾傳播研究所碩士論文。

劉現成（2004）。《跨越疆界：華語媒體的區域競爭》。台北：亞太圖書公司，2004。

劉滿貴等譯（2006）。《軟實力：美國電影、流行音樂、電視和快餐的全球統治》。北京：新華出版社。

蘇宇玲譯（2000）。〈全球、區域與國家在世界電視生態的結構層次〉，李
　　天鐸（編），《重繪媒介地平線》，頁44-45。台北：亞太出版社。

Albarran, A. B., & Chan-Olmsted, S. M. (1998). *Global media economics:
　　Commercialization, concentration, and integration of world media markets.*
　　Ames: Iowa State University Press.

Albarran, A. B. (1996). *Media economics: Understanding markets, industries and
　　concepts.* Iowa: Iowa State University Press.

Anderson, B. (1991). *Imagined communities: Reflection on the origin and spread of
　　nationalism.* London: Verso.

Appadurai, A. (1990). Disjuncture and difference in the global cultural economy. In
　　Modernity at large (pp. 27-47). Minneapolis & London: University of
　　Minnesota Press.

Baskerville, D. (Ed.). (2001). *Music business handbook and career guide.* Thousand
　　Oaks, Calif.: Sage.

Burnett, R. (1996). *The global jukebox: The international music industry*. London:
　　Routledge.

Fornas, J. (2003). The words of music. *Popular Music and Society*, 26(1)。

Gronow, P. (2004). The record industry: The grow of a mass medium. In S. Frith
　　(Ed.), *Popular music: Critical concepts in media and cultural studies* (pp.110-
　　119). New York: Routledge.

IFPI. (2007). *IFPI: 07' digital music report.* London: IFPI.

IFPI. (2008). *IFPI 2008 – Chinese recording industry in numbers.* London: IFPI.

McQuail, D. (2000). *McQuail's mass communication theory.* London: Sage.

Morley, D., & Robins, K. (1989). Spaces of identity: Communications, technologies
　　and the reconfiguration of Europe. *Screen*, 30(4), 10-34.

Lull, J. (1992). Popular music and communication: An introduction. In J. Lull (Ed.),
　　Popular music and communication. Newbury Park: Sage.

Otake, A., & Hosokawa, S. (1998). Karaoke in East Asia: Modernization, Japanization, or Asianization. In T. Mitsui & S. Hosokawa (Eds.), *Karaoke around the world: Global technology, local singing.* London: Routledge.

Perrone, C. A., & Dunn, C. (2002). *Brazilian popular music and globalization.* New York: Routledge.

Porter, M. (1990). *The competitive advantage of nations.* New York: The Free Press.

Roy, S. (1990). *Key concepts in popular music.* London: Routledge.

Straubhaar, J. D., & Robert, L. (2002). *Media now: Communications Media in the information age.* CA : Wadsworth/Thomson Learning.

Thomas, A. O. (2000). Transborder television for Greater China. In D. French & M. Richards (Eds.), *Television in contemporary Asia.* New Delhi: Sage.

文化超級市場中的自我[*]
關於文化認同的現象學理論　／ Gordon Mathews ／著　邱誌勇／譯

　　就像文化傳統上的概念看似已經無法適切地解釋今日各民族自我的文化表現一樣，在人類學的領域中，文化認同已經成爲一個重要的爭論焦點。在本文中，我試圖結合傳統人類學將文化視爲「一民族生活的方式」，和當代人類學將文化視爲「在文化超級市場中所供給的認同」的概念：即今日全球文化形式的整編，乃是經由大眾媒介世界抽譯各民族容貌而成的。[1]我企圖經由一個以現象學理論爲基礎的文化認同觀點，來整合這些文化的概念。在一個「理所當然」（taken-for-granted）的基礎之上，文化的自我型塑，就像一個社會場域中持續不斷的壓力一樣，乃是藉由文化超級市場中的自我來型塑他們自己。在這一文脈中，我檢視了國家政體和市場機制在模塑文化認同上的相互競爭情形，並討論了文化超級市場所提供經由品牌消費文化來表現社會世界的虛幻自由。之後，我採用這些理論來仔細端詳並比較三位在不同社會情境中，探求自我意識的人，他們分別是：一個思索自我創作中「日本性」的日本畫家；一個在自我信仰與外在現實社會中掙扎的美國基督教徒；以及一個在1997大限陰影下感到文化失根的香港大學教授。

文化的疑義

　　如雷蒙‧威廉斯（Raymond Williams, 1976）所指出，文化這一名詞是異常複雜而難懂的，這種情形在近幾年來日益明顯。在當代學術領域的多元學科漩渦中，很明顯的，文化在不同的學科中，標示著不同的意義。因此，撰寫一本有關文化理論的書籍，由社會學立場出發，與由人類學立場、或文化研究立場出發來撰寫，僅會有極少的部分是相同的。這種概念上的差異是因爲文化作爲美國人類學的基礎術語，近來已經喪失其概念上

的維繫力量（Abu-Lughod, 1991；Brightman, 1995: 509-549），而文化此一概念正逐漸崩裂。

　　人類學家在學科的歷史上，經常為文化概念的精確定義而爭論不休，但卻仍有一個基本的定義一直被這些爭論所維繫著。這個基本的定義即為：「一民族生活的方式」（Herskovits, 1948: 29）。1960年代，大衛‧施奈德（David Schneider）和察菲‧吉爾茲（Clifford Geertz）所指出，「文化是由一個有界線的單位所組成的」，為所有差異提供一個公式化的共同假設，並促使施奈德撰寫有關美國親族的研究（1968），以及吉爾茲所撰述比較爪蛙人、巴里島人和摩洛哥人之自我概念的著作（1974），就如同班乃迪克（Benedict）早在四十年前便清楚地描繪Zuni、Dobu和Kwakintl的文化價值一般。這些研究對文化的共同假設是，視文化為各團體內部成員共同分享，且有別於其他團體成員的認知、價值意識和行為的抽象模式。

　　這個文化的概念雖仍然被一些人類學者持續地採用，但卻為更多的學者所遺棄。在當代人類學家的撰述中，正如羅伯‧布萊德曼（Robert Brightman）提及的：「當『文化的』這一形容詞持續地作為一個可接受的述詞時，如同『文化』、『Kwakiutl文化』或『Nuer的文化』等措詞則正逐漸的減少……當『文化』這個字出現時，則經常承受著特殊引號的烙印……標示著書寫者情感與思想上的好惡、自我意識或苛刻的評論。」（Brightman, 1995: 510）在這些理論的相互結合中，文化的概念之所以如此的不確定，最重要的因素也許是在於今日世界中族群、資本以及意識價值正大規模的全球流通（Appadurai, 1989），文化再也不能被視為是地球上某一特定區域中，某一民族所特有而用以區別其他地區其他民族的概念。在漢那斯（Hanneez）在論著中提及，「如今已較過往更困難去理解這個世界……，就如同一個支離破碎而難以清楚定義邊界的文化馬賽克（cultural mosaic），文化的相互連結在世界各地延伸著，甚至世界已是一個地球村（Hannerz, 1992: 218）。」

人類學家在學科的歷史上，經常為文化概念的精確定義而爭論不休，但卻仍有一個基本的定義一直被這些爭論所維繫著。這個基本的定義即為：「一民族生活的方式」（Herskovits, 1948: 29）。1960年代，大衛‧施奈德（David Schneider）和察菲‧吉爾茲（Clifford Geertz）所指出，「文化是由一個有界線的單位所組成的」，為所有差異提供一個公式化的共同假設，並促使施奈德撰寫有關美國親族的研究（1968），以及吉爾茲所撰述比較爪蛙人、巴里島人和摩洛哥人之自我概念的著作（1974），就如同班乃迪克（Benedict）早在四十年前便清楚地描繪Zuni、Dobu和Kwakintl的文化價值一般。這些研究對文化的共同假設是，視文化為各團體內部成員共同分享，且有別於其他團體成員的認知、價值意識和行為的抽象模式。

這個文化的概念雖仍然被一些人類學者持續地採用，但卻為更多的學者所遺棄。在當代人類學家的撰述中，正如羅伯‧布萊德曼（Robert Brightman）提及的：「當『文化的』這一形容詞持續地作為一個可接受的述詞時，如同『文化』、『Kwakiutl文化』或『Nuer的文化』等措詞則正逐漸的減少……當『文化』這個字出現時，則經常承受著特殊引號的烙印……標示著書寫者情感與思想上的好惡、自我意識或苛刻的評論。」（Brightman, 1995: 510）在這些理論的相互結合中，文化的概念之所以如此的不確定，最重要的因素也許是在於今日世界中族群、資本以及意識價值正大規模的全球流通（Appadurai, 1989），文化再也不能被視為是地球上某一特定區域中，某一民族所特有而用以區別其他地區其他民族的概念。在漢那斯（Hanneez）在論著中提及，「如今已較過往更困難去理解這個世界……，就如同一個支離破碎而難以清楚定義邊界的文化馬賽克（cultural mosaic），文化的相互連結在世界各地延伸著，甚至世界已是一個地球村（Hannerz, 1992: 218）。」

雖然如此，文化在世界上不同社會中仍明顯地保留著「生活的共享方式」的元素，語言以不同方式建構著社會成員的思想；不同撫育的模式有

著不同型塑思想意識的方式；國家政體透過公民教育影響其公民的意識；大眾媒介在不同社會中則被用以塑造自己與其他社會相抗衡的「想像社群」（Anderson, 1991）。不容置疑的，如同日本、中國和美國社會中的國族型塑文化（nationally-shaped cultures）的確存在。而在此同時，不同社會中所存在的差異與相互連結，讓我們不能輕易地將「日本文化」、「美國文化」或「中國文化」視為是和其他文化相互對立的單一特殊體。什麼樣的價值是日本大學教授、勞工階級、家庭主婦、女性主義者及龐克搖滾樂者共享，而又異於美國社會中的相同族群？什麼樣的價值是美國基督教基本教義派、蕾絲邊同志獨立派、城市毒品販子、雅痞股票經紀人、越南移民和猶太人所共享而又異於日本或中國社會中相同族群？這樣的問題可能難以有明確的解答。是否上海的搖滾音樂者和西雅圖的搖滾音樂者在文化上的共同相似處，會大於他們自己與祖父母之間的相似性？是否兩個來自紐約與北京的政府官員所具備的共同性，會比他們與各自居住的大廈管理員的共同性還要多？當然不是。但是這些問題卻披露了「文化作為一特定地區、特定族群用以區別與其他地區、其他民族的生活方式」此一概念本身的逐漸式微。很明顯地，這一文化標準仍然存在，但取決於年齡、階級、財富水準和許多其他社會因素的個人品味內涵，也已成為文化的標準，如：搖滾樂迷、電腦狂、推理小說迷、科學主義者等世界性文化。這些因個人興趣嗜好而形成的世界性文化在某種程度上橫切並超越了文化這一名詞的傳統意義。

依照一些當代詮釋者（通常是來自文化研究而非人類學領域）的觀點，我們已生活在一個文化等同於流行時尚的世界中。在這個文化世界裡，我們選取文化認同的元素，就像在挑選一套搭配的衣服一樣。如同後現代主義哲學家李歐塔（Jean-Francois Lyotard）曾經論及：「折衷主義（Eclecticism）是當代普及文化歸零的現象：一個人可能聽著雷鬼（reggae）音樂，看著西部片，中午吃麥當勞速食，晚餐吃本土家鄉菜；在東京擦著巴黎製造的香水，在香港穿著「retro」的衣服；知識即等同於電視遊戲。

一篇香港報紙上的報導描述著沉迷於哈雷機車和自由美國夢的中國摩托車俱樂部成員，便將這些看法具體化了。當記者問及為何加入哈雷族時，他告訴記者說：「文化……就像在桌上的碟子一樣，你只要撿起你要的就好了」（Forrester, 1994）。霍爾（Stuart Hall）從一些些微不同的角度來描寫今日世界，他認為，認同已經變成一種「可移動的宴會」（moveable feast），在一個環繞於我們身邊的文化體系裡，被持續地建構與轉換，並與再現和滿足自我有關（Hall, 1992: 277）。

在上一段李歐塔的敘述中，意味著個人的選擇；而霍爾的描述則缺乏了這種選擇性，或許會因為其論點缺乏對不斷變遷的社會文化有所著墨而遭受批判。儘管如此，兩個論點卻又同時強調變遷中的文化認同。漢那斯便尖銳的指出：「當文化已經變得一無是處，而且只是片段媒介影像訊息的集合體時，我想知道，什麼樣的民族可以被後現代主義的詮釋者所了解；而我自己也很難知道在這個世界上什麼人看起來是真的」（ibid.: 35）。然而，儘管有這些爭議，文化這個概念，某種程度上仍擁有正當性，即：生活在世界上百分之十到十五富裕人口中的我們，的確是在一個「文化超級市場」中穿梭徘徊，雖然處於在高度文化和社會制約之下，認同的抉擇仍在我們社會世界中上演。

這兩個文化的概念——文化作為「一民族生活的共享方式」，和文化作為「經由全球文化超級市場供給的訊息和認同」，皆適切地描述今日世界的某些層面，但並不夠充分。我試圖透過自我檢視來構連這些概念：在給予和選擇時，自我如何理解他們的世界？我們在什麼意識之上來理解自我是自由的或受壓抑的？是被文化型塑，或是型塑文化？這個強制和選擇結構與代理機制的議題，是當代社會學理論的主要焦點（Bourdieu, 1977；Giddens, 1979；Ortner, 1984: 126-166）。然而，不同於這些思想家，我是以人類學的研究取徑來處理個體對自我和世界的意識[2]，我所關切的焦點是在壓迫和選擇的自我感知，而較少觸及在壓迫和選擇中的實際情況上[3]。在這研究中

，我試圖去了解自我對其本身的理解，並從他們的談話中推論、並建立一個能分析他們生活（或至少是經驗）的理論架構。[4]在這個想法之下，現在讓我轉向對自我文化型塑理論的探討。

自我的文化型塑

如同今日文化是一個有疑義的概念，自我這一名詞的定義也一樣不明確。吉爾茲在一著名的人類學聲明中主張，西方將個人視爲是獨立的、有形體的且獨一無二存在的概念，是「在世界文化脈絡中一個相當奇怪的概念」（Geertz, 1983: 59）。康度（Dorinne Kondo）寫到：「關於個人認同的界線和固定性，表面看似根深柢固的西方假設……包括我自己在內的當代人類學者，都在捕捉自我文化特殊性的論證過程中陷入困境和矛盾」（Kondo, 1990: 26-37）。因此，必須有一個去本質化的範疇。她認爲，西方人類學者到目前爲止仍無法了解不同的文化有不同的自我本質，而陷入自我種族中心的假設中。

然而，最近另一些學者已開始將焦點集中於一個未被特定文化建制框限的「後現代」自我。里佛敦（Robert Jay Lifton）曾寫到「千變萬化的自我」（the protean self），爲什麼我們要無止盡地改變、編織、再創造（recreate）我們自己。透過大眾的力量可以型塑我們自己，於是我們變得流動而多面向，在沒有徹底了解的情況下，我們已發展出符合我們時代永無終止且流動的自我意識……我們任何一個人能夠在任何時間裡，接近在當代世界中的任何地方、任何影像，或來自全人類過往的文化經驗（Lifton, 1993: 1, 16-17）。莎波（Madan Sarup）寫道，在今日後現代世界中，「透過市場，一個人能以DIY（do-it-yourself）的方式將元素任意擺置、組裝在一起而成認同」（Sarup, 1996: 125）。

這兩個說法反映了我們對文化的概念，即：對一些人而言，自我和文化被看做是歸屬於某特定地區，並在其中型塑；而其他人則認為文化是完全開放不受約束的。這樣的矛盾能夠藉著將自我和文化放在同一個框架中思考，而得到最有效的解決，意即：思考自我的文化型塑。現在讓我粗略的提出一個自我文化型塑的理論，讓我們能夠連結這兩個文化的概念，和兩個自我的概念。

我將自我定義在「意識的軌跡」（locus of consciousness）這個概念之上——我主張不同社會的自我，在某種程度上可比做是，透過生理上的分離意識（physiological separate consciousness）來經驗世界；而這個自我是源於人類基本生理上的疏離及社會性的連結。毫無疑問的，自我是受主要文化型塑的：不同文化背景中的自我的確有著明顯經驗世界的不同方式。而今日世界中，許多分析家所討論斷裂的後現代自我，在某種依經驗論斷的程度上看來似乎是真的。此外，在權力場域中個體的位置，對自我的經驗是有極深的影響（Grossberg, 1996: 99）。然而，我主張在這些對「自我」的陳述之下，尚有一個的普遍基礎，那便是，自我是相互依存卻又獨立、是和其他自我相濡卻又分離的。

自我的文化型塑發生在三個分立的意識層次之上。首先，最深層的被稱之為文化型塑的「理所當然層次」：我們被一套限制我們如何去理解自我和周圍世界的特定語言和社會實踐所型塑。它是整個意識層次裡最主要的部分：因為我們用語言思考，所以我們無法輕易地理解語言是如何型塑我們的思想；因為我們透過理所當然的社會實踐在生活，而將其視之為自然的。因為透過習癖（habitus）的作用（Bourdieu, 1977），自我和世界是互相型塑／被型塑的，所以我們無法從容地理解它們是如何型塑我們。

然而，在這個理所當然的層次一切都被挑明之時，這個層次就變得清晰可見。在我於日本所進行「探討自我認為何者是生命最值得的東西」的

研究訪談中（Mathews, 1996a; 1996c），偶而有人會說：「我們在雙親年邁時照顧他們、爲公司努力工作、緬懷祖先，只是出於本然。」斷言這種「本然性」（naturalness）的一個原因是，我以外國人的身分存在，使他們想起自身的「本然性」並非自然的，而是文化的。至少間接地，我的出現可能引導他們的理所當然層次進入防禦狀態的意識裡。一個人類學有關文化傳統陳述的主要基礎在於，人類學家必須在他所處的社會之外做田野調查，這樣他才能理解到這個社會中土生土長的人們所無法理解，而卻是理所當然的意識事物，致使能夠不經意地迫近這個社會中「理所當然」的領域，進而挑戰從未被質疑的假設，也因此，在某種程度上，他能夠探求文化的遺留物。從馬克思（Karl Heinrich Marx）和佛洛伊德（Sigmund Freud），到布迪厄（Pierre Bourdieu）及貝克（Ernest Becker）的社會科學歷史中，都曾經點滴地揭露當代社會中的理所當然意識，而到現在仍遺留下一些無法避免的盲點。[5]

　　　　第二個是文化型塑的中間層次，我將其稱之爲「無可奈何」（Shikata ga nai）的層次。這個層次是日本用語，意即「很無奈」、「沒辦法」，其意涵爲：不論我們喜不喜歡，身爲社會中的一份子，我們必須去做的事——工作、納稅、像個「男人」或「女人」的行爲舉止、在適當的年紀時退休，或在亮紅燈時煞車。這個文化型塑的層次是由自我來經驗，並在意識之內被感知，而非經由個人的潛在意識來經驗，也不是藉由非本質的自我來感知，意即：自我能在社會和制度的壓力之下清楚的感知，卻無法完全抵抗。理所當然的層次只能當它在不完全理所當然之上被碰觸時才讓現象學間接地接近；而無可奈何的層次卻遍存於我所訪問的三個社會中的自我之中，「Shikata ga nai」（日本語）、「mouh baahnfaat la」（廣東話）意指「沒辦法」、「很無奈」的詞彙，指涉著這個層次是輕易被認知的：「我不喜歡逼迫我的小孩將所有的時間花在課業、逢迎諂媚老闆，或溫馴地聽著我父親抱怨我的生活方式上，⋯⋯但是沒辦法（Shikata ga nai/mouh baahnfaat la）這就是人生。」這個文化型塑的層次比傳統文化分析者所

認知的更為重要。舉個簡單的例子來說，在日本公司工作的職員，為了他的公司每天工作到深夜，這並不是因為他對那份工作的熱中，而是，如果他比其他同事早離開公司，將會對他的人際關係有不良的影響，所以「無可奈何」地他必須逗留在公司。大部分的人類行為並不是基於我們所秉持的潛在價值，而是立基在我們屈從於社會與制度壓力下的結果，而這種情況只可能被更高的價值出現時所抗拒。[6]

自我文化型塑的第三個層次，是最淺顯，也是最具全然意識的層次，這便是我在霍爾（Hall, 1992: 303）觀點之後所提出的「文化超級市場」（cultural supermarket）。這個層次存在於個人自由地選取他們想要的生活元素之上，在一個富裕的社會裡，一個人可能醉心於西方古典音樂，其他人可能愛好印度傳統拉加樂曲（Indian ragas）、重金屬搖滾樂（Heavy metal music），或雷鬼；一個人在政治上可能是保守主義者，其他人可能是自由主義者、法西斯主義者，或是無政府主義者；一個人有可能成為基督徒，其他人則有可能成為佛教徒、無神論者，甚至是一個幽浮狂熱者。[7] 當然，如同之後我將會討論到的，這些興趣、價值和認同的選擇並非完全自由的，人們依據自己的階級、性別和其他社會因素，從積極宣傳某些選擇，並刻意壓抑其他選擇的文化超級市場中選取他們自己，他們並與他人協商，及為他人表現的過程中選取他們自己。選擇並非自由，看來卻似自由，這樣好像是從大量陳列的文化中，挑選何者可能是適合我們信仰的、生活的，並在所見的情形中做出抉擇。而其中大部分的情形是，我們以貼近家庭（home）以及和我們社會成員相一致的方式來型塑自己。此外，在某種程度上，我們也可能從文化超級市場，以及它所提供的全球性認同來型塑我們自己。

這三個自我文化型塑的層次可以概括地分成：（1）超越自我控制和所有，除了直接理解之外的深層型塑；（2）超越自我控制，但能透過理解來經驗的中層型塑；（3）在個人能完全控制並理解的經驗範圍內的淺層型塑

。這些層次因過分單純，以至於人們時常無法十分清楚地釐清它們之間的差異，直到這些功能的差異被明顯的指出：三者的差異就在於，什麼是你不加思索地行動、什麼樣的行動是因為你必須這麼做、以及什麼行動是因為你選擇這麼做之間。每一個層次分別型塑在其之上的那一個層次，在文化型塑的最深層基礎上，自我或多或少會受到第二個層次的壓迫；在歷經較深兩個層次的型塑之後，在最淺層的層次上，自我某種程度上型塑著他們自己。

依據我們對文化和自我的兩個概念，即使不是典型的，至少它可以在自我文化型塑的兩個較深層次中，發現傳統將文化視為「一民族生活的方式」的刻板印象；以及在最淺的層次上發現將文化視為「全球文化超市」的概念。在傳統社會中長大而後浸淫於文化超市中的人們，如：獲得電子收音機和品嚐可口可樂的傳統民族成員或農夫，更可作為此模式的例證。然而，對今天許多生活在富裕世界中的人們而言，文化超級市場的領域可能是理所當然的層次（從文化認同自由選擇的假設觀點之下，而非在或多或少全然意識的層式中自我實際選擇的觀點之下）。對這些人而言，「一民族生活的方式」可能被放置在最淺顯的而非最深的自我文化型塑層次中。「根」的尋求可能意味著是從文化超級市場的物質素材中建構，而不是在一個理所當然的認同中發現，然後這一認同被標示為是最原始的。為了更深入去探討這個問題的複雜性，讓我們轉向探討文化認同這個議題。

文化認同

字典上關於認同的定義是「成為特定人或物的條件」，相較於此，後現代情境則以極曖昧不明的方式來定義認同的概念：「認同是⋯⋯短暫依附在附屬的地位之上，散漫無章法地為我們建構著」（Hall, 1996: 6）──固定的認同並不存在。我明確地以為，認同是介於這兩個極端之間，認同既不是如同字典中一般陳述的扼要（一個特定的人，包含在外在裝飾而相對

於大眾之下的名字），也不是如後現代學者聲稱那般的脆弱淺薄（我們每一個人的存在，不僅只是散漫無章法地被附屬地位建構的當地居民，更是我們自己記憶和希望之特別部分的寶庫，在此，我們可能曾經在心智不斷轉換和編織的情境下重新建構，但是仍可在區別和自我意識存在之間，主觀的定義我們之間的每一個人）。在紀登斯的觀點之後，我定義認同的意義為：個體持續進行關於自己是誰的感知過程，透過個體持續進行與他者互動中被制約。依照我們上面的分析，在文化上，我們可將文化認同當作是人們如何透過根植於文化型塑兩個深層的文化超級市場層次之上的選擇來想像他們。

文化認同的必要因素之一是國族認同（national identity），在今日世界中，幾乎所有的人都被社會化，並經過宣傳教化來維繫國族文化認同。蓋納（Ernest Gellner）即認為：「國族的觀念若不存在一個人的思想之中，就像是加在現代想像之上的壓力。一個人必須具備國籍（nationality），就像他必須有一個鼻子、兩個耳朵一樣⋯⋯擁有一個國族，並非是人以生俱來的屬性，但至今卻以如此般的特質出現（Gellner, 1983: 6）。」[8]的確，遍及近來歷史的國家機制（states），皆是透過文化型塑的方式，讓他們的公民相信國家和人民是一體的，並且公民應該心甘情願地為國家犧牲他／她的生命。在這個世紀中，已有超越一億的人民為了他們國家戰死，此一現象正象徵著這種文化模塑的力量。

但是，國家機制在模塑符合其意旨的文化認同上已經不再是強而有力的。今日，跨越全球——從愛努族（Aiun）到祖魯族（Zulu），從巫毒族（Hutu）到魁北克人——我們看到種族認同在國家機制之外，再度浮現。「長期以來，各族群緩慢地被他們生活中的國族所吸納，他們被視為是另一個年代的存留者，並且當他們逐漸地現代化之後，被認為會自然地放棄他們的族群認同，並轉向支持同一國族⋯⋯，然而，在現在世界中，種族認同卻日益茁壯（Weathrford, 1994: 236）。」這個現象就像人們激烈地宣稱

種族認同是存在於國家認同之外。但是在我們的世界中，真正腐蝕國族認同的並不是種族認同，而是力量強大的市場機制。在當代社會中，文化認同的問題仍因資本主義市場永無休止地企圖連結大眾媒介的力量，將富裕社會的影像帶到現實社會的所有人面前；但卻極少將現實世界社會的影像帶進富裕社會的客廳裡。於是，文化認同已經變成一個開放多樣而複雜難懂的議題。

　　什麼樣的市場機制對國族文化認同的傷害是隨處可見、隨處可聽的：美國流行音樂透過廣播橫跨全世界，厄瓜爾多和巴基斯坦的人民透過他們的電視螢幕觀看《朝代》（Dynasty）和《海灘遊俠》（Baywatch），日本漫畫席捲東亞，隨身聽、可口可樂和麥當勞成為全球性圖騰。但這些市場機制和媒介產品並無法清楚的與消費者的自我意識相連結。讓我們以食物來思考，舉例來說：在美國大多數常吃壽司的人，和在日本、香港或中國常吃麥當勞的人，可能很少在他們的消費中做出任何有關文化認同的聲明。然而，至少在這消費者中有一些人會非常明確地做出這類聲明。曾經，我在美國的日式餐廳裡，一位年輕的女性向我訴說著她對東方（the Orient）的熱愛，她覺得她被生在一個錯誤的社會、錯誤的種族裡，作為一個金髮女子，她自我滿足於研究日本陶器，以及每星期吃一次的日本壽司。而在中國偏遠城市中的麥當勞裡，我嘗試著閱讀一本書，但卻被使勁咀嚼著漢堡的高中女生和麥當勞職員干擾，他們告訴我，他們渴望經由香港到美國，尋找他們認為遠比中國更多的「自由」認同。

　　大多數品嚐外國食物的人，對於他們味覺上的愉悅不會有太強烈的感受；大部分人們對伴隨其消費沙拉三明治、玉米薯餅或義大利千層餃所帶來的國外地區沒有特殊的夢想。但是，消費外來食物的事實是——當有人躲避它們時，一些人試圖找出外來的風味——作為全球文化超市的一員，至少相對於單一文化和菜餚，它是一個關切文化認同的盲目陳述，這種情形更可能發生在外來大眾媒介的消費者身上。的確，美國爵士樂的日本迷

，或日本漫畫的美國迷不可能分別的主張他們不是日本人或不是美國人。但一個清楚的事實是，他們選擇跟隨這些消費形態，並非是跟隨他們原有社會所暗示他們作為全球文化超市中的複雜消費者之地位，因此，這意味著國族認同做為掌握霸權的文化認同形態者之角色已經式微。[9]

依據我們所提出的文化型塑三層次來看，國族試圖在理所當然的層次上教化國族認同，他們或多或少會成功，但在某種程度上而言，他們卻是失敗的，因為國族認同已經是一個關於「無可奈何」層次上的問題。一種給予這個世界的認同，在某些點上你無從選擇，但又必須去證實。這些點也許是護照管制、兵役徵召令、愛國言論集會，而是出於「本然」的認同。種族認同通常被認為是較國族認同更為自然的：「政府和學校告訴我們，我們是西班牙人（Spanish）／奈及利亞人（Nigeria）／日本人（Japanese），但實際上，我們是巴斯克人（Basque）／伊波人（Ibo）／愛努族人（Aiun）。」然而，在一些案例中，種族認同並不是自顯的，而是被當作是後來的想像。舉例來說：在日本主張維護愛努族（Aiun）認同的人，是在極式微的意識下被教育成為一個愛努族人，他們擁有模糊的愛努族世系，並只會說少許的愛努族語；他們想做為愛努族人的聲明，只是過去幾年風靡日本種族宣言潮（ethnic boom）的一部分：這只是一個經由文化超級市場所選取的認同。

如同早先討論過的，文化型塑的文化超級市場層次可能依次準備在理所當然的層次上侵蝕，並取代國族和種族認同。這可能意味著理所當然的領域在某種程度上正在萎縮，而消費者選擇的本然性設想和文化超級市場的領域正在擴張，如同文化認同「自然地」成為一個漸增的意識，即：不再自然。相同地，一個能從文化超級市場中建構和消費的文化認同變得更寬廣，且更容易傳散。但這並不意味著在文化超級市場中的個人選擇是自由的，相對的，如同我將在後面馬上討論到的，這個選擇是勉強而被迫的。

文化超級市場

　　文化超級市場提供了一些和其隱喻性的根由——「物質超級市場（material supermarket）」相類似的概念。就像近年來，物質超級市場已經轉變成為貨物的集散地一樣。哈維（David Harvey, 1989: 299-300）曾提到：「食品市場⋯⋯看似與二十年前有相當大的差異，肯亞扁豆、加州芹菜和酪梨、北非馬鈴薯、加拿大蘋果和智利葡萄都被並列在英國（或美國、或日本、或其他富裕國家）的超級市場中。」所以，在文化超級市場中也是一樣，而這要感謝電視、電腦及其他媒體。並且，如同在物質超級市場中一樣，有著陳列空間不平等分配的情形。就像可口可樂般的產品被擺放在顯而易見的陳列架上，其他沒有被廣告強大宣傳的產品，則被放置在超過消費者頭部以上的高度，而較不顯著的地方。在文化超級市場中也是如此。那些物質貨品在充裕取得的社會，同樣在世界上亦擁有較大的文化影響力，波寇克（Robert Bocock, 1993: 10）寫到：「美國⋯⋯已經成為現代（全世界）消費者夢想園地的縮影。」的確，全球文化超級市場在美國電影、音樂和運動（如：籃球）文化下的影響，比它對美國的貢獻，可謂是有過之而無不及，美國的名人文化在全球擴散蔓延著。

　　然而，文化超級市場的結構比這個隱喻象徵更為複雜，在其廣布而不可觸及的特質中，文化超級市場像是一個巨大的圖書館而非雜貨店；像是世界各國的網際網路而非地圖。一個物質超級市場與文化超級市場的差異在於：以前在物質超級市場中，金錢是流通貨物所必備的條件；而在文化超級市場中，金錢雖然在個人獲取文化產物時也是相當重要的，但嚴格來說，卻不是消費所必須的。文化超級市場中的貨品可能是被買賣的商品，但卻不是絕對如此：一個人無論他有無金錢，在某種程度上，他仍可能被一本書或一個電視節目深深影響。傳布並銷售於世界各地的流行文化，的確大多不均衡地來自美國，儘管如此，我們還是可以在富裕社會中大型唱片行裡鮮少被人注目的陳列架上，找到玻利維亞的panpipes和蘇菲教派（sufi）

的讚美詩；至少我們可以在大型書店裡發現來自世界各地，已被翻譯過的書籍。是的，文化超級市場裡的陳列架是依據金錢來安排設置的，但資訊的多樣性和潛在性認同卻可以在那裡被尋獲。每一本在圖書裡被灰塵掩蓋的書、每個短波無線電廣播、網際網路上的首頁，以及每一件T恤上的標語，皆是文化超級市場潛在的素材，所有的一切都能提供個人文化認同建構的基礎。

在文化超級市場中的資訊可能被它的使用者以不同的方式分類，但其中兩個最常見的方式可能是：（1）依起源的地區分；（2）依使用的領域分。對大部分文化超級市場中的資訊而言，我們或多或少會知道它的出處。這種情形便傾向了與文化做為和國族文化合為一體的「民族生活的方式」概念相符：我們談到印度音樂、巴西森巴舞、法國菜等等，都是一種為了指涉這些實體的方式。這些在文化超級市場中為了使消費者方便選取，而將貨品標記成大量的描繪性符號的方式，通常是相當便利但卻存在著適當性的問題。在依使用領域分類上，我們從文化超級市場的某些方面來型塑我們自己，在它們之間，我們選擇家裡的裝飾；選擇食物和衣著；在音樂、藝術與大眾文化中選擇什麼是我們要讀、要看和要聽的；選擇我們的宗教信仰，並在其中選擇自我的種族與國族認同：或許是在美國去界定一個人是亞裔美人，或美國人；或許是在香港做一個中國人或香港人。這些不同的型塑在不同的程度上提供個人的重要性，舉例來說：一個人選擇家中的裝飾，可能極少是因為自己文化認同的意識。一個人選擇居家的裝飾可能比他在宗教或種族上的選擇更少去注意到自己文化認同上的重要性，因為宗教或種族上的認同選擇是被擺置在個人意識自己是誰的核心之中。一個在客廳裡擺設佛教曼陀羅的人，我相信當然不會是因為信仰，而只是覺得它看起來是個合適的裝飾罷了。

然而，前面的敘述不應就被認為我們在文化超級市場中的選擇是自由的，它仍被一些不同的感官能力所限制。首先，這些不同便表現於文化超

級市場接收管道的差異上。一個受良好教育且富裕的人可能擁有最理想的接收管道，即：有能力透過圖書館、網際網路及大眾媒體去接近並獲得人類思想的寶庫——世界上各式各樣的報紙、雜誌和光碟能有效地透過主要銷路行銷全世界。一個擁有如此優勢的人，可能在文化超級市場中取捨自如，但全世界大部分的人都無法如願，他們接近文化超級市場的能力是備受侷限的。或許更多富裕社會中的人們比貧窮社會中的人們擁有更理想的接收管道；或許每個社會中上流的、富裕的、受高等教育的人們，遠比下層、貧困、未開化的人們擁有更理想的接收管道。雖然他們確實反對這種情形，但你仍可能是擁有較差的接收管道，且在依照可口可樂、萬寶路、藍波、小叮噹（多啦A夢）的標準路徑下被操控。仍如人類學家提及〔例子見華特森（Watson）1997年編輯關於麥當勞在東亞世界的論文集〕不同社會中的消費者，實際上如何詮釋這些不同的產品，可能在本質上與生產者的行銷企劃有所不同。

除此之外，我們每一個人的文化認同選擇並非是為了自己，而是為了與他人協商。一個人不聽嘻哈音樂、不追隨巴黎流行時尚，這絕非是憑空的抉擇。相反地，這抉擇必然與週遭同儕的目光與評斷，或是為了給予旁人某種印象等考量有關。一個人的文化認同是在以自身的知識條件與行為姿態，來說服他人認定的過程中展現。這種展現可以在許多不同的社會情境中看到：一個年輕的紐約學生在幽會中不斷的搬弄他半知不解的前衛藝術學識；或是一個熱愛搖滾音樂的日本薪水族，每天戴著一幅中規中矩的短髮上班，為的是可以證明給他的同好看，他的搖滾樂迷的身分是如假包換的；又或是一個中國女子全身上下穿戴著昂貴的名牌服飾，並不是因為她對流行風潮有著特別的鍾愛，而是要遮掩香港人對她大陸身分的鄙視。在這個世界中，有著各式各樣的文化認同在產生挪移性（appropriation）的發酵。但是這個世界在文化上也許是開放的，而在社會上卻不是如此——個人的文化選擇必須符合現實社會的規範。在一個典型的中產階級白人的美國社區中，我可能會成為一個不驚擾鄰居的佛教徒，但我不會成為伊斯

蘭教的信徒；我可能會在一個人類學的主題上研究Mbuti侏儒，但如果我向同事表示我對Mbuti的信仰，我將會被他們認為是一個異常的怪人。這便是個人世界——在個人心智之外，卻又像是居住在個人心中——這種行為如同在個人社會世界中看似真實且可接受的文化意識的可能範圍內，選取適當的檢查員和守門人。

在某種程度上，這種情況看似合理而可接受，並符合布迪厄的用詞——「文化資本」（cultural capital）：在個人社會世界中展示其成就的知識。至少在美國的社會中，個人對印度傳統拉加樂曲的興趣是相對於對熱門排行榜的興趣；對西藏密宗著作的興趣，亦相對於對基督教福音書籍的興趣。這是宣揚個人領悟世界的方式：我廣泛的品味可能讓我身邊的人服膺於我的本土策略，並留下深刻印象。

但這一切並非就意味著文化超級市場中沒有個人選擇的空間，很明顯的，為什麼一個中產階級的美國人變成一個西藏佛教徒；而另一個背景相似的人卻成為一神論者、或不可知論者（agnostic）？為什麼當一個日本年輕人練習著爵士鋼琴時，另一個人卻獻身於日本竹笛（shakuhachi）？為什麼當一個香港知識份子致力於研究孔子時，另一個人卻在研究海德格（Heidegger）？我們受到社會束縛，但卻不盡然為社會所模塑；我們不是社會的奴隸，而是在某種程度上保持著我們文化、選擇決定我們是誰的自由。這個自由有著高度限制的，但卻無法全盤去否定它。

文化超級市場中的自我

日本畫家清水三雄（Shimizu Mitsuo）[10]是一個以從事廣告設計兼差工作來養家的三十多歲男性。清水三雄在他的公寓牆上，貼滿了他那技巧純熟的油畫，但如今他已經放棄這個職業，而轉向以日本水墨（sumi）來描繪前衛派舞蹈的姿態。重新回到水墨畫的領域，並不代表回歸到「日本性」

（Japaneseness），他說：「我在西洋藝術中成長，那是我的傳統，我並不喜歡日本藝術。」——為了這個技術性的理由，他說：「我想逼真地描繪自然隨性的舞蹈——在我的工作中，日本水墨畫實現了這個可能性，因為我可以儘可能快速地用它來描繪眼前所見，這是我採用它的唯一因素。」

　　的確，「日本文化」在清水先生的談話中，至少在某一層面上已經死亡：「日本人談論文化，但對文化沒有感受，日本文化被保存下來，僅是單純地為了向觀光客和外國人展示。」他認為：「這就是日本文化——傳統的責任——從了解他的創作去引導日本人。許多日本人欣賞我的水墨畫，並試圖從中尋求傳統的影像：山和水。但他們在作品中看到山和水時，認為非常奇怪。然而外國人則不會有這般先入為主的偏見，也許他們比日本人更能了解我的作品，因為他們可以用一個新鮮的眼光來欣賞。」清水先生竭盡心力地在有著些微認同的社會中展示並銷售他的作品，但連他家人都不了解他的創作：「我十歲的兒子告訴我：『爸！雖然你知道如何做出一幅好的畫，但為什麼你總畫得那麼糟？』」

　　儘管他感受到來自日本文化與當代日本的疏離，他仍強調自己根本潛在的日本性：「有時當我做畫時，不自覺的，會畫到佛陀肖像，而祂就這樣浮現出來。不可避免的，我的日本性在我的創作中自然地展現……即使日本人並沒有意識到建構在二千年歷史之上的日本認同，但這種認同仍存留在他們體內。」這是一種比日本傳統藝術更深厚的文化認同，一種隱藏在內心深處關乎自身是誰的認同。「當日本喪失了其本然的特徵而變得，除骨架外，皆空無一物時，日本人將和其他國家的人民一樣相像的人……也許經由像我一般的日本人所創作的藝術作品，和世界其他任何地方所創作出的藝術之間已沒有差異。」

　　清水先生在西洋藝術中成長，所以他的理所當然領域是藝術的，而非日本的。對他而言，日本顯然是在無可奈何的層次，他所處的社會缺乏對

他的藝術認同。他選擇以水墨做為創作工具的原因，並不是因為水墨畫是日本傳統的遺產，但這樣選擇的結果，卻使他開始感受到他自己的日本性，比在某層次上較文化超級市場（即他所謂的西化）的侵入更為深厚。如同相對於當代自文化超級市場中所做的認同選擇，仍是一個開放的難題。難道在這種日本性之下，認同就是關乎本質而非關於文化超級市場的嗎？無論如何，這是他試圖去相信的，即使不確定，一個潛在的日本性仍然存在。

美國宗教探尋者——菲爾‧奧康納（Phil O'Connor）是一個三十多歲已婚的電腦銷售員，也是一個極為虔誠的基督教徒；但如今他所擁護的基督教精神和他年輕時所堅信的基督教精神已有所不同。「我在『美國是一個在上帝旨意之下的國家』的信念下成長，並且相信若不信奉上帝，就會下地獄。」但他在與同事和朋友相處的成長經驗中明白，這些他所認為是好人的朋友或同事，卻信仰著和他不同的宗教。這樣的經驗緩和了他的觀念：「我無法對與我有不同信仰的人做任何的評斷，這個評斷應歸於上帝。」目前，至少在一些自我解釋的觀點上，他無法確定自我追尋的路徑是唯一真實的道路：「湯瑪斯‧莫頓（Thomas Merton）寫到一個好的基督教徒必定是一個好的印度人，一個好的印度人也會是一個好的基督徒。也許一旦你看穿不同信仰間有明顯的差異時，差異就不再重要，而你自然能接近上帝。」的確，他的妻子是一個基督徒，但卻選讀佛教的課程，並實踐佛教的冥思（meditation），這也讓他試著去相信，在自身信奉的宗教之外，仍存在許多神聖的力量。

然而，在我們對話的其他內容方面上，他似乎質疑一個全能的神真實地為世界上所有性靈追求者而存在。「最後……你必須回到一個根本的真實。如果基督不是死而重生，如果他不是上帝的兒子，則我們所有的信仰將付諸流水。」這樣的說法使得他的基督教精神（Christianity）成為一個特定的，而非全能的信仰，而一個持著不同信仰的人被曲解：他的佛教、摩

門教和不可知論者的同事，甚至連他的妻子，會因爲他們的美好而注定到基督教天堂以外的地方去，只因他們的信仰是錯誤的。奧康納先生在此被動搖了：「或許如果我生長在不同的家庭環境，我會有不同的宗教信仰⋯我不能相信的是，上帝將譴責成長在不信仰祂的家庭或文化裡的人。」但最後基督教的特殊真實是在於他功利的目的。

　　奧康納先生的矛盾存在於聲稱他的宗教是唯一真實信仰的主張，與他所處的社會世界中充滿著多元信仰的人們之間。這也是「美國」本身的矛盾，即：在我自己和奧康納先生的童年時期，一方面在學校裡每天背誦的忠誠誓約（Pledge of Allegiance）之下所闡明美國是一個在神的旨意之下的國度，與另一方面在獨立宣言（Declaration of Independence）中「追求幸福」、尊重個人信仰和自由選擇生活的美國之間。這個衝突存在於一個極端真實和個人品味做爲宗教信仰基礎之間；存在於「美國」做爲唯一真實信仰的土地，與美國做爲文化超級市場發源地之間。奧康納先生被這些觀點所困惑，而最終試圖去堅守他的基督教精神；然而，身處於多元的、文化超級市場化的美國，或許這樣的態度無法在他所處的社會世界中達到目的。

　　香港大學教授艾曼達・梁（Amanda Leung）和絕大部分的香港大學教授一樣，在香港長大而在外國求學。「我求學生涯的前十年是在香港的一所天主教學校完成的，這個過程使我對西方產生愛慕，並全盤忽略了課程中有關中國的部分。至今，我仍未真正的了解中國文學、音樂和歷史。」在她於美國攻讀研究所的期間，天安門事件觸動她內心自己身爲一個中國人的感覺，在那段期間，她爲自己無法像五分之一香港同胞爲要求一個更好的中國而走上街頭抗議感到羞愧。她寡居的父親力勸她留在美國，但她卻堅持回到香港陪伴父親，做一個孝順的女兒。她仍持續地夢想尋找一個中國認同的意識——她的根、或她隱喻中的母親：「即使我對中國一無所知，但我覺得自己像是一個棄嬰，我不知道誰是我的母親，但我卻有回到她懷抱的渴望，我的國家不是中國，但是我卻懷有夢想。」直到有一次她

實際參訪中國，她對中國的污穢和貧困，以及給予外國人特別的待遇產生厭惡。中國對她而言是一個完全陌生的國度；並且視她爲外國人的情形令她感到非常不安。

目前她教授在美國所學的社會工作學門，她相信這個理論在本質上是通用的，但有時會面臨文化差異上的問題，以及其中確實存在的「中國性」（Chineseness）和「西方性」（Westernness），包括她特別的名字：如同遍存於香港的現象，她的家人用她的中文名字來辨識她，但在中學時代，她的朋友和同學則用她的英文名字來辨識她。她仍然繼續夢想去尋求她的中國文化故鄉；但在香港即將移交政權之際，她卻厭惡於她所見的中國政府其「中國性」的自私概念。如果她移居海外，她懷疑地說：「我猜想我將失去家鄉。」

不像清水先生和奧康納先生，對梁小姐而言，她沒有任何理所當然的國族認同意識。「香港人是現實而失根的……因爲我們沒有任何的歸屬感；我們在學校中從未學習國族認同、國民義務和公民教育。」在她的生命中，先渴望於西方，而後又對中國充滿憧憬，但她覺得在她的生命中總是在兩者之間有著模稜兩可的感覺。對於一個像她一樣富裕、受過教育的香港人而言，理所當然的領域並非是國族的，而是文化超級市場的：就好比世界中國際性城市裡某一個世界主義者（cosmopolitan），她隨意的選取她認同的部分，像「中國」和「西方」，並對她的選擇加以定義（Mathews, 1996d）。雖然在香港有許多人稱頌這種世界主義者它的自由，她卻很感傷，只覺得自己從中國自我中被竊取，並被殖民教育洗腦。然而，她也了解這裡已沒有一個她可以回歸做爲文化故鄉的中國，有的只是政治上的制度：1997年之後，中國在香港對中國性的強制定義，在無可奈何的層次上展現。她已無家可歸，文化超級市場中有的只是一條陳列戲服供人套用的走廊，而無法提供一個家鄉。

在逐漸文化超市化的世界中，這三個人用他們不同的方式描繪著，發現與協商一個文化認同意識的困難。清水先生聲稱在他的體內和他西化藝術之下的無意識中尋得他的日本性；但這對他而言是不安定的，也許很快就會被沖刷殆盡。奧康納先生則在美國「做為基督教單一真實宗教的信仰」或是「做為文化超級市場中多元宗教真實」之間矛盾著。梁小姐告訴我們在「西方」和「中國」兩者皆備，且兩者皆非的土地上，她沒有家；她在文化超級市場中型塑自己，並儘可能相信他自己所建構的認同。存在本土與市場之間的張力，佔據了我們世界的大部分，文化就像是被給予、被選擇的。漸漸地，在文化超級市場裡我們變成了消費者，而且本土的文化故鄉亦在被告知，或未被告知的情形下被重構，如坎恩（Joel Kahn, 1995: 128）寫到：「文化，是一種文化的建構（cultural construction）」。文化做為「一民族的生活方式」已經無情地轉變成為一種更自覺的抉擇，如同文化超級市場滲透到所有實體的任何切面中，個人可能感嘆或褒揚於此一現象，但這現象已逐漸成為我們所有人的文化命運。

* 這篇研究報告的經費是在得到香港大學獎助委員會研究獎助會議
（Research Grants Council, the University Grants Committee）審查通過之後進行，（CUHK 145/96H）。

註釋

1. 在本篇文章中的主要名詞—文化超級市場（cultural supermarket）一詞，據我所知，首見於霍爾（Stuart Hall）的「文化認同的問題」（The Question of Cultural Identity）一文中（1992: 303），然而，他並沒有對這一名詞加以解釋，只是在文章中使用它。在本研究中，我試圖更清楚地分析這一名詞。

2. 我的現象學研究取徑參照了舒茲（Schutz, 1940）、拉克曼（Luckmann, 1967）、伯格與拉克曼（Berger and Luckmann, 1966），和柯恩（Cohen, 1994）的著作。文化型塑的公式（Formulations of the cultural shaping）則是我自己的主張。

3. 我之前的研究包含了對他們自我生活經驗的討論（Mathews, 1996a; 1996b; 1996c; 1996d），但經驗上的資料除了在本篇研究的結論之外，皆沒有被引用。在這篇研究中，我在縝密意識下所創造的理論，是在違反我人類學研究取徑情形下呈現的，包括了他們關於自我陳述的焦點，以及只在經驗論基礎上的理論創造；但是因為篇幅的關係，我除了在結論部分外，無法將我在三個社會中關於自我研究的理論性推論放進研究裡。

4. 在他們生活裡，自我的言論與自我的經驗之中存在著一個根深蒂固的差距，高夫曼（Goffman, 1959）的著作《日常生活中自我的呈現》（The Presentation of Self in Everyday Life）；林德（Linde, 1993）著作中認為關於生命中的故事就好像是，在生命不斷變遷中缺乏凝聚集體意識裡「凝聚力的創造」（the creation of coherence）。然而，最後言語（words）只是唯一充分認知其他民族的方法；當言語從來沒有被完全的信賴，忽略言語的資訊將落入唯我論（solipsism）危險中。

5. 在我們的個體性（personally）與文化性（culturally）被型塑之後，我們將會像小孩一樣進入一個全然意識的狀態，而理所當然的領域（taken-for-granted realm）也必然被遺留下來。如同伯格與拉克曼（Berger and Luckmann, 1966:59）所說的：「語言（language）呈現給小孩就像物品本質的固定，他並無法領悟到習俗的概念」；亦如同貝克（Becker, 1971: 149-150）所言：「

在小孩可以處理符號（symbols）之前，他在某種程度上已經受到限制，在他和發生在他身上的事情之間，他可能被型塑得完全沒有差別……而結果是，在他的生命中自動的、不能批評的表現出他對其英雄風格（hero-style）的信賴。」透過這些思想家的作品，我們也許知性地去了解在我們理所當然領域中的任意與習俗，但是這也許很難去改變在我們生活之中的各個領域。

6.這一個在無可奈何層次（shikata ga nai level）中的順從，使得世界上的要求，除了在意識的角度外，絕大部分都變成是為了理所當然的層次。人們在看到紅燈時煞車時，人們在繳付消費稅時，不會花費時間去仔細思考是否要去反對或同意，但什麼是預期他們會做的。雖然，他們煞車、繳稅，但是你詢問他們為什麼做這些事？他們可能給你一個答案：「我們必須去做，那是在這個社會生存的必要條件。」他們知道這些行為舉止並不是所謂自然的（natural），這一個認知從他們的理所當然層次被撥動，並在無可奈何的層次中被清楚的分辨。

7.不樣一個在音樂或運動領域有興趣的個體，一個人的政治傾向和宗教信仰可能沒有那麼的封閉。與其說是「上帝為我決定了這一條道路」，不如說「這是真實的」，但這些虛假的意識（bastards）蒙蔽了他。一個關於品味的愛好；一個政治傾向或宗教信仰可能是和真實有關的，並非是封閉的而只是被放置在個體通過上帝的旨意之上。然而，在某種程度上，個體雖然不是天生就在這些傾向或信仰裡，但卻會意識地達到它的領域。在一個現象學觀念裡，他的選擇必須被尊重：不論近代的正當化，他們再現了一條在獲得中被剝奪的道路（they represent one path taken out of many that might have been taken）；個體可能會從文化超級市場中產製的許多產品中做出選擇。

8.蓋納（Gellner）在這個聲稱中是過於誇大的，這只是一小部分而已。我處於一個長期以來國族認同即是重大問題的香港完成這篇研究。如同一個香港居民告訴我：「每次當我在另一個國度旅遊時，我都會寫下我的國籍（nationality）。在過去，我寫下關於「香港」，且在習慣上它修正了我；因為我有英國國家海外護照（British National Overseas passport），雖然我從

未在英國生活過，但我想我會寫關於「英國」。近來，我陷於前所未有的困惑中；我詢問一個空姐，我應該如何撰寫「國籍」；「英國」、「英國香港」、「香港」，還是「中國」？那些在1997年7月1日歡迎中國接收香港的香港居民，之所以這麼做，大部分是因爲他們將在最後得到國族認同：他們已經長期拒絕了蓋納所說的：「一個鼻子和兩個耳朵。」

9. 舉例而言：一些國家，如在衛星碟盤上尋求精神上整頓，以及刻意對抗文化超級市場中所給予西方化自我的伊朗。其他國家，如承諾給予公民在生命、自由和幸福實踐上有不可讓予的權利的美國，看似在文化超級市場中提供表面上適合他們的消費選擇。除此之外，我還質疑一個在國家和文化超級市場間不可避免的對立，在他公民認同的型塑上，之後在相同層次中必要的工作將侵蝕著從前企圖建立的壟斷。

10. 在我所有研究中的名字都是化名。爲了保護他們，我也僞造了其他足以辨識他們的特質。但是，所有引號內的文字，都是我從訪問文稿中的逐字描寫。

參考書目

Abu-Lughod, L. (1991). Writings against culture. In R. Fox (Ed.), *Recapturing anthropology: working in the present*. Santa Fe: School of American Research.

Anderson, B. (1991). *Imagined communities* (Revised Edition). London: Verso.

Appadurai, A. (1990). Disjuncture and difference in the global cultural economy. In M. Featherstone (Ed.), *Global culture: Nationalism, globalization, and modernity*. London: Sage.

Becker, E. (1972). *The birth and death of meaning* (2nd ed.). New York: Free Press.

Benedict, R. (1934). *Patterns of culture*. New York: Mentor Books.

Berger, P. L., & Luckmann, T. (1966). *The social construction of reality: A treatise in the sociology of knowledge*. New York: Doubleday Anchor Books.

Bocock, R. (1933). *Consumption*. London: Routledge.

Bourdieu, P. (1977). *Outline of a theory of practice*. (R. Nice, Trans.). Cambridge: Cambridge University Press.

Brightman, R. (1995). Forget culture: Replacement, transcendence, relexification. *Cultural Anthropology, 10*(4), 509-549.

Cohen, A. (1994). *Self consciousness: An alternative anthropology of identity*. London: Routledge.

Forrester, J. (1994.09.20). Harley dreams. *Eastern Express*.

Geertz, C. (1983). *Local knowledge: Further essays in interpretive anthropology*. New York: Basic Books.

Gellner, E. (1983). *Nations and nationalism*. Oxford: Blackwell.

Giddens, A. (1979). *Central problems in social theory: Action, structure, and contradiction in social analysis*. Berkeley: University of California Press.

Giddens, A. (1991). *Modernity and self-identity: Self and society in the late modern age*. Stanford: Stanford University Press.

Goffman, E. (1959). *The presentation of self in everyday life.* New York: Doubleday Archor Books.

Grossberg, L. (1996). Identity and cultural studies: Is that all there is? In S. Hall & P. du Gay (Eds.), *Questions of cultural identity.* Cambridge: Polity Press.

Hall, S. (1992). The question of cultural identity. In S. Hall, D. Held & T. McGrew (Eds.), *Modernity and its futures.* London: Sage.

Hall, S. (1996). Introduction: Who needs identity? In S. Hall & P. du Gay (Eds.), *Questions of cultural identity.* London: Sage.

Hannerz, U. (1990). Cosmopolitans and locals in world culture. In M. Featherstone (Ed.), *Global culture.* London: Sage.

Hannerz, U. (1992). *Cultural complexity: studies in the social organization of meaning.* New York: Columbia University Press.

Harvey, D. (1989). *The condition of postmodernity.* Oxford: Basil Blackwell.

Herskovits, M. (1948). *Man and his works.* New York: Alfred A. Knopf.

Jameson, F. (1993). *Postmodernism, or the cultural logic of late capitalism.* Durham: Duke University Press.

Kahn, J. (1995). *Culture, postculture, multiculture.* London: Sage.

Kondo, D. K. (1990). *Crafting selves: power, gender, and discourses of identity in a Japanese workplace.* Chicago: University of Chicago Press.

Lifton, R. J. (1993). *The protean self.* New York: Basic Books.

Linde, C. (1993). *Life stories: The creation of coherence.* Oxford: Oxford University Press.

Luckmann, T. (1967). *The invisible religion: The problem of religion in modern society.* New York: Macmillan.

Lyotard, J.-F. (1984). *The postmodern condition: A report on knowledge.* (G. Bennington & B. Massumi, Trans.). Minneapolis: University of the California Press.

Mathews, G.. (1996a). *What makes life worth living? How Japanese and Americans make sense of their worlds.* Berkeley and Los Angeles: University of California Press.

Mathews, G.. (1996b). The pursuit of a life worth living in Japan and the United States. Ethnology *XXXV*(1): 51-62.

Mathews, G. (1996c). The stuff of dreams, fading: Ikigai and the 'Japanese Self.' *Ethos, 24*(4), 718-747.

Mathews, G. (1996d). Names and identities in the Hong Kong culture supermarket. *Dialectical Anthropology, 21*, 399-419.

Ortner, S. (1984). Theory in anthropology since the sixties. *Comparative Studies in Society and History*, 26, 126-166.

Sarup, M. (1996). *Identity, culture and the postmodern world.* Athens, Georgia: University of Georgia Press.

Schneider, D. (1980). *American kinship: A cultural account* (2nd ed.). Chicago: University of Chicago Press.

Schutz, A. (1940/1978). Phenomenology and the social sciences. In T. Luckmann (Ed.), *Phenomenology and sociology.* Middlesex, England: Penguin Books.

Watson, J, (Ed.). (1997). *Golden arches east: McDonalds in east Asia.* Stanford: Stanford University Press.

Weatherford, J. (1994). *Savages and civilization*. New York: Crown.

Williams, R. (1976). *Keywords*. London: Fontana.

話語融斥與認同實踐
韓劇在中國大陸的現代性文化想像* / 于淑靜／譯

　　觀察從安七炫、「神話」的韓國流行音樂，到流氓兔、「小黑」的可愛韓國玩偶，到三星、LG的韓國家電，到「現代」（Hyundai）、阿卡迪亞（ARCADIA）的「韓」車，到石鍋拌飯、漢達山燒烤的韓式料理，到衣戀（E-land）、Bangbang的韓式服飾，到蘭芝（Laneige）、愛麗（Etude）、嘟嘟（dodo club）的韓國化妝品，再到個性的韓式髮型和pose……近十餘年來「韓流」在很多面向上侵襲、突入並影響著中國大陸的文化狀貌，其中影響最大、最奪人眼目的文化形式當屬韓劇。如果說最初央視（「中央電視台」的簡稱）對韓劇《嫉妒》的引進並沒有引起什麼反響，那麼此後隨著《我的野蠻女友》、《藍色生死戀》、《看了又看》、《人魚小姐》、《愛上女主播》（又名《夏娃的誘惑》）、《浪漫滿屋》、《豪傑春香》、《明成皇后》、《大長今》、《加油，金順》、《我叫金三順》、《對不起，我愛你》、《達子的春天》、《宮》、《宮S》、《我的公主》、《秘密花園》、《Sign》等一批批韓國影視劇的熱播，「韓流」在神州大地一直保持著強勁的勢頭，成爲當下中國大陸在美劇之外的又一熱點潮劇。由此，「韓劇」、「韓流」的字樣屢屢躍入影片花絮、時尚娛樂、乃至學術評論的視界，不斷見諸於各大報紙、網路、學刊等媒體，成爲時人點擊的高頻詞彙。

　　值得注意的是，近年來「韓流」一方面倍受國內乃至整個亞洲等韓迷們的熱烈歡迎，尤其年輕人中的「哈韓」族；另一方面卻也遭遇到一股反韓流風，一種批判、抵制、否棄「韓流」的言論與情緒同時潛滋暗長，其典型事件大致集中出現在2005年前後。2005年大陸影視劇界由韓劇所引爆的兩次「批韓」浪潮即具代表性。2005年6月上海舉行的電視節上，國內20多名「頂尖」的電視製片人在「2005年電視題材市場研討會」上集體炮轟韓劇，要求電視台和音像發行機構減少韓劇的播出量，並列舉韓劇諸多

「罪狀」。在當年10月份左右，不但有重量級的大陸演員張國立、唐國強等人開炮批評韓劇，韓星車仁表也帶頭反韓流，以《人魚小姐》走紅的韓星張瑞希也表示出對「韓流」商業化的擔憂，說「韓流正在泡沫化」（見http://www.sun0769.com/fashion/ssrw/mxdt/t20051108_51496.htm）。又如：「韓流」在2006年的寒氣際會。2006年韓國一項調查顯示，韓劇當年的出口較2005年減少了15％，特別在大陸、台灣、日本。韓國2006年出口的電視節目中，電視劇爲8,589萬美元，較2005年的10,162億美元，減少了15.5％。每集出口價格爲4,378美元，較去年的4,921美元，減少了11％（見http://et.21cn.com/tv/hanju/2006/12/20/3071417.shtml）。何以至此呢？2006年「韓國放送影像產業振興院」分析指出，韓劇的出口之所以會減少，是因爲受到目前亞洲各國掀起的「反韓流」和「嫌韓流」影響。尤其，中國在2005年批准了32個配額（一個配額相當於20個小時）的韓國節目，並給予進口推薦審批，但2006年至11月爲止，僅批准了11個配額，12月份也僅審批了四個配額，較去年銳減了54％（同上註）。正所謂「韓」風縐起神州，眾聲喧嘩，究竟孰是孰非？暫且不論「韓流」所向明日黃花，還是蓄積待發，亦或璀璨依舊、風行無限，終將「韓流」還是「寒流」，單只近十餘年來它在中國大陸所歷演的盛況與反響，實際上說明了一種秩序，一種關於思考和生活的特殊方式，這一文化現象本身不能不引起我們進一步的探討與關注。

因此，本文擬將「韓流」作爲切入當下文化研究的一個文本個案，首先勾勒和闡釋「韓流」所引發、營構的韓式消費空間，其次分析「哈韓」的主要文化致因，最後通過福柯知識考古學與譜系學的思維方式，力圖發現並闡釋其背後所承載的具有當下大陸文化症候性的文化表徵意義，即分別從日常生活與女性消費、全球化與「自我」文化身分認同這兩個方面論述「韓流」在中國大陸的現代性想像與文化認同。

「韓流」導建的韓式消費空間

　　自1993年中央電視台首次引進韓國電視連續劇《嫉妒》以來，儘管最初反應平平，但日後卻贏得一浪高過一浪的「哈韓」歡呼。1997年央視播出家庭倫理劇《愛情是什麼》，收視率高達4.2％，在中國觀眾中引起意想不到的轟動,韓劇熱逐漸擴散。1998年，該劇在央視重播，再次引起收視熱潮。同年，以韓國宇田公司爲代表的韓國音樂公司將大量韓國知名音樂人的作品介紹到中國。1999年後，HOT、NGR等組合以整體姿態全方位進入中國內地市場，掀起音樂「韓流」。在《愛情是什麼》之後，《星夢奇緣》、《戀風戀歌》、《異國女友》、《可愛先生》、《天橋風雲》、《妙手情天》、《愛上女主播》（又名《夏娃的誘惑》）相繼播出，韓劇自此盛行，並和韓國服飾、影視劇一起形成一股強大的「韓流」，衝擊著中國的大眾文化。2002年，《藍色生死戀》開始在中國21個電視頻道播出，當年播放韓劇《明朗少女成功記》等達67部，同年韓國電影《我的野蠻女友》也在華創造了上千萬元的票房奇蹟。2003年《愛的階梯》（又名《天國的階梯》）、《All In》，2004年《浪漫滿屋》、《對不起，我愛你》，2005年《黃手帕》、《加油，金順》、《豪傑春香》和《大長今》、《我叫金三順》，2006年《我的女孩》、《宮》（又名《我的野蠻王妃》）、《夢幻情侶》、《你來自哪顆星》和《百萬朵玫瑰》，2007年《餅乾老師星星糖》、《達子的春天》，這些片目一次又一次地匯聚起螢屏內外如炬的目光。央視八套反覆重播的《澡堂老闆家的男人們》、《看了又看》、《人魚小姐》和《明成皇后》等電視劇雖然播出時段在晚間23點，但收視率仍高達10％。

　　韓劇，就如同這個國家的泡菜一樣，以平實的特質和獨有的魅力吸引越來越多的中國電視觀眾。如果說《藍色生死戀》、《冬季戀歌》已紅極一時，《大長今》則把韓劇熱潮再一次推向巔峰。2005年湖南衛視推出的《大長今》收視率達到4.9％，同時段平均收視率穩定在4％，位居第一。央視索福瑞對全國31座城市的資料調查顯示，《大長今》的整體觀眾總量超

過了1.63億，引發了中國大陸前所未有的「韓劇熱」。整體上看，據統計，2002-2005年幾乎所有的省台都播放過韓劇；據東方時空2005年所作的一項統計，2004年我國電視台播出的649部引進電視劇中，107部來自韓國；目前央視電視劇頻道57％的引進劇來自韓國。

韓星崇拜。隨著韓劇的熱播，全智賢、宋慧喬、安在旭、元彬、張赫、張東健、裴勇俊、金來沅、宋承憲、權相宇等韓星，對於今天中國大陸的很多電視觀眾來說，早已耳熟能詳。「哈韓」族尤其如此，韓劇中人物的服飾打扮、言談話語等方面都會馬上引發起這些年輕人的爭相效仿。

韓語熱潮。來自培訓超市飛龍網（www.feloo.com）的消息，從2005年9月底開始，諮詢有關初級韓語學習的北京市民明顯增多，各大培訓機構韓語報名人數都比2004年同期增長了60％以上，除了少數人是因為工作或者出國需要以外，大多數人都是因為受了韓劇的影響。

韓國歌舞大行其道。韓國流行音樂乃後起之秀，但發展卻勢如破竹。曾幾何時「韓」氣逼人的狂歌熱舞踏入中國市場，讓無數少男少女目瞪口呆，也使中國的流行音樂為之一顫，無一例外地掀起了一陣陣韓流颶風。從最早的酷龍、H.O.T，到後來的NRG、安在旭，乃至最近在中國初露鋒芒的BABYVOX等歌手或組合，從每星期在上海、北京等地舉行的大小歌手見面會上，可以管窺中國青少年對韓國流行音樂如癡如醉的程度。2000年2月1日，H.O.T樂隊在北京舉行演唱會，現場狂熱猶如當年歐美追隨披頭四。H.O.T穿著褲管異常肥大的超級「水桶褲」，戴著亮閃閃的首飾，耳朵上掛著耳環無一不被爭相模仿。中國最大的韓國流行音樂俱樂部Do-re-mi有約一萬名會員，鼎盛期每月以3,000人的速度遞增。青年男女們唱著「H.O.T」、「神話」、「Baby V.O.X」的歌，沉浸在HIP-HOP帶來的動感和快樂中，而N.R.G和S.E.S的時尚前衛、勁歌熱舞更是讓他們瘋狂。

正如1999年韓國的「酷龍」音樂組合掀起音樂「韓流」進而引發了人們對韓國手機、MP3、數碼產品的熱衷，韓劇熱同樣還帶動了韓國飲食、服飾、醫藥、圖書、美容美髮等方面在中國的發展。如：《大長今》中的宮廷料理、養生之道，不僅滿足了觀眾對韓國宮廷膳食的探究和好奇，而且連同《大長今泡菜》等食譜也隨之成爲一些地方的暢銷書，在圖書市場上不只《菊花香》、《冬季戀歌》等韓國愛情小說大都炙手可熱，韓國旅遊指南、餐飲等書籍也十分走俏。韓國餐館更是大熱，連一些中餐店都增加了韓國菜品，比如串燒、松糕等。韓劇中的古典服飾讓許多中國女性爲之傾倒，一些精明的婚紗影樓業主紛紛推出「大長今」主題婚紗照。韓劇中涉及的醫藥、美容美髮也吸引很多韓迷躍躍欲試。

可見，在中國大陸尤其1990年代末以來，出現了以影響面最廣、最強大的韓劇、以及韓國電影、服飾、美容美髮、流行音樂、餐飲、韓語、旅遊、網路遊戲、書籍等爲形式載體的文化現象即所謂的「韓流」。它在中華大地魅力四射的精心打造，吸引著眾人的眼球，牽動著國人的神經，從青少年到中壯年到老年人，從「菜籃族」到白領到業內學者，「韓流」贏得了自己跨代際、跨階層的眾許「韓」迷，其中最炫也最典型的當是「哈韓」族，他們從內到外很鮮明地標示出十足的「韓」味：典型的韓式五彩染髮、超大馬仔的牛仔褲和T恤，眩目橙黃和耀眼銀色的韓裝，色彩斑斕的襪子、彰顯個性的手鍊、「流氓兔」等韓式配飾，玩的是《傳奇》、《千年》、《奇蹟》等韓國網路遊戲，去的美容院、料理店也是首選「韓國」的，他們就是這樣盲目崇尚、狂熱追逐、癡迷模仿著韓國時尚流行娛樂文化，連穿衣打扮、思想行爲都趨「韓」若鶩。

由此，「韓流」在中國大陸從衣食住行思等各個方面如火如荼地拉開了韓式消費文化空間全方位的構築。

「韓流」大熱的致因分析

韓劇導航的「韓流」中國大陸熱，存在多方面的原因，比如商業的成功運作、政策的有力扶持以及相關方面對利益的追逐，其中最先要歸功於它自身獨特的特質。

（一）韓劇煥發出的生活化、人性化的藝術魅力與文化特質。
　　1.日常生活的親切感
　　　　儘管「韓流」囊括音樂、影視、歌舞等不同文化門類，但是它倍受韓迷特別「哈韓」族青睞的就在於其對日常生活的關注，以及因此獲得那份契然於心的親切感。確實，從韓國的服飾、餐飲、電子、汽車直到它的影視劇，日常衣食住行思不僅構成了「韓流」這一超級文化文本表層敘事的核心，而且寫意了其藝術文化品位的焦點。不妨以韓劇為例。雖然韓劇劇情推進非常慢，情節構成和戲劇衝突有模式化的雷同傾向，但韓劇的魅力恰恰在於「冗長」的時間使生活細節和小人物的個性得到了充分展現，不同年齡的人在劇中都能找到自己的影子。韓劇一般都是以「日常生活」作為其故事書寫的重要載體，在家長裡短和兒女情長這些簡單平實的日常敘事中，使一切變得真實而自然，平常而複雜的人生在劇中得到全景化、立體化的展現，讓人從中體味到生活況味和人生哲理。如家庭劇《加油！金順》就通過幾家人的生活瑣事，細緻入微地展示了韓國人的日常生活，如同打開隔壁人家的門看他們家的生活。所謂越不像戲劇的戲劇越是真正的戲劇，越不像小說的小說越是真正的小說。雖然韓劇並不張揚，但卻慢慢滋潤觀眾的心靈，觸動觀眾心中最柔軟的部分。中國著名導演尤小剛就說：「雖然韓劇大故事結構不如中國，但他們的作家心態紮實，關注生活、注重細節。韓劇很細節化，即使結構技巧差點，也不影響觀眾喜愛（湖南廣播電視報，2005.08.26）。」十九世紀現實主義大師巴爾紮克說：「獲得全

世界的不朽成功的秘密在於真實。」「以話語爲媒介，旨在其含蘊中創造認識與審美相統一的形象體系的文學創造，反映和闡釋物件世界的活動，因而存在著『真實性』原則。」（西蒙‧波伏娃／相華利譯，2005）。韓劇正是通過這些瑣碎的家長裡短真實地反映了人們生活的原生態，一下子讓人覺得似曾相識或恰如其境，從而增強了螢幕的鮮活性和真實性，引發了觀者的共鳴，讓人倍感親切。

2.精緻細膩的表演風格

顯然，這一點韓劇表現得最爲典型。用細膩的手法展現真實的生活，可謂韓劇捕獲人心的第一殺手鐧。不論《看了又看》爲代表的家庭倫理劇，還是《藍色生死戀》式的愛情偶像劇，或者《大長今》一類的勵志劇，劇中喜歡給演員長時間的大特寫，這樣的鏡頭更有助於表現人物的內心世界，具有某種凸顯「人」、重視人的文化表徵意味。點點滴滴的生活細節呈現中都蘊藉著人物對家庭、婚姻、人際關係的深入洞察，而中間不時穿插進出的那些溫情又幽默的台詞，讓人捧腹之餘不禁感喟其娓娓道出的生活哲理。而且，幾乎每部戲都會涉及到尊敬老人、長幼有序、兄弟友愛等傳統文化美德，這些對於文化轉型期中的不少國人來講，不免平添幾多缺失久違而心冀嚮往的觸懷。種種溫暖親情讓人羨慕，使人反省，更叫人時常感動得鼻子發酸，情不自禁地跟著他們看了又看，笑了又笑。因爲它總是用曲折的劇情吸引人，用唯美的畫面迷倒人，用婉約的情感打動人，在文化共通中營造親和氣氛，在文化差異中展示獨特風情，通過對一個個細節的精妙把握，贏得了中國觀眾的芳心（見http//www.icxo.com）。

3.唯美與時尚的品位追求

高爾基說過：「渴望通過美的形式來反映美的感覺、情感和思想，是人的固有的天性。」透過螢屏，韓劇以其狂飆出的唯美與時

尚贏得了「哈韓」族的傾心。韓劇的青春偶像劇就是從審美方面給予觀眾最大的滿足。它針對年輕的觀眾，滿足年輕人的理想和夢想，讓生活審美化，讓年輕人體會到美好的生活與夢想真切地存在於平凡之中而並非虛幻。它的偶像劇主演大多是秀美俊逸的帥男靚女，力求詩化的畫面風格，細雨、濃霧、濱海、村落、楓林等自然景觀在鏡頭中得到了精美地呈現，給觀眾帶來秀色可餐的視覺享受。背景音樂的旋律也根據劇情需要不停轉換，與劇中人物的情感發展形成了完美的融合與共振。例如《藍色生死戀》中披肩長髮配上純潔面孔的宋慧喬、《冬季戀歌》中身穿多大衣、繫著藍圍巾的裴勇俊以及《人魚小姐》中賢淑典雅而又聰慧的雅俐英……唯美的同時往往一度演繹為眾多「哈韓族」對相與形象、衣飾、言談舉止等傾心贊許與追逐的時尚。這些青春偶像形象的成功塑造與推陳出新，迎合了廣大觀眾尤其青年人求新求異的渴望心理。

4.愉快、昂揚的和諧快感訴求

　　如果說韓劇常以緩慢而親切的敘事語調來訴說給人溫暖的世態人情，那麼深受歡迎的韓國流行音樂則以一種不羈歡快的快節奏強勁有力地彰顯出健康時尚的青春氣勢。所以，每當服飾十足誇張的他們一出場，時常引來陣陣的尖叫與歡呼，場面非常火爆，青年們把韓國歌手演唱的歌曲稱作「勁歌」，形象地表達了中國年輕人對韓國歌手演唱的理解。

（二）「韓流」對中國大陸多層次文化慰藉需求的迎合。

　　五千年來續而不絕的中國傳統文化是世界文化中僅有的，穿越了歷史的厚重，儘管她與西方重理性、重邏輯並深深影響我們當下現實生活的思維傳統不盡一致，但其中蘊藏的真實卻超過了理性的推演。韓劇中涉及的孝敬老人、長幼有序、兄弟友愛等傳統倫理美德，彌補了文化轉型期不少國人的精神缺失。現代生活中所體現的中華傳統文

化內核在贏得國人文化認同的同時，產生了心靈的震撼與反省。比現代中國更像傳統中國的韓劇情節喚醒了國人向傳統文化的皈依。生活的真實固然值得人們信賴，但在起伏跌宕、不斷流逝的時間中，人們又希望尋得一方安穩的樂土，特別對於當代文化轉型期中的中國大陸。因此頗具中國傳統文化神韻的「韓流」，與時人一拍即合，滿足了國人對此的精神尋求。再者，就中國大陸國產影視劇近況來看，雖然也出現了像《漢武大帝》、《亮劍》等一批優秀劇作，並且可能在製作、內容、劇情安排以及所體現的智慧哲理方面超過韓劇，但是這樣的作品畢竟不多，螢幕上充斥更多的是一些數典忘祖的戲說劇、消極頹廢的偶像劇、弱智平淡的懸疑劇以及單一薄弱的主流勵志劇，這些作品同精心打造的韓劇相比自然顯得蒼白而缺少吸引力。另外，隨著我國城市化進程的發展，社會中產階級階層的崛起，韓劇的中產階級口味恰好滿足了人們對於未來中產階層生活的嚮往與憧憬，對於中國大陸觀眾來說不亞於適時出現的一場甘霖。

（三）「新媒體帶動新經濟」背後的文化產業化。

　　隨著韓劇走出國門、走向世界，並且拉動了一系列相關產業經濟的勃發，由此引起了人們對「新媒體帶動新經濟」的提出與關注。無可爭議，韓劇顯示了其產業運作模式的成功。

　　在1998年遭遇亞洲金融風暴襲擊之後，韓國開始重新認識文化產業，並將其作為二十一世紀發展國家經濟的戰略性支柱產業，積極進行培育。韓國政府1998年正式提出「文化立國」方針，1999年至2001年整套「哈韓」必不可少的行頭。先後制定《文化產業發展5年計畫》、《文化產業前景21》和《文化產業發展推進計畫》，明確文化產業發展戰略和中長期發展計畫，在組織管理、人才培養、資金支持、生產經營等方面推出一系列重大舉措，有力推動了文化產業發展（田緒，2004）。隨著「韓流」的升溫，2005年初韓國總

理主持召開「政府對韓流的持續和擴散的支援方案」的專門國務會議，確定了以民間為主導推進「韓流」，政府為業界展開活動創造條件的基本原則。據韓國報紙報導，2003年，在中國網路遊戲市場上，75％的產品是從韓國引進的；2003年，韓國廣播電視節目出口額達4,213萬美元，73％出口到亞洲國家和地區，其中台灣地區為24.5％、日本為19％、中國大陸為18.6％；2004年，由韓流文化產品的出口對韓國其他製造業、服務業的產額、附加值、創造就業崗位的間接效果達4.5萬億韓元（約合41億美元），其中由中國大陸市場產生的經濟效果為3.3萬億韓元。

值得注意的是，韓國政府把中國大陸看作韓流文化產品最有潛力的市場，大力推進韓國文化產品進入中國市場。韓國外交通商部曾雄心勃勃地表示，到2010年韓國要力爭占到中國文化商品市場10％的份額（詹小洪，2005）。由此，韓劇深諳「製作─消費─傳播」的產業運作模式，剛開始是大眾需要什麼就製作什麼，隨著大眾審美消費形成慣性，則變成韓劇製造什麼，大眾就接受什麼。反之亦然。韓劇從故事構思、劇本創作、表演調度以及後產品開發，都嚴格遵循全球化的產業法則，從而才形成了唯美純淨而又奢侈華麗的大眾影像景觀組合。

而同樣是政府行為，作為回應，大陸政府文化政策的左右對「韓流」的興退也有著直接的影響。2006年之前大陸「韓流」氣勢的與日俱增便與中國大陸政府文化引進政策的大力支持密不可分。據央視索福瑞市場調查：我國電視台2004年播出的649部引進電視劇中，107部來自韓國，占總數的16.5％。央視八套（電視劇頻道）有57％的引進劇來自韓國。2005年7月，央視八套在宣布擴容「海外劇場」的同時，還許諾將花重金獨家買斷一些優秀電視劇的播出權，其中韓劇占很大比例（張卓，2005）。

此外，現代化的文化傳媒的助推。鮑德里亞（Jean Baudrillard, 1983）曾強調指出，「從生產性（productive）社會秩序向再生產性（re-productive）社會秩序轉變的過程中，技術與資訊的新形式佔有核心地位：在再生產性社會秩序中，由於人們用虛擬、模擬的方式不斷擴張地構建世界，因而消解了現實世界與表象之間的區別（邁克・費瑟斯通／劉精明譯，2000）。」我們目下越發生活在「模擬」的世界中。1990年代以來，資訊通訊技術突飛猛進、飛速發展的電腦、衛星通訊、多媒體、互聯網以及資訊公路，深刻改變著人們的生活方式、思維方式。現代化文化傳媒在中國的迅猛發展無疑爲「韓流」的盛行打開了方便之門，提供了重要途徑和管道。在「韓流」的肇起、流行中，報紙、雜誌、小說、廣播、電視、網路等傳媒成爲哈韓族與「韓流」親密接觸的綠色通道。還有，製作技術和成本越來越低廉的文化載體，如VCD、DVD、CD等音像製品，都以一種不可估量的速度和力量傳播著韓國文化和文化產品。

消費語境中的話語融斥與認同實踐

一說「消費」，我們總是會想到「生產主義」。其實，就像一些歷史學家所發現的，早於「工業革命」發生之前，「消費革命」就已經在歐洲社會發生了。從十八世紀後期開始，「消費」不再被理解爲先前的定義，如「浪費」、「揮霍」，被理解爲一種經濟損失或一種政治、道德價值的淪喪，而是作爲一個技術性的、中性的術語被人們使用。這就說明，消費文化是源遠流長的。不過，以大規模商品消費爲特徵的消費社會出現於二十世紀，可謂資本主義社會體系構築的基石性詞彙。美國當代最有影響的文論家之一的傑姆遜（Fredric Jameson）提出：「在過去的時代，人們的思想、哲學觀點也許很重要，但在今天的商品消費時代裡，只要你需要消費，那麼你有什麼樣的意識形態都無關宏旨了。我們現在已經沒有舊式的意識形態，只有商品消費，而商品消費同時就是其自身的意識形態（傑姆

遜，1986：26）。」

　　這樣一種狀況也被人稱爲意識形態的終結，其實真正的終結並未發生，而是意識形態的表現方式出現變化，它在生活中的影響因爲具體時代的改變而具有了不同狀況，具體到1990年代以來的中國大陸，其社會歷史語境尤爲複雜。

　　近些年來，電視學術明星易中天一度「如日中天」，風風火火鬧九州的紅樓選秀活動……這些文化事件一度成爲中國大陸社會最惹眼的年度熱點，其傳播之快、影響之大一點比《大長今》熱播有過之無不及，充分說明瞭網路電視等視聽媒介在當下社會作用之大。同時，這些形象具體地闡發當下中國社會文化的某種消費性趨向。難怪，一些學者要比弗裡德里克・詹姆遜這樣的學者更決絕，索性將消費主義世界看作景觀的一種形式，而現實的社會正是建立在景觀的基礎之上（布萊恩・特納／馬海良、趙國新譯，2000：21-25）。「當代文化正在發生著一次革命性的變化，即以語言爲中心轉向以視覺爲中心。電視、電影和電腦在人們的生活中遠遠超過了書本的作用。以視覺爲中心的文化將改變人們的感受和經驗方式，從而改變人們的思維方式（王逢振，1998，轉引自弗裡德里克・詹姆遜《快感：文化與政治》）。」

　　一如理論家們所指出的，「消費」就其文化意義來看，它使得物品變成了某種符號。儘管在吞食性的消費活動中，人們不僅仍會存在著衣食住行的「基本壓抑」，還有孤獨感、厭倦感等「額外壓抑」，但是從意向性看其具備著一定的想像投射和意識形態的符號化。正是在這個意義上，列斐伏爾傾向於用「引導性消費的官僚社會」來指稱我們所處的時代，他認爲在當代社會中，日常生活已不再是「主體性的」，因爲已經不存在具有豐富的主體性的可能，日常生活已經變成了「客體性的」，變成了社會組織的作用物件。而日常生活的這一變遷正是通過消費來進行的。顯然，在當

下中國「日常生活」日益成爲國家權力、市場資本和大眾社會關於實現現代性共同訴求的對象，不期然也不可避免地成爲世俗化進程中文化想像的歷史產物。反過來說，「日常生活」這個先前革命主導話語時代的反叛者和沉默者，此時不但是權力與資本利益的交會地，匯集著大眾社會的夢想，而且在不知不覺中竟然邏輯地成爲市場時代和消費社會的主導神話，擁有了意識形態性質的話語霸權。因此，消費語境中當下中國的「日常生活」已經成爲一種具有文化語義多重背反性的話語。

同時，正如目下所看到的，消費在現代經濟中的作用與日俱增，但是，現代經濟發展的動力已不是人們的需求，而是呈現出一種感官化的「欲求」。在亞里斯多德看來，人有衣食住行和社會交往的需求，但這些需求是有限的，可以滿足；而「欲求」則超越了具體的需求層面，它是一種內在的心理動力，是非理性，無窮無盡，難以滿足（丹尼爾·貝爾／趙一凡等譯，1992：278-280）。

而這眾多的欲求與理念型文化顯見是對立的，它所承載的是以感性爲基礎的消費理念，注重的是感覺、欲望，具有此岸性、短暫性、不定性等非理性特質。消費最爲典型的表現樣式就是所謂的時尚。在時尚潮流中，女性無疑又被擺在（「看」與「被看」關係中的）突出位置。而這一點恰恰充分體現在韓劇影視表現內容和製作效果上，一方面，女性群體是時尚最熱烈的追隨者；另一方面，時尚的代言人常常以女性的面目出現，時裝模特兒、女影星、女歌星、女明星便成爲消費主義景觀中的引領者。由此，再次表明消費社會女性與日常與消費的某種近乎天然的親和性。但是，不經意間女性的這種「回家」、「回到自身」實際上卻往往落入了另一種女性「性化」（sexualization）的話語中。最明顯的，正在西方與中國興起的所謂「美的工業」（beauty industry）實際上就是身體工業。當然，這些身體工業其實更主要的應該是「女性工業」，是女性的自我性感化潮流帶動了這些產業的發達，當然這些產業反過來也使女性話語更加朝向突

出性別特徵的「女性化」發展，從而甚至導致整個社會的女性化、陰柔化表徵。

　　「現代社會的特點之一就是女性和男性、私人領域和公共領域的界限愈益趨於模糊，這在傳媒領域表現得尤爲明顯……隨著大眾傳媒的飛速發展和資本主義對生活空間的無邊滲透，大眾傳媒在大眾讀者和大眾意義上都發生了重大轉移。即大眾傳媒越來越私人化和女性化。當代傳媒強調的是認同身分，而不是權力，故而其主流和賣點常常是『女性的』而非『男性的』，如時裝、消費、名流和各種中產階級品位的生活方式及格調等（陸揚、王毅，2000：105-106）。」這正如歐美肥皂劇的發端是將定位瞄準那些在午後忙碌而心不在焉的家庭主婦們，「那些囉哩囉嗦家長裡短的連續劇，裡面的故事可以一直撐下去……這些女士一邊看這些癡人說夢的故事，一邊洗涮涮地幹活兒（蘿拉・斯・蒙德福／林鶴譯，2000：102）。」今天大眾文化盛行的影響消費時代，肥皂劇及其所代表的文化得以能夠迅速流通與傳播的理由，也仍然是和「女性的、私人的、視覺的、敘事的和個性化的天地」（同上引：106）有關。尤其肥皂劇中那些枝蔓牽纏而略顯冗長的劇情，錯綜的情節線索，以及角色間千絲萬縷的糾葛，在韓劇的「日常生活」影視表象中表現的尤其如此。而且，作爲生產者與消費者多爲女性的韓劇，它遵從「認同身分（identity），而不是權力（power）」（陸揚、王毅，2000：105）。的傳媒賣點，從而將情感話題與家庭話題的可能性和鎖定女性觀眾收視群體基本的法則，連同日常生活中的人世萬象推到一個極致，並巧妙地融入和滲透韓國的民俗。這在韓劇中體現得淋漓盡致，如《藍色生死戀》、《冬日戀歌》、《青青草》……從劇碼名字的詩意、陰柔而唯美到畫面音像的唯美到故事編劇的童話感，俯仰皆是。於是，韓劇在迎合與滿足觀眾夢幻、溫馨與釋放等情感心理的需要中，實現了影像消費中的「流通意義和快感」的良好商業性互動。而且，這其中所體現的，或許不僅僅是觀眾的自娛自樂的心理滿足，更有一種費西克所說的文化經濟理念在其中：「文化經濟與金融經濟

不同，商品從生產到消費並非直線進行，意義和快感在流通中，根本就沒有生產和消費的區別，故觀眾是身兼二職，既是消費者也是生產者（同上引：117）。」而早在費西克之前的英國傳媒理論家哈特利也曾經指出：「與物質產品的消費不同，意義的消費不是一次性的，在媒介再生產的流通過程中，意義的生產和再生產並不完全來自電視台和製片人（同上引：116）。」而也正是因為成功地理解了影像的生產與消費的關係，韓劇才得以在廣泛得基礎上獲得好感親近以及由此帶來得流通意義與快感。

因此，如果說現代社會對商品的崇拜常受有策略的操縱，那麼「韓流」作為一種在大陸風行崇尚的文化商品，它對「日常生活」精心的媒介製作與推播，則集中而有趣地通過其對日常生活成功的媒介表象到位地實現了其女性消費這一特定的文化設計。

顯然，提及「韓流」的文化蘊藉，很多人馬上反應的是與之不約而同地文化認同，覺得從中感受到了久違的中國傳統文化的餘韻。這也是「哈韓」不僅見於中國大陸，而且風靡港台地區、乃至整個東南亞的原因。不過有意思的是，當我們仔細體味、分析這份認同感，就會發現，不得不承認的一個事實是，當看到影視劇歌舞等作為具象化的韓國文化圖像，如「韓國」的濟州島風景、料理、影音，以及在形象消費意義上接受的明星，我們認同的理由並不是基於它們與我們的文化親和性，反而恰恰是因為它們屬於「韓國」而非「中國」的文化異質性。傑克斯（Jenkins）對英文中「認同」（identity）一詞的含義所做的考察，發現「認同」（identity）一詞具有相似性和獨特性兩個含義，「相似」（similarity）與「差異」（difference）是認同的兩個不同的方面（Jenkin, 1996: 3-4）。霍爾認為，文化身分「絕不是永恆地固定在某一本質化的過去，而是屈從於歷史、文化和權力的不斷『嬉戲』」，他還認為，「把『文化身分』定義為一種共有的文化，集體的『一個真正的自我』，藏身於許多其他的、更加膚淺或人為地強加的『自我』之中」，「按照這個定義，我們的文化身分反映共同

的歷史經驗和共有的文化符碼，這種經驗和符碼給作爲『一個民族』的我們提供在實際歷史變幻莫測的分化和沉浮之下的一個穩定、不變和連續的指涉和意義框架」。也就是說，文化身分並不客觀也不固定，但我們總在尋找它「共有的文化」來敘述它，這就可能取決於與某種國家民族意志相關的「共同體」（斯圖亞特‧霍爾，2000：208）。從這一點上，我們看到文化接受的複雜性，我們常常以一種自動半自動地狀態把自己的文化認同理念物件化，所以與其說是「韓國」流行文化，不如說是「我們（心中）」的「韓國流行文化」。進一步探究「韓流」在中國大陸的盛行的文化情結，與其說是基於彼此文化相通或相近的熟識與親近，或許也更是出自一種在西方歐美文化盛行下的一種東方式的集體自救的心理和行爲，是人們呼喚更久遠的東方傳統文化的普遍認同。

然而，爲什麼會出現這樣的文化心態呢？弗納斯說：「不論是個人還是群體，都不僅僅擁有一個認同，而是同時擁有不同的認同，至於哪一種認同成爲注意的核心，取決於人們具體所處的環境（Hohan, 1995: 223）。」經濟發展水準差異會產生不同的消費方式，而消費觀念和消費心理的不同也成爲影響族群認同的重要因素。比如，在某種程度上，中國「哈韓」族與韓國消費理念的不認同超過了對商品和大眾文化的認同。由此得結論：認同不是一個簡單的、單一的實體，而是分裂的、交叉的多元和多維系統，包括很多不同的層面，把認同歸結爲其中任何一個方面而忽視和否認其他方面，都是片面的。又如：韓劇中多展示的是溫情的浪漫的、中產與小資的，而實際上韓國的現狀也有梁貴子下《遠村》所寫的韓國的「底層」。於是，出現了兩個看上去相去甚遠的韓國形象，到底哪個才是韓國形象的真正代表呢？其實這兩個韓國形象是一直同時存在的，這才是現實中的真實。但是，顯然在時下絕大多數中國觀眾特別是韓迷的心目中，前者即韓劇所營造出那個韓國形象才是唯一的答案。因此，出現了城市「經驗」與「想像」分離的深刻內涵，在於人們對城市知識中的文化訴求。一般來說，城市的文化身分是多元的、不統一的，甚至是非邏輯的，而在人

們對城市的集體的想像性敘述中，卻往往將它整體化、中心化、邏輯性起來，從而導引出對城市的公共性認知，並在此基礎上，表達城市「經驗」。而事實上，根據這樣的認知表達出的，往往已經不再是「經驗」，而是「想像」。比如，基於國人的現代性想像，漸漸產生了關於韓國的公共知識，比如韓國抵制外國貨而買國貨的普遍存在的激昂的愛國主義，其實並不是這樣簡單的。可見，現實中這一超越經驗（不止韓國自身兩個的現實經驗，大多未真切走進韓國的韓迷客觀地理上的無知而造成一定程度上依據韓劇的自我想像經驗）的韓國流行文化有著意識形態特性以及意識形態化的過程，並有意無意中推廣開來。

因此，與其說「韓流」盛行是我們借助它來實現為了某種傳統文化的蘊藉與皈依，從而得到了巨大的文化心理滿足，是否可以說或許這也構成了對「韓流」的一種填補式文化症候的想像閱讀？由此，我們獲得某種自我文化想像帶來的文化樂感寄望。

自1980年代後期以來「走向世界」的宏大敘事的瓦解，也顯示了對於全球化的某種失望的態度。但另一方面，對於全球化的浪漫主義仍然存在。實際上，從全球文化的角度看，這看似矛盾的思維都是西方話語的跨國知識生產的不可或缺的部分，都是跨國文化資本運作的一個環節。這種矛盾一方面以普遍人性的訴求，提供對於「中國」乃是無限趨近於西方的他者的想像，這就強烈地表明中國的「現代性」尚未完成，中國尚處於時間上滯後的狀態，充滿對西方的渴望。但另一方面，它以強調中國的特殊性提供一個「他性」的空間上的特異性。它同樣以愛國的訴求提供一種人類學意義上的特殊的「古典性」的中國。實際上，二者正是互補的，前者是中國尚未實現的絕對的本質，而後者是中國需要擺脫的具體的本質。只是在當下中國的特殊語境中，這種互相依存的二元對立戲劇性地表現在一種特殊的同一性之中。

中國本身具體的狀態已經進入了西方，已經變成了一種充滿混雜性的曖昧的景觀。無論是網際網路在中國的成長，對於中國的巨量投資，中國商品的出口，中國旅遊的成長以及20年來大量中國移民的出現，都使得中國的神秘性被全球化所解構。阿波杜拉（Appadurai）提出的那五種「景觀」，包括人種、科技、金融、媒體和意識形態的流動的發生已經是一個「中國」的現象（Appadurai, 1990）。「自我」和認同於西方的主流意識形態，中國的特殊性和西方的普遍性之間的微妙的互相作用，恰恰投射了當下中國面對的困境。這裡有一個內在的分裂，一方面是非常激進的民族主義式的訴求，這種訴求無疑顯示了某種深刻的挫敗感和焦慮感，如同賽曼・杜林所指出的：「與其說，金錢、傳送和資訊流是文化的基礎，不如說它們是文化的媒介。因此，文化和經濟及帶有經濟傾向的政治利益之間的關係是前所未有的清晰。」在這裡，中國大陸電視劇相形於韓劇的困境無非是我們文化的困境的一種深刻的表徵。全球化在此不是浪漫的福音，而是一種複雜的關係。中國大陸電視劇的命運也無非是這種關係的投射。

　　面對全球化的新的選擇成為當下中國發展的新的趨向，文化心態上不是得回到一種閉鎖的空間中，而是應當積極尋求在當下語境中的新的表達。韓國影視劇，對於全球化的表現沒有那種走向世界的投入，也不極端民族主義式的簡單抗拒，而是將視野投向本地的核心居民，以他們的經驗和人生作為表達的基礎，把他們的困境、挑戰、希望和力量表現出來，體現了一種靈活但真切的關懷，一種對於簡單化的超越和一種對於本地社群的傾情投入，這種對「全球化」的新的反應方式為中國大陸影視劇提供了一種新的選擇。從某種意義上是否也可以說韓國影視劇恰恰替大陸拍出了反應大陸自己當下文化心理狀態的影視劇？如何在中國普通民眾面對的生存挑戰面前的反應，它應和一個社群面對的緊迫問題，提供對於中國當下的新的想像。這種想像真正恢復了中國影視劇尋求「真實性」的「現實主義」傳統，回到了本地核心居民的趣味和關切之中。

註釋

* 基金專案：「中央高校基本科研業務費專項資金資助」（supported by the Fundamental Research Funds for the Central Universities），北京航空航太大學基本科研業務費專案人文社科科研基金專案「跨界與重建——論新媒介時代文學審美話語的建構」（YWF-10-06-046），國家社會科學基金2009年度青年專案「『唯物』新美學」（09CZW058）。

參考書目

王逢振（1998）。《詹姆遜的基本思想及發展》。

田緒（2004）。〈韓國經驗對我國文化產業發展的借鑒意義〉，《青年研究》，2。

林鶴譯（2000）。《午後的愛情與意識形態》。北京：中央編譯出版社。

相華利譯（2005.08.21）。〈新中國的文化〉。取自第一線教育網。

馬海良、趙國新譯（2000）。《身體與社會》。春風文藝出版社年版。

陸揚、王毅（2000）。《大眾文化與傳媒》。上海：三聯書店。

陳曉丹（2005.08.26）。〈韓劇牛鼻子在哪〉，《湖南廣播電視報》。

張卓（2005.10.24）。〈「韓流」熱中國？韓劇的溫情抓住了中國人的心〉，《中國青年報》。

傑姆遜（1986）。《後現代主義與文化理論》。陝西師範大學出版社。

斯圖亞特・霍爾（2000）。〈文化身分與族裔散居〉，羅鋼、劉象愚（編）《文化研究讀本》。中國社會科學出版社。

詹小洪（2005.09.28）。〈「大長今」折射韓國文化戰略〉，《新民週刊》。

趙一凡等譯（1992）。《資本主義文化矛盾》。三聯書店。

劉精明譯（2000）。《消費文化與後現代主義》。譯林出版社。

Appadurai, A. (1990). Disjuncture and difference in the global culture economy, *Public Culture, 2.*

Hohan, F. (1995). *Cultural theory and late modernity* . London: Sage.

Jenkin, R. (1996). *Social identity* . London: Routledge.

美少女戰士的星艦奇航
OTAKU文化與迷文化之比較分析 / 李世暉／著

美少女戰士遇見星艦奇航

2002年6月，美國一位資深記者麥克葛瑞（Douglas McGray），在專門探討全球時事的國際性雙月刊雜誌《外交政策》（*Foreign Policy*）中，發表了一篇名為〈日本的國民酷毛額〉（"Japan's gross national cool"）的文章。文中談到，包括動畫、漫畫、時尚、音樂與設計在內的日本流行文化，目前已在國際上獲得高度評價，同時也轉變了世人對日本的傳統印象。在世人心目中，特別是青少年的心目中，代表日本的主要符號不再是Kyoto（京都）、Sushi（壽司）與Sumo（相撲），而是AKIBA（秋葉原）、Nintendo（任天堂）與Pokémon（神奇寶貝）。麥克葛瑞也認為，日本已逐漸朝向文化大國邁進，必須重新給予日本文化力（GNC，仿自GNP）新的評價。上述「酷日本」（Cool Japan）觀點的提出，立即在美國與日本國內形成熱烈討論的話題，也成為學者專家在研究現代日本流行文化時必然引用的文章。[1]

值得注意的是，這篇文章雖然沒有任何一個章節段落提到「OTAKU」（台灣一般譯成「御宅族」）一詞，卻在日本成為平反OTAKU既定印象的代表著作。這是因為，支撐現代日本流行文化的核心消費族群，就是OTAKU。OTAKU正式躍上現代日本文化評論的舞台，是從1983年中森明夫在《漫画ブリッコ》上的《「おたく」の研究》連載專欄開始的。這個字原本是第二人稱代名詞「お宅」，用以稱呼對漫畫、動畫與遊戲極端的偏執愛好且欠缺社會交際能力的人。然而，隨著漫畫、動畫與遊戲逐漸成為代表現代日本的流行文化與大眾文化，OTAKU一詞也開始由負面、貶抑的意義，轉為正面、褒揚的意義。如今，OTAKU在現代日文中指的是對某件

事物有深入研究的專家，而在漫畫、動畫與遊戲的世界裡，他們是一群對畫面與影像的感受性極端進化的人種。這種中性的OTAKU定義，集大成於日本野村綜合研究所編著的《おたく市場の研究》一書中。

該書認定的OTAKU特徵有三，分別是：第一，有某種人、事、物做為執著的對象；第二，以極端的方式把時間與金錢集中消耗在該對象身上；第三，對於該對象有豐富的知識與創造力，而且會從事一些散播資訊與創作的活動（オタク市場の研究，2005：2）。第一項是以OTAKU的個人感受經驗層面切入，屬於情感性定義；第二項是以OTAKU的高忠誠度、收集式的消費行為層面切入，屬於經濟性定義；第三項則是從OTAKU對於執著對象的再體驗、再詮釋的層面切入，屬於社會性、文化性定義。綜上所述，OTAKU可說是一群以強烈感受進行積極消費，並對執著對象的「文本」（text）進行自我詮釋的「狂熱迷」（cult fan）。

「OTAKU現象」，或者稱之為「狂熱迷現象」並非日本社會所獨有。由英國科幻影集《異世奇人》（*Dr. Who*）與美國《星艦奇航》（*Star Trek*）系列所引起的「科幻迷」（science fiction fan）現象，也在1990年代引起歐美的社會文化學家的熱烈討論。這些討論或多或少都延續了伯明罕（Birmingham）當代文化研究中心（CCCS, Centre for Contemporary Cultural Studies）所提出的「青少年次文化」（youth subculture）分析概念，把流行文化的研究同廣泛的社會政治文化批判聯繫在一起，集中研究大眾文化和消費文化的問題。[2]伯明罕學派批判式地繼承了法蘭克福學派的分析方法，不再以精英主義的立場來研究文化，強調大眾文化是一種意識形態控制的形式；而是把視角轉向媒體、教育、文本闡釋為核心的青少年次文化的反抗成分。例如，布立奇（Dick Hebdige）就認為，戰後社會變遷過快，引起個人與社會價值體系的混亂，使許多青少年產生認同危機。當青少年不滿於主流社會的觀念與做法，且彼此相互影響及採取共同行動的結果，就形成了「青少年次文化」。而每一個青少年次文化都代表一種「解決方法」，是次文化抗拒主

流價值、挑戰主流文化的多元文化鬥爭（Hebdige, 1979: 130-144）。

　　這種「對抗式」的分析論點雖然對多元文化下的社會關係有一定的解釋能力，但是卻無法完全解釋OTAKU文化與迷文化。華萊士與克瓦切沃（Wallace, C. & Kovacheva, S.）有鑑於此，在其青少年次文化的研究中指出，現代青少年「逃避」的欲望比反抗的欲望來得強烈，青少年想從一切制度化的規訓與控制中逃離，像是實踐一種消極的自我孤立（Wallace & Kovacheva, 1996）。缺乏社會參與感的青少年，經常是藉由沉迷科幻文本世界，或是透過與其它志趣相同的次團體互動、認同來獲得他們的心理支援。

　　在上述豐富多樣的思潮帶動之下，歐美的「迷文化」（fandom）研究與研究一樣，呈現出各種不同的面向。希爾（Matt Hill）則是將現代迷文化的面向，綜合整理如下：「迷」不是一個以條理分明、符合邏輯地與以檢查挑選的事物，它永遠具有表演性質，它是人們所宣稱（或否定）的認同，同時它也以文化活動呈現。換言之，「迷」從來就不是一個中立的表達或單一的指涉，它的處境和表現隨著文化場域的不同而有所轉變（Hills, 2002: xi-xii）。事實上，在日本文化場域中，迷文化的具體表現是為「OTAKU文化」。OTAKU文化在充斥著日本傳統文化與歐美高級文化的社會環境中，以漫畫、動畫與遊戲為媒介，透過大規模的「角色扮演」（cosplay）、「同人誌」（comic market）活動，[3]分享彼此的美學意識與對執著文本內容的情感，形成一種全新的生活文化；其代表文本為「美少女戰士」。而在美國文化場域中，迷文化的具體表現是為「狂熱迷文化」。狂熱迷文化在「嬉皮文化」、「搖滾文化」等反抗式的美國青少年次文化風潮中，藉由對科幻題材等特定領域的沉溺、交流與創作，發展出多樣性的、充滿情感的溝通文化與消費模式；代表文本則為《星艦奇航》。

《美少女戰士》（美少女戰士セーラームーン），是由日本漫畫家武內直子創作的魔法少女漫畫作品。其動畫版與漫畫版於1992年同時製作，後來更被改編成舞臺劇和真人版電視劇，是日本OTAKU文化形成過程中，最重要的作品之一。《美少女戰士》的各種周邊產品在1990年代席捲日本市場，也在世界各地造成風潮。武內直子所樹立的《戰鬥美少女》作品類型，以極具親和力的主角設定（純真可愛的國二少女），包裝一個極端虛構的故事情節（前世爲月球公主的女主角轉世到地球對抗黑暗邪惡勢力），引導閱聽大眾超越現實與虛構的隔閡，得以忘我地投入文本的世界（齊藤環，2006：36-38）。《戰鬥美少女》的重要性，在於它開創了以OTAKU爲主要訴求的作品類型，不僅深深影響日後日本漫畫與動畫的發展歷史，也助長了日本社會的OTAKU文化。

　　《星艦奇航》於1966年9月8日在美國NBC（National Broadcasting Company）全國電視網播出時，只是一部冷門的電視影集。然而，這一齣描繪未來世界的科幻傳奇，在帶領閱聽大眾經歷各式各樣匪夷所思的宇宙奇航與星球探險的同時，也以現實性的角色性格刻畫與社會性的故事情結設定（例如，對少數族群的關懷以及對政治平等主義的擁護），豐富了文本的內涵。這場爲時三年（1966年至1969年）的「現實世界虛構歷史」（pseudo history in real world）的宇宙冒險，卻成功地吸引閱聽大眾的目光。該文本的世界觀，從1960年代延續至今，已經發展成爲涵蓋六代電視影集（共計726集）、十部電影（第11部將於2008年上映）以及上百部的小說、電腦和電視遊戲。《星艦奇航》是科幻娛樂界史上最受歡迎的文本之一，也對其他科幻系列的虛構作品造成深遠的影響。

　　《美少女戰士》與《星艦奇航》這兩部作品所造成的社會影響力，都各有其獨自發展的文化脈絡。透過對上述兩作品的分析，以民族誌（ethnography）研究法來比較日美兩國的社會情境，剖析不同地區文化的特殊現象，並非本研究的重點所在。本研究認爲，應該將關注的重點放在：

OTAKU文化與迷文化產生的背景與其消費行為的異同。這是因為，除了日本與美國之外，包括台灣在內的世界各地，到處都有OTAKU文化與迷文化的影子，它不但滲透到一般消費者的日常生活之中，甚至影響了全球性的流行文化。現在，OTAKU文化與迷文化已經不再是日本與美國獨有的社會現象，它在消費主義的驅動下，跨越了國境、民族與語言，已成為現代消費社會中的重要議題之一。

OTAKU文化與迷文化有一共同的消費特徵，即：積極地以個人情感驅動消費行為。這類消費現象，屬於消費文化理論中的心理分析層面，一般被歸類在文化消費的分析範疇。雖然文化消費分析的主要分析途徑，均主張現代消費社會的文化消費行為是被刻意操弄，而消費者在進行消費行為時所展現的情緒、情感、品味與風格，是一種被動接受的結果。在這種分析途徑下，消費者的文化消費行為模式，不論是消費動機、消費過程與消費結果，皆被文化所影響，被社會所制約。然而，無論是在OTAKU文化還是迷文化，這些不同國籍或地區的消費者並非只是被動的符號接受者，而是一群主動的、足以改變現代人消費習慣的情感消費者。本研究將以日本OTAKU文化以及美國迷文化為分析標的，探討現代社會的情感消費現象。

消費理論的演變

在經濟學的世界裡，「消費」（consumption）一詞意味著使用商品與服務以滿足人們的需求。而人們在進行消費行為時，只單純地受到效用與購買力的理性選擇影響。然而，大眾消費的出現，讓傳統經濟學的消費概念開始出現變化，其所包含的意義不再只是對商品的使用，而是包括了消費者對商品的夢想、情感與個性化處置。事實上，在現代的消費社會中，每一種消費行為的背後，都是消費者與自己，同時也是與社會對話的過程。這種對話過程，經常如實地反映出消費者的心理狀態、社會地位與文化背景。

傳統經濟學的消費概念對於這項轉變的解釋，並不能得到令人滿意的結果。而「邊際效用價值論」的出現，適時地彌補了這段解理論上的空白，成爲日後消費經濟學說的理論基礎。[4]邊際效用價值論乃是根據個人對不同商品的各種欲求與偏好的排序，將消費行爲簡化成一個可量化的標準。它對於消費理論的重要性在於：指出消費商品的效用就是滿足慾望的能力，人的意志對消費決策有影響力。（周長城，2003：76-77）換言之，「偏好」（preference）可以決定人的消費行爲，理性選擇不再是決定消費行爲的唯一基礎。然而，現實生活經驗顯示，大部分的消費行爲經常是多面向的、變化的與無通用計量單位的。而部分消費行爲甚至只能用非量化詞語來表示其過程。[5]在這種情況下，經濟學家開始借助心理學與行爲學的理論來分析消費行爲的多樣性、複雜性與具體消費過程。例如，美國經濟學家薛托夫斯基（Tibor Scitovsky）直接將消費者的需要和滿足的根源區分爲刺激、個人舒適與社會舒適等三項範疇，強調：「刺激是消費者重視的新奇、變化、興奮、挑戰與驚訝所提供的趣味；舒適就是消除、減緩、防止疼痛或不舒適。舒適又可分爲個人舒適和社會舒適。個人舒適指生理需求，使某人生理上舒適，免去各種勞作，或是提供這些需求和欲望的進一步滿足；社會舒適是從一個人在社會、職業、組織、工作場所或正式與非正式的群體，特別是社會群體中獲得的身分和地位的滿足，以及從象徵這些身分和地位的職稱、目標、佔有物和行爲中獲得的滿足」（Scitovsky, 1986: 119）。

　　上述從心理學與行爲學出發的分析架構，開拓了現代消費理論的領域。消費不再是單純地滿足物質需要，而是一種出現在人們頭腦之中的理想化實踐；消費行爲也逐漸被認爲是心理和情感層面運作的結果。因此，在現代消費社會中，商品已不再只是滿足個人需求的物品，而是建構個人身分過程中的積木塊，或者被用作與他人進行交流的符號、去除困擾人們問題的治療劑（Calder, 1999: 6）。

對於消費理論的研究，學者不僅從心理學與行為學的層面剖析消費現象，也嘗試以社會學的觀點來探討消費文化興起所衍伸的社會議題。其中的代表人物為美國的凡伯倫（Thorstein Veblen）與德國的齊默爾（Georg Simmel）。前者提出「炫耀性消費」（conspicuous consumption）的觀念，強調炫耀性消費是上層階級展示自己的階級地位的方式之一。[6]而後者則是在探討大眾消費的「流行」（fashion）概念時指出，流行作為一種社會實踐，是社會下層階級以模仿上層階級來提升自己社會地位的運作方式，是「階級區隔的產物」（Simmel, 1957: 544）。到了1980年代初期，法國社會學家布迪厄（Pierre Bourdieu）率先將「品味」（taste）的概念導入消費學的領域內，主張：在消費社會中被消費的物件並不是物品本身，還必須考量消費者自己賦予物品的意義，即基於習慣、階級等社會機制所形成的品味體系（Bourdieu, 1984: 171）。雖然這些研究或多或少都存在著對於消費社會不屑一顧的批判，針對消費現象的論述也總是圍繞著「階級」、「權力」與「支配」等概念上，但這些傑出的研究卻也點出了消費社會的一項重要特徵，即「消費的風格化」的出現。

　　部分研究消費現象的學者認為，消費風格化的出現與消費社會中的各種符號以及概念有關，而消費社會中符號與概念的滲透現象，也讓現實世界充滿了消費者個性或消費者態度（Lury, 1996／張萍譯，2003：44）。而法蘭克福學派的學者更主張，最具符號意義的文化商品都是被刻意製造出來的。統治階級藉由消費文化來麻痺社會大眾的感受，讓他們沉迷在一時的愉悅、瞬間的幸福或虛假的滿足。例如，德國著名的社會學家馬庫色（Herbert Marcuse）就曾指出，資本主義透過文化工業，提倡一種「消費主義的意識形態」，強迫消費者接受指定的態度和習慣，以及特定的知識與情緒反應，並由此肇生一種「單向度的思維與行為」（one-dimensional thought and behavior）模式，也讓這種意識形態成為一種新的社會控制機制（Marcuse, 1968: 26-77）。

英國社會學家坎貝爾（Colin Campbell）反對法蘭克福學派的論點，主張：「客觀現實與主觀反應之間，乃是透過意識的中介，如此一來，在如何連結此兩者方面，個人有很多選項。信念、行動、美學偏好和情緒反應，不再直接取決於環境，而是由個人的意志所決定」（Campbell, 1987: 73-74）。換言之，在現代的消費社會，一方面生產者試圖將意義商品化，也就是將概念與符號變成可以買賣的東西；另一方面，消費者則試圖賦予買來的商品以個人的、新的意義。因此，具有主觀意志的消費者並非永遠只能被動地接受宰制，而會選擇性佔有某些文化工業（culture industry），並透過創造性的手法，表達特殊的意義。

在這種思維下的消費行為不再是生產、階級、符號與概念的禁臠，而是一項包含個人感官經驗、追求快樂願望的自我決策與創造性過程。特別是現代消費社會的蓬勃發展，促使經濟學家與社會學家開始從文化的角度，根據個人的消費體驗來探討慾望、快感、情感、審美觀與滿足感等問題。在部分研究學者的眼中，現代消費的本質活動不再是實質的選擇、購買或使用，而是一種由產品形象本身所賦予的、想像中的歡愉追求。而真實的消費主要是此一「精神的」（mentalistic）享樂主義產物（ibid.：89）。上述經濟學家與社會學家關於現代消費現象的解釋，在某種程度上標誌了情緒消費（或者稱之為情感消費）群體已經形成，他們的需求不是受到傳統經濟學所主張的「需求經濟」的約束，而是受到慾望、情感與偏好的制約。

情感消費

現實生活中，將激發情緒當成主要的利益的商品隨處可見、隨手可得。舉凡電影、小說、漫畫與遊戲，都藉由誘發消費者恐懼、快樂或悲傷等情緒來吸引消費者來進行消費。此外，生產者也會將商品設計或定位成可防止、緩和不悅情緒的事物，玩具與音樂就是具體的例子。特別是在現

代的消費社會，消費行爲已成爲滿足人類需求和需要，並產生滿足、快樂、挫折或失望等體驗的行爲過程（王寧，2001：6）。也就是說，消費的過程與結果會影響到消費者的情緒，而情緒也會影響消費者的消費動機與過程。然而，在消費者行爲學中，關於情緒與消費的探討，大多僅止於情緒和行銷策略的關連，分析的焦點在於：如何利用情緒性字眼來引導其產品定位、銷售展示與廣告策略。至於如何將不同的正面或負面情緒轉換成產品利益，相關研究對此則著墨不多。事實上，消費者會積極調整其情緒狀態，並由不同的情境與商品來提升正面情緒感受（positive affect）或消除負面情緒感受（negative affect）。

　　眾所週知，情緒是人類心理活動的一個重要部分。影響人類情緒的因素可能來自外部環境，如陽光、氣候、色彩、聲音等外在環境的直接感受；也可能肇因於現實世界中具體情景與事件的心理想像。情緒變化經常會伴隨著瞳孔、心跳、呼吸等生理上的變化，並形成主觀的感受、情感、行爲與想法（Delbert, Hawkins, Roger, & Coney, 2003／葉日武譯，2004：283-284）。一般來說，情緒與人類的需求有密切關係。滿足了需求，人就會產生愉快的情緒；無法滿足就會產生焦慮、憤怒的情緒。這亦是達爾文（Charles Darwin）之所以主張情緒乃是一種具有「文化普遍性」（cross-cultural similarity）現象的原因之一（Darwin, 1904）。但是，除了本能的、生理上的需求之外，人類更重要的是社會性的需求。在面臨社會性需求的情況下，情緒乃成爲個人在文化脈絡中，在團體中習得與建構對於人事物的態度、判斷與內在感受的表達。鄧金（Norman K. Denzin）就指出，情緒是自我與社會之間結合的一段歷程，源自於社會環境的人際互動，被涵括在社會關係之中（Denzin, 1984: 94）。換言之，人的部分情緒（如恐懼、憤怒、悲傷與快樂）源自於人類生物的本能，但有更多情緒（如罪惡、羞恥與驕傲等）是經由社會化的過程而習得的，屬於個人主觀的判斷與感受。[7]

雖然文獻中對於名詞的定義不一，但情緒往往被用來指陳相當短暫但強烈的經驗。事實上，當我們提到情緒時，通常是指那些明確而特定的感受，而這些感受大多來自個人的主觀判定。舉例而言，在相同的情境下，每個人對悲傷、快樂、憤怒與害怕的感受各不相同。此外，在各類情緒中個人主觀成分濃厚的感受，特別是牽涉到個人認知中喜歡與否層面的明確感受，可稱之為「情感」（affect）。現實生活中，情感與情緒經常被相提並論，但一些探討情緒的理論家，諸如克斯伯格（Lawrence Grossberg）與馬斯米（Brian Massumi）等人，均試圖區別兩者。例如，克斯伯格指出，「情感不同於情緒或渴望，情感與我們所謂的生活感覺緊緊相繫。你可以了解一個人的生活，可是你無法體會其中感受」（Grossberg, 1992: 56-57）。換言之，情感的形成與個人生活事件的經驗有關，是社會所建構的結果。而馬斯米則是採用德勒茲學派（Deleuzian）與史賓諾沙學派（Spinozist）的觀點，視情感為情緒的「結果」（effect）（Massumi, 995: 83-109）。兩位情緒理論家以不同的方式，關注於如何區辨情感與情緒兩者，建立起「有結構情感對照無結構情緒」的研究範疇，讓情感成為可分析的、有結構的、有特定形式的、可加以觀察的研究概念。

　　情感的結構性與可分析性主要來自於行為者的主體性與社會性，乃是個體主觀投入與社會文化脈絡的複合物。情感分析對於「經濟社會學」（economic sociology）的重要性在於：它主導了個人「偏好」（preference）概念架構的形成。[8]在一般經濟社會學指稱的偏好是：「個人重視的那些事物和活動，以及其中的組合能夠帶給我們多少快樂？」（Layard, 2006／陳佳伶譯，2006：160）這與傳統經濟學上的定義接近，但情感成分卻強了許多。經濟學所謂的偏好一般是指消費者對於商品的主觀感覺，但這種感覺的強烈程度無從衡量，只能從個人的選擇行為來推測。換言之，傳統經濟學的偏好等於慾望加上理性選擇。但在現代的經濟社會學中，情感是可以衡量的；而個人偏好是會被影響的，甚至是可以被塑造的。特別是在現代消費社會中，個人的偏好往往極易受到主觀情感的左右，因此，經濟社會

學的偏好乃是欲望與情感的結合。當經濟學從個體經濟的活動中排除社會面向時，就不足以理解人的經濟行為；同樣地，當消費經濟學從個人偏好中排除情感要素時，就不足以解釋人的消費行為。

這種以個人情感驅動消費行為的研究途徑，一般被歸類在消費文化理論中的心理分析範疇，屬於文化消費的一個層面，本研究以「情感消費」（affective consumption）名之。長久以來，在布希亞（Jean Baudrillard）與布迪厄（Pierre Bourdieu）所建構的文化消費學的分析架構下，現代消費社會的符號化趨勢必然造成符號的積極操縱，而個體在消費中所體現出來的品味與風格，也是刻意操縱下的結果。在這種思維脈絡之下，消費者對於符號的詮釋與情感，皆為社會文化形構過程中自然表現的秉性與態度。然而，近來研究「OTAKU文化」、「迷文化」與「酷文化」等青少年次文化的學者發現，青少年是一群主動的符號消費者，並非只是被動的符號接受者（OTAKU文化、迷文化與酷文化的異同之處可參照表1）。青少年的消費動機是根據自己的目標、意義與社會認同，以不同的消費方式去挪用文化工業所提供的商品，並透過「拼貼」（bricolage）與情感依附，轉換商品的象徵符號。[9]如同傑金斯（Henry Jenkins）所言，「迷」（OTAKU）的消費具有一種強烈的情感投入，並由此形成既定的價值觀，「讀者不是被拉入小說事先構成的世界，而是進入他自己以文本素材所創造的世界。因此他的價值觀至少和敘述系統所偏好的價值觀一樣重要」（Jenkins, 1992: 63）。

就方法論的觀點而言，「OTAKU文化」的研究與「迷文化」的研究有許多相似之處。被歸類為「OTAKU」或「迷」的消費者，經常是在情感的「體現經驗」（lived experience）中進行消費行為。不論是積極參與消費社會的「狂熱迷」，還是疏離的「社會孤僻者」（socially-atomised），「OTAKU文化」與「迷文化」的一個主要面向是「情感性定義」（affective definitions），亦即「迷文化」（OTAKU文化）的現象為迷（OTAKU）所強烈感受的自身經驗。（Hills, 2002: xi）因此，迷文化可說是一種情感消費的行為表現。

表1：現代社會主要情感消費之比較分析

	OTAKU	迷（fan）	酷（cool）
文化概念	次文化	次文化	次文化
社會認同	想像的自我	想像的自我	演出的自我
消費動力	逃避	逃避	反抗
消費特徵	文本的	文本的	模仿的
商品價值	商品創造符號價值	商品創造符號價值	符號創造商品價值

綜上所述，可以得知，情感消費可視為一種情緒的符號性消費，伴隨著消費過程，消費者得以表達、體現或隱含個人的情緒感受。在情感消費的過程中，不論是消費前的需求或消費後的滿足，消費者藉由對過往經驗的依賴與主觀想像的創造，將情感依附在商品之上。在此必須強調的是，現代消費者雖然一股腦地投身於一連串的情感體驗，並不意味個人被象徵符號制約或失去控制。這是因為從情感消費所獲致的滿足的主要形式，乃立基於「允許個體挑戰內在與外在真實之間的界線」（Harrington, & Bielby, 1995: 133），而迷（OTAKU）則可藉由個體特殊的經驗與想像創造，自由地跨越這條幻想與真實之間的界線。這亦是情感消費異於一般文化消費之處。

迷與OTAKU消費的分析

迷與OTAKU在進行消費時，對於文本的強烈情感投射與沉溺，會變成一種驅動力，迫使他們採取極端的消費行動。因此，很多時候，他們對消費的價格彈性會變得極小，很容易就會把絕大部分的可支配所得全都用在文本所延伸出的周邊商品上。此外，當迷與OTAKU一再重複「經驗想像」（empirical imagination）文本內容，或是反覆透過增加手中的蒐集品與收藏

品而漸漸接近心目中的文本世界時，他們對於文本的情感，也會跟著愈來愈多。這是一種正回饋的結構，會加速其消費活動，誘發迷與OTAKU再次消費的螺旋式循環。[10]而且，由於迷與OTAKU的目標只是試圖接近一個永遠達不到的「虛擬世界」，導致他們樂於一直不斷地消費下去，甚至還常會為自己設定新的消費目標。是什麼樣的機制，讓迷與OTAKU採取這種極端消費行動？我們可以從消費者的情感投射與沉溺層面著手進行分析。

心目中的文本世界時，他們對於文本的情感，也會跟著愈來愈多。這是一種正回饋的結構，會加速其消費活動，誘發迷與OTAKU再次消費的螺旋式循環。[10]而且，由於迷與OTAKU的目標只是試圖接近一個永遠達不到的「虛擬世界」，導致他們樂於一直不斷地消費下去，甚至還常會為自己設定新的消費目標。是什麼樣的機制，讓迷與OTAKU採取這種極端消費行動？我們可以從消費者的情感投射與沉溺層面著手進行分析。

當迷與OTAKU進行消費行為時，其消費動機通常是尋求一項足以投射個人情感的過渡性客體，並從中獲得滿足。這項過渡性客體可以是美少女戰士、星艦奇航的動畫、漫畫與影集等文本，可以是Hello Kitty、Snoopy與神奇寶貝（Pokémon）等玩偶，更可以是模仿文本角色的穿著打扮與化妝方式（即cosplay）。迷與OTAKU一旦選定過渡性客體進行消費時，即代表該消費者將個人情感交付予該過渡性客體。而此一過渡性客體不僅是情緒符號的象徵性投射，也是「涵容」（retain）迷文化與OTAKU文化消費者情感之所在。一旦迷與OTAKU過於關注、甚至沉溺在符號商品時，主體與客體間的關係通常呈現出一種「膠著狀態」（stuckness）。這類近似於戀愛情感的膠著狀態，是一種強烈的「親密感幻覺」（illusion of intimacy），與消費者個人情感依附狀態息息相關。迷與OTAKU在進行情感消費時，通常會產生一種虛實難分的錯覺，會對象徵文本世界的符號商品無私地投入。不管是希臘神話中的Pygmalion，還是現代消費社會中的一般消費者，對於現實世界的部分要素抱持著獨特且深厚的個人情感而沉浸其中的例子所在多有。[11]

史都華則是以模型為例，強調這種源自於巨大物體「轉喻」（metonymie）手法的人工產物，壓縮了現實世界的時間與空間，「使世界宛若能在其睥睨一切的姿態中顯現出來」（Steward, 1984: 162）。而當人們凝視著模型時，不僅是以觀看者的角度暢遊在有別於現實世界的空間裡，也讓個人與模型之間的情感互動，固定在某一特別的瞬間，呈現出前述的膠著狀態。鐵道迷、機動戰士鋼彈模型OTAKU的消費行為模式，就是具體的例子。在史都華的研究中，並沒有將模型大小限定在必須是可以隨身攜帶的尺寸，動物園、博物館與主題樂園均屬於一種與現實世界隔離的「模型」。

值得一提的是，部分迷與OTAKU的消費行為者在與符號商品的互動過程中，有時會出現幻想與真實之間的認知失調，經歷一種互為主體性的文化經驗，並建構出嶄新的「自傳式記憶」（autobiographical memory）。[12]這種記憶往往伴隨著毫無動機的憐愛、憧憬情感，是他們用來敘說自己身處於理想化世界的證據。心理學家康威（Conway）在其研究中發現，人們提取自傳式記憶的時間要比提取其他訊息種類的時間長得多。對此，康威解釋道：個人之所以要花較長的時間提取自傳式記憶，是因為它們是被建構而成的，而不是被複製出來的。而自傳式記憶情感的反應模式是將現在當做過去（Conway, 1996: 67-93）。當迷與OTAKU進行消費行為時，其自傳式記憶即因符號商品的發現而不斷地被拼貼與建構，讓他們在脫離時間概念的狀態中確立個人意識中的主客觀念，最終沉迷於虛構的情境而流連忘返。綜上所言，迷文化與OTAKU文化的符號或概念，正是屬於現實世界中一種距離的意識，它排除了日常生活經驗的「雜質」，為他們構築了一個親切、安適、幸福與超脫時間、空間的理想化情境。費勒斯通（Mike Featherstone）為此下了註解：「自我意識即將造就情感的發展，從而使我們在美學捲入和超脫的兩極之間自在往來。既可以享受全心投入的愉悅，也可以享受超脫的距離美」（Featherstone, 1991: 81）。這種消費模式，讓迷與OTAKU只要繼續對某領域的東西有特別偏好，也就是形成某種獨特的

情感後，他們就會不斷持續地消費下去。

迷與OTAKU經濟學

二十世紀初期的德國，有兩位學者曾經針對經濟成長的關鍵因素，作出兩種截然不同的解釋與說明。韋伯（Max Weber）主張經濟成長的根本要素在於「勤勉與節約」。這與新古典學派的供給面經濟學說相符，即在給定的技術之下，經濟規模乃是由勞動與資本的投入所決定，而促進經濟成長最直接有效的方法則是：勤勉地提供勞動以及節約地蓄積資本。與此相反地，桑巴特（Werner Sombart）認爲，決定經濟規模的並非供給面因素，而是需求面因素。他在分析中世紀歐陸貴族的家計簿時發現，這些貴族爲追求女性的歡心以及奢侈的生活，多將私財投入民間委託生產玻璃鏡、陶瓷器皿、蕾絲衣物等女性用品與奢侈品上。因此，桑巴特主張，促進經濟成長的關鍵要素是與個人情感欲望息息相關的「戀愛與奢侈」（森永卓郎，轉引自〈萌え経済学〉，2005：144-145）。

上述兩項說法都有其立論依據，但在現今消費社會下，如何滿足需求面的消費者之情感體驗，已成爲眾廠商致力追求的目標。例如體驗行銷（experiential marketing）專家施米特（Bernd H. Schmitt）就曾強調，現代消費行爲可視爲一種具有普遍性、令人感官暈眩又觸動人心的經驗情境，而消費者的體驗形式可以以下列五個層面加以分析：感官（sense）、情感（feel）、思考（think）、行動（act）與關聯（relate）。（Bernd, 1999）這種體驗行銷是在體驗消費文化（或者說是情感消費文化的衝激下所產生的以感受爲主體的行銷活動），目前儼然已成爲諾基亞（Nokia）、蘋果電腦（Apple Computer）、星巴克（Starbucks）等現代成功企業的共同特質。在這種發展趨勢下，情感消費已成爲現代消費社會經濟成長的重要推手。而迷與OTAKU的消費行爲更是現今消費社會中情感體驗的最佳體現。

迷與OTAKU以自身的情感經驗爲依據,在消費行爲上發展出獨特的、極端的、高度的消費傾向。他們的這種消費行爲,隨著消費社會的成熟與資訊傳播的快速發展,已經由過去的「利基的市場區隔、規模小而優先度低」轉變爲「影響力大、扮演領導市場的角色」(オタク市場の研究,2005:iii)。以日本OTAKU市場爲例,米蒂雅創作室(Media Create)以遊戲、公仔模型、同人誌、DVD以及其他出版品等五個屬於「專門性」的OTAKU商品項目,統計出目前日本OTAKU市場的規模爲1,866億日圓(2008オタク產業白書,2007)。而野村總合研究所則是將OTAKU的定義擴大至娛樂、時尙與影音電器等產業部門,指出日本OTAKU市場規模爲4,110億日圓,並在持續快速成長中。[13]更有部分日本產業觀察家認爲,以動畫、漫畫與遊戲爲核心的日本OTAKU市場,規模已經超過兩兆日圓(堀田純司,2005)。

在迷(OTAKU)經濟學中,決定消費者購買行爲的因素不再是傳統市場行銷注重的產品(Product)、價格(Price)、流通(Place)與促銷(Promotion),而是與「收集」(Collection)、「創造」(Creativity)與「交流」(Community)。而主導迷(OTAKU)消費模式與其相對應的心理及行動特徵,則是來自於他們對既定文本的收集、共感、自律、歸屬、顯示與創作等欲求及情感因素。其中,收集欲求是一種「強迫自己收集偏好對象所有情報或周邊商品」的心理;共感欲求則是「想讓別人知道自己特別偏好的對象有多好」的心理;自律欲求是一種「想透過對於偏好的堅持來肯定自己」的心理;歸屬欲求是「強烈地想形成有共同價值與歸屬感」的心理;顯示欲求則是一種「向外傳布自己搜集到的情報或對文本提出解說與批評」的心理;創作欲求是一種「針對自己偏好的領域創造或創作作品的心理」。這些屬於迷(OTAKU)的心理與情感特質,是誘發、影響、甚至主導他們消費模式的重要指標,可稱之爲「迷(OTAKU)因子」。[14]

若綜合分析迷與OTAKU進行符號消費時的心理背景，可以將其歸納成下列三項要素：認知與感覺的要素、情感的要素以及故事性與世界觀的要素。認知與感覺的要素主要是指周邊商品外型、顏色等外觀設計；情感的要素則與迷（OTAKU）的社會體驗與自我認同有關；故事性與世界觀的要素則是包括迷（OTAKU）的自我投射與角色轉換心理。若以涵蓋所有迷與OTAKU市場的「角色商品」（character goods）為分析標的，則能更加了解迷與OTAKU的情感消費背景。[15]依據日本CHARAKEN在2000年所作的問卷調查顯示，消費者對於角色商品的實際心理效能要求主要可分為八大類，分別是：心靈平靜、尋求庇護、逃避現實、回歸童心、確認存在、湧現活力、轉換心情與變身願望等（Charaken, 2000）。其中，前四項屬於療癒（healing）效能，有助於消費者忘卻日常生活中的不愉快經驗，進入一個遠離現實的夢幻世界；確認存在的效能使消費者建立自信心，有助其發展個人的社會關係；後三項則為活力效能，消費者藉由對角色的認同與憧憬，進行角色轉換，並從中得到勇氣，重新振作。能夠滿足消費者所有心理需求的商品，才是一項成功的角色商品。

　　從上述角色商品的特徵以及其訴求的效益可以得知，在現代消費社會中成功的角色商品，都有一項共同的特質，即能讓消費者產生情感認同；而這些能夠讓消費者產生情感認同的、成功的角色商品，其核心的消費族群實乃迷與OTAKU。而這股情感消費的風潮發展至今，已經不再侷限於角色商品的層面，而是以迷與OTAKU消費族群為中心，擴及到時尚、汽車、家電、網路等其他產業部門，儼然形成一種新的經濟學門，可稱之為「迷（OTAKU）經濟學」。

結論

　　在現代社會中，消費不但是經濟活動、社會活動，而且還是心理活動、情感活動。因此，它不僅具有經濟價值、社會意義，也與個人心理體

驗、情感實踐息息相關。消費的經濟價值與社會意義突顯了消費的生產性與社會性，而消費的心理情感活動則表現其情感性與文化性。本研究以迷（OTAKU）消費爲分析對象，探討經濟社會學下的情感消費現狀。情感消費並非是日本或美國獨有的現象，而是現代消費社會下的普遍現象。概括地說，情感消費根植於二十世紀社會文化變遷這一深刻的時代背景，也是心理學家、社會文化學家對於現代人情緒狀態與消費實踐進行積極關注的結果。從這個角度來看，情感消費分析繼承了西方人文精神批判的傳統，不僅爲時下消費文化實踐中所存在的符號與象徵、支配與反支配、認同與抵制等關係提供一個完全不同的視角，也爲現代消費社會研究創造了一個全新的範疇與空間。

　　由上述對於情感消費的分析可以得知，迷（OTAKU）消費雖然無法完全擺脫佛洛姆（Erich Fromm）所界定之「消費是現代人逃避壓力、痛苦與不幸的避難所」的範疇，[16]但其形成基礎並非源自於法蘭克福學派所指稱的「虛假需求」，而是反映了現代消費者的真實情感，是一種現代人主動參與的消費行爲。因此，迷（OTAKU）消費者對於符號商品的消費絕非強迫性消費，而是忠於自我情感的個人自由選擇。在可預見的未來，隨著現代社會中個人情感日漸解放的趨勢，情感消費佔據個人消費比重的百分比將日益增加，而迷（OTAKU）消費現象也將會受到更多的關注。本論文是一項對於現今正在進行之情感消費主義的學術性嘗試，冀望藉由可愛消費理論的建構來分析現代消費的情感構面，同時期盼能夠引發日後的研究學者對此領域進行更進一步批判分析的興趣。

註釋

1.如中村伊知哉，小野打惠編著《日本のポップパワー：世界を変えるコンテンツの実像》，東京：日本経済新聞社，2006；杉山知之《クール・ジャパン：世界が買いたがる日本》，東京：祥伝社，2006。

2.代表著作為Tulloch, J. and Jenkins, H. Science Fiction Audiences: Watching "Doctor Who" and "Star Trek". London: Routledge, 1995.

3.「同人」一詞在日文的意思是原指「志同道合之人」的意思，因此「同人誌」可以說是「志同道合之人交流互動的媒介」。有著相同喜好的人，完全自費出版、編輯、印刷，然後分送或販賣給想閱讀的人，這即是日本「同人誌」的由來。原本的同人誌並沒有特定的創作目標事物，舉凡小說、散文、韻文等都是日本同人誌的創作主題。「同人誌」發展至今，已專指消費者對於漫畫或與動畫相關文本內容的周邊創作。

4.1870年代，奧地利的孟格爾（Carl Menger）、英國的傑逢士（W. S. Jevons）與法國的瓦拉斯（Leon Walras）三人在彼此不相識、各自獨力研究的情況下，不約而同的提出了邊際效用遞減的原理，將工資、利潤、利息與地租等都歸為人們心理因素的作用。這項經濟學說上的變革一般被稱之為「邊際革命」（marginal revolution）。

5.例如，David Throsby就認為，在研究文化消費時必須區分經濟價值與文化價值的差別。前者是以貨幣作為通用的計量單位；而後者則是以審美、精神、社會、歷史、象徵與真實性等評價標準來衡量價值。參照Throsby, David, Economics and Culture, Cambridge: Cambridge University Press, 2001.一書。

6.參考Thorstein Veblen. The Theory of the Leisure Class: An Economic Study in the Evolution of Institutions, New York: Macmillan, 1899. 炫耀性消費提出之後，一直要到1960年代，由社會學、消費者行為學與行銷學學者借鑒了經濟學的相關研究方法後，對於炫耀性消費（特別是奢侈品消費）與行銷的關連研究才有實質性的進展。

7.Lupton曾經將情緒研究途徑區分爲兩大類，一類是將情緒視爲本能，認爲情緒是人類與生俱來的能力；而另一類則是將情緒視爲是社會文化建構的產物。見D. Lupton. The Emotional Self, London: Sage, 1998. P.10-16.

8.「經濟社會學」（economic sociology）是一門研究經濟與社會關係的學科，自十九世紀中期英國經濟學家穆勒（John Stuart Mill）首度提出之後，就開始被多位經濟學家與社會學家所引用。在經濟社會學出現以前，經濟學家所處理的問題通常是：經濟行爲者在何時採取何種行爲會產生怎樣的經濟效果，對於非經濟因素的影響力經常視而不見，或是存而不論。而在經濟社會學出現以後，經濟學家開始將關注的焦點放在：行爲者爲什麼會產生這樣的行爲。

9.Dick Hebdige指出，流行文化提供了豐富的圖像與商品，不同的團體可以用無數的方式去加以轉換與重組，超越生產者的用意和想像。這種商品符號被重新組合的過程稱之爲「拼貼」。參照Dick Hebdige. "Subculture: The Meaning of Style." In K. Gelder, & S. Thornton Eds. The Subcultures Reader, London. pp.130-144.

10.關於OTAKU消費行爲模式的詳細分析，可參照野村總合研究所オタク市場予測チーム《オタク市場の研究》，P.14。

11.Pygmalion是希臘神話中的賽普勒斯（Cyprus）國王，他愛上了自己用象牙雕刻的少女雕像。最後，Aphrodite女神受其癡情感動，賦予雕像生命。後世的心理學則是將這種對於事物的「非尋常愛戀」稱之爲Pygmalionism。這種故事情節深受文學小說家的喜愛，愛爾蘭劇作家蕭伯納的《Pygmalion》、日本古典小說《源氏物語》與華人武俠小說家金庸（本名查良鏞）的《天龍八部》，都曾出現類似的故事情節。

12.自傳式記憶是一種個人對自身生活事件的記憶，與人們生活上的重大目標、強烈情緒以及個人意義有關，主導了人們自我認同與自我概念的形成。

13.詳細的數據統計資料，可參照野村總合研究所オタク市場予測チーム《オタク市場の研究》一書。

14. 關於「迷（OTAKU）因子」的進一步分析，可參照野村總合研究所オタク市場予測チーム，《オタク市場の研究》，頁15-16。

15. 角色商品一詞是和製英語（日本人所創造的英文）「character goods」的直譯。所謂的「角色」一般是指漫畫、動畫、電視或電影等媒體上出現的創作角色（fanciful character），但也包括現實世界的人物肖像與企業商標。根據日本BANDAI公司的研究部門CHARAKEN在2000年的調查顯示，83.9%的日本人目前持有角色商品。見CHARAKEN，《キャラクターに癒しを求める現代人：第1回キャラクターと癒し調查結果報告書》，2000。〈http://www.chara-labo.com/report1.pdf〉。

16. 佛洛姆進一步指出，一時消費的滿足，只能帶來暫時的愉悅，接著而來的往往是更大的痛苦。其消費的詳細論述可參照：Fromm, Erich, The Sane Society, New York: Rinehart, 1955.

參考書目

Charaken（2000）。《キャラクターに癒しを求める現代人：第1回キャラク
　　　ターと癒し調査結果報告書》。取自http://www.chara-labo.com/report1.pdf
中村伊知哉、小野打恵編（2006）。《日本のポップパワー：世界を変える
　　　コンテンツの実像》。東京：日本経済新聞社，
王寧（2001）。《消費社會學：一個分析的視角》。北京：社會科學文獻出
　　　版社。
杉山知之（2006）。《クール・ジャパン：世界が買いたがる日本》。東京
　　　：祥伝社。
周長城編（2003）。《現代經濟社會學》。北京：武漢大學出版社。
株式會社メディアクリエイト（2007）。《2008オタク產業白書》。東京：
　　　Media Create。
陳佳伶譯（2006）。《快樂經濟學》。台北：經濟新潮社。（原書Layard, R.
　　　[2006]. *Happiness.* London: Penguin Books Ltd.）
堀田純司（2005）。《萌え萌えジャパン：２兆円市場の萌える構造》。東
　　　京：講談社。
森永卓郎（2005）。《萌え経済学》。東京：講談社。
葉日武譯（2004）。《消費者行為：建立行銷策略》。台北：前程企業。
　　　（原書Delbert, I., Hawkins, B., Roger, J., & Coney, K. A. [2003] . *Consumer*
　　　behavior: Building marketing strategy. Boston: Mcgraw-Hill College.）
張萍譯（2003）。《消費文化》。南京：南京大學出版社。（原書Lury, C.
　　　[1996]. *Consumer culture*. Cambridge; UK : Polity Press.）
野村総合研究所オタク市場予測チーム（2005）。《オタク市場の研究》。
　　　東京：東洋経済新報社。
齋藤環（2006）。《戦闘美少女の精神分析》。東京：ちくま文庫。

Bernd, H. S. (1999). *Experiential marketing: How to get customers to sense, feel, think, act, and relate to your company and brands*. New York: Free Press,.

Bourdieu, P. (1989). *Distinction: A social critique of the judgement of taste.* (R. Nice, Trans.). London, Melbourne: Routledge & Kegan Paul.

Campbell, C. (1987). *The romantic ethic and the spirit of modern consumerism.* Oxford: Basil Blackwell.

Conway, M. A. (1996). Autobiographical knowledge and autobiographical memories. In Rubin, D. C. (Ed.), *Remembering our past: Studies in autobiographical memory* (pp. 67-93). Cambridge: Cambridge University Press.

Darwin, F. (Ed.). (1904). *Expression of the emotions in man and animals*. London: J. Murray.

Denzin, N. K. (1984). *On understanding emotion.* San Francisco: Jossey-Bass.

Donald , W. W. (1971). *Playing and reality.* London: Penguin Books Ltd.

Erich, F. (1955). *The sane society*. New York: Rinehart.

Featherstone, M. (1991). *Consumer culture and postmodernism.* London: Sage.

Grossberg, L. (1992). Is there a fan in the house? The affective sensibility of fandom. In L. A. Lewis (Ed.), *The adoring audience* (pp.56-57). London: Routledge.

Harrington, C. L. & Bielby, D. (1995). *Soap fans: Persuing pleasure and making meaning of everyday life*. Philadephia: Temple University Press.

Hebdige, D. (1979). Subculture: The meaning of style. In K. Gelder, & S. Thornton (Eds.), *The subcultures reader* (pp.130-144). London, New York: Routledge.

Hills, M. (2002). *Fan culture*. London: Routledge.

Jenkins, H. (1992). *Textual poachers: Television fans and participatory culture*. London: Routledge.

Lendol Calder. (1999). *Financing the American dream: A cultural history of consumer credit*, New Jersey: Princeton University Press.

Lupton, D. (1998). *The emotional self*. London: Sage.

Marcuse, H. (1968). *One dimensional man.* London: Sphere.

Massumi, B. (1995). The autonomy of affect. *Cultural Critique,* 31, 83-109.

Robert, M. Y. (n.d.). Transitional phenomena: Production and consumption. In B. Richard (Ed.), *Crises of the self: Further essays on psychoanalysis and politics.* London: Free Association Books.

Simmel, G. (1957). Fashion. *American Journal of Society,* 62(6), 544.

Steward, S. (1984). *On longing: Narratives of the miniature, the gigantic, the souvenir, the collection*. Baltimore: John Hopkins.

Scitovsky, T. (1986). *Human desire and economic satisfaction: Essays on the frontiers of economics.* Brighton: Wheatsheaf Books.

Throsby, D. (2001). *Economics and culture*. Cambridge: Cambridge University Press.

Veblen, T. (1899). *The theory of the leisure class: An economic study in the evolution of institutions.* New York: Macmillan.

Wallace, C. & Kovacheva, S. (1996). Youth cultures and consumption in eastern and western Europe. *Youth & Society, 28*(2).

仲介日本流行文化[*] / 偶像商品專賣店在台灣　許瀞文／著

　　走在都會台灣，放眼所及，商店招牌上處處穿插著非標準中文的文字，巨幅看板上往往呈現外國藝人與跨國商品廣告的影像，街頭年輕人的打扮更是時時追趕日韓和歐美流行風潮。這樣一個由消費商品、流行意象、多重混寫堆疊而成的都市街景，清楚展示了跨國商業行銷與全球消費文化在台灣留下的印記。不惟台灣，亞洲各地的都會景觀也在迅速變遷中，從北京到東京、從首爾到香港，廣告看板上的文字與影像日益接近，串連出一個彼此間交通日益頻繁、移動力日益強大的亞洲。而不斷興築的購物中心、商圈、街道造景等，更讓亞洲城市與世界各地追求資本、形象、觀光的都市同樣成為現代化與消費主義的展示場，妝點出同質化的都市性（urbanity）。

　　流行文化與消費商品的跨國傳播，以及日趨相似的都會性，引發了對「亞洲」的重新認知（Iwabuchi, 2004）。有學者認為，東亞已經形成了一個奠基於消費和大眾流行文化的泛亞洲認同（Pan-Asian identity）。不同於以往將亞洲定位為「儒家文化區域」的主張，這個新定位的泛亞洲認同與泛亞洲文化是消費取向、都會性、以及世界性（cosmopolitan）的（Chua, 2004）。在商品流通中，亞洲產生了共同的流行文化語彙，以及共同的流行文化意象，形成了一個「想像的消費共同體」（imagined community of consumption）（Lewis, 2003: 269）。在學習消化接收外來產品的過程中，消費者調整對於商品來源地、亞洲、和文化商品意義的認知；在科技的幫助下，共同消費流行文化商品和明星的人們形成了跨國群體（Darling- Wolf, 2004）；在混寫廣告包圍下，對流行影像與多元文字的掌握，更成為解讀亞洲都會空間必備的新技能（Liao, 2003）。

消費文化與全球化流行不只由上而下的傳播，還在巨型看板與跨國行銷夾縫中由下而上的流動。在消費者和流行文化商品間，不只有媒體產業，還有實際上引進、操作、仲介商品的商人，在面對面的互動中建構這些商品的意義和傳輸管道。廣告看板上帶著手提電腦遊走世界、以流利外語四海交遊的亞洲人，以及新都會商圈中的露天咖啡座與異國餐廳，代表了這個新亞洲對全球化、消費力、與都會性的想像；而扛著皮箱、以身穿越國界的商人，則是「全球」與「在地」交會的具體呈現。他們在這個跨國文化流動中扮演的角色，跨國商品透過他們在地的傳播途徑、機制、和運作方式，是討論當今亞洲流行文化消費時，值得深究的一個面向。

本文所關注的，正是這樣一群在台灣與日本間來去、偶爾取道香港跑單幫的獨立商人。以高雄市新堀江及火車站商圈中販賣日本流行音樂相關產品的「偶像商品店」為起點，旁及台北市西門町同類型商家，本文追溯這些商店生成變遷的歷史背景，其跨國／跨地區的商品網絡，以及商品交易中商家與消費者的互動，以了解跨國文化與商品被仲介給本地消費者的具體過程、獨立商家如何在跨國經濟體系中尋求生存空間、和跨國流行文化的在地消費。從媒體文本分析（如：徐佳馨，2002）、跨國文化工業行銷運作（如：李天鐸、何慧雯，2002；謝奇任，2006）、到消費者對這些外來文化產品及其內涵的解讀（如：李明璁，2003，Ko, 2003），對日本流行音樂與電視劇在台灣的盛行，以及亞洲各國間頻繁的跨國文化傳播等現象已有許多討論，但這些討論對於不透過正式授權管道與跨國公司引進文化商品的獨立商店依然著墨不多。藉由觀察偶像商品店的運作與日常活動，訪問商店人員了解進貨過程和商品選擇與呈現方式，採訪流連店中的消費者了解其接觸與消費日本偶像的過程、以及偶像商品店在他們的消費選擇中扮演的角色，本文期能對這波跨國流行文化在台傳播中的在地「仲介者」有更深入了解，在買賣、傳播的實質過程裡，檢視阿帕杜賴（Appadurai, 1996）所謂跨國界文化、商品流動（flows）與地方力量的交會。

日本的全球化？

　　日本商品與流行文化在過去十幾年席捲亞洲，甚至外銷歐美。強力而大量的傳播，鬆動了美國在全球流行文化與娛樂產業長久以來的領導地位（Allison, 2009; Iwabuchi, 2002），也使得Harumi Befu等人（2001）主張，日本已經是一個新的全球化中心，足以挑戰以歐美為中心的全球化理論。[1]在這波日本商品的傳銷中，穿越國界的，不再是沒有顯著國家特質、只有概括的「現代化」意象的汽車、音響等，而是帶有「文化芳香」，有明確「日本」特質，需要視聽者解讀的產品如音樂、電視劇、與電影（Iwabuchi, 2002）。Allison（2009）指出，「日本」已經成為一個與青年流行文化產品連結的品牌，藉由故事與情感聯繫的生產，同時賺取經濟和象徵資本。岩渕功一（Iwabuchi, 2002）認為，這些有明顯產地標示的商品能受到亞洲消費者接受，是因為「文化接近性」（cultural proximity），以及亞洲邁向現代化後，各地間發展出的共同體驗。從台灣／日本殖民承軸上討論日本流行文化的廖炳惠（Liao, 2003）與邱琡雯（2002）將其歸結於殖民歷史的遺留，邱琡雯憂心台灣消費者仍然在日本（文化）殖民宰制下，廖炳惠則以為，台灣的消費市場是多重殖民歷史、文化認同、和現代化進程所建構而成，日本殖民過往只是其中一個面象。不同於岩渕、廖等人強調日本與亞洲的歷史糾葛，中野嘉子（Nakano, 2002）認為，與其說各地消費者有相近文化和共同的現代性想像，不如說，在地消費者長期以來藉由翻譯漫畫、盜版影片、以及電視和流行樂的模仿，早已發展出對日本流行文化、敘事方式、音樂元素等的熟悉度（literacy），而能容易接收及了解這些有著文化芳香的產品。

　　無論是因為現代化發展下造成的文化接近性，或是消費歷史發展中得來的解讀能力造成日本流行文化的盛行，消費者要接觸到這些商品，仍然需要中間人的引進甚或教導、解釋。日本電視劇與流行音樂進入亞洲各地市場，可說是無心插柳的成果。直至近十年跨國合作的製作與行銷日漸盛

行前，日本在製作影視產品的過程中，並不以輸出為目的。台灣、香港等地電視台播放日本卡通、流行樂界長期翻唱日文歌曲彌補創作的不足，或是模仿日本綜藝節目，皆是「接收方」主動的行為（Nakano, 2002; Ogawa, 2001）。而日本電視劇更是因為衛星電視和有線電視台無法自製足夠節目填補時段，而被引入港、台、新加坡等地，從而成為一股流行風潮（Chua, 2004；李天鐸、何慧雯，2002）。如中野嘉子（Nakano, 2002）所言，主動翻譯漫畫、盜版發行日本音樂和戲劇影帶、甚至公然模仿日本綜藝節目編排的「未經授權的中間人」（unauthorized intermediaries），是讓亞洲各地消費者熟知日本流行文化語彙的重要基點。有了他們所建構、翻譯出來的消費習慣和文化知識，才使得跨文化的流傳更為流利。跑單幫引進日本流行音樂商品、買賣日本偶像的獨立商店，正是這其中的一個環節。

偶像與商品

要細觀偶像商品店之前，必須先理清所謂「偶像」意指為何，而「商品」又包含哪些東西。中文娛樂業的「偶像」兩字來自英文的teen idol或popular idol，同樣的英文字，在日本則譯為アイドル。從英文的idol、日文的アイドル、到中文的偶像，來源相同的一個字，在不同的地方脈絡中，有著不同的理解。因此，台灣「偶像」商品店中，賣的雖然是日本流行音樂相關產品，卻不見得與日本アイドル商品一致。

英美的idol成為流行藝人中重要分支，起源於一九五〇年代青少年逐漸成為消費主力之時。所謂idol指的是年輕貌美、以青少年為主要販賣對象的藝人。他們年紀與影歌迷相近，唱著旋律簡單的歌曲，主演的戲劇也往往環繞在青少年關切的愛情、友情、成長等主題上。在日本，アイドル的崛起也與一九七〇年代社會日漸富裕、物質化、年輕人消費力漸強的經濟社會變遷密不可分。這些アイドル主要是十多歲的青少女藝人，外型符合可

愛又帶點純真性感的條件，販賣對象除去青少年少女，也擴及成年男性及女性。九〇年代晚期以來，男孩團體（boy band）在歐美的復甦，也連帶帶動日本男孩團體的再度興盛，使得男性アイドル得以與女性アイドル分庭抗禮。[2]無論男女，アイドル都受到經紀公司嚴格管理，與歌迷間保持神秘距離，一言一行都維持完美（及單身的）形象，不接受沒有事先過濾過的訪問，但會由經紀公司或唱片公司主導，不斷在雜誌或官方出版品上發布各種詳細的個人資料如身高、體重、嗜好等，以滿足歌迷好奇與窺視的想望。他們引領日本年輕人的流行風潮，出色的外貌與平凡無奇的才華，也成了平民百姓可以同時崇拜與認同的特質（Treat, 1996: 10）。除了唱歌，他們還強調多元發展，演戲、主持樣樣嘗試，有著極高的曝光率。當歐美idols被分別歸類為歌手或演員時，日本アイドル往往不是以歌手、演員等做為身分表徵，是演藝界中一個自成一格的類別。近幾年，アイドル（以及一般歌手）的形象刻意親民化，讓消費者易於幻想自己與偶像間零距離。歌手在電視上表演時拉近與歌迷的距離（Stevens & Hosokawa, 2001），受訪時也常常談及日常生活瑣事。雜誌訪談中不乏請偶像談論「心目中理想的第一次約會」、「最近的一天」等貼近青少年的話題，在學中的偶像也會在雜誌上談論對功課、生活、和外型的煩惱。然而，即使偶像在雜誌上大談自己的生活細節，真正的日常生活依舊神祕，經紀公司依然保有嚴格管控的行銷策略，除了刻意的商業操作，戀情與醜聞更是不容曝光。

日本對アイドル的操作手法、日系アイドル的穿著打扮、以及日本流行音樂也影響了台灣和香港流行樂界，除去翻唱和模仿日本音樂外，更仿效日系アイドル，出產了從1980年代的玉女歌手、小虎隊、直到今日各據山頭的偶像團體與歌手。[3]然而，日本「偶像」這個詞在當前台灣的理解與運用，則要追溯至1992年衛星電視中文台以「日本偶像劇場」為名，配音播出在日本以都會年輕男女為目標的時裝「趨勢劇」連續劇集之時。趨勢劇（trendy drama）在台灣被重新包裝以俊男美女為號召的「偶像劇」，強調明星魅力、唯美畫面、以及現代都會男女之情（李天鐸、何慧雯，2002）。

「日本偶像劇場」引發新一代日劇風潮，使得演出日本趨勢劇的年輕演員、演唱趨勢劇主題曲的歌手、甚至其他當紅的年輕流行歌手，無論在日本定位爲何，在台灣一概被稱爲「偶像」。也因爲台灣對於日本偶像的定義與日本對アイドル的定義不同，所謂「偶像」商品店中所陳列的，除了正統アイドル的相關產品，也涵蓋了不屬於アイドル藝人的各項商品。

男孩團體、女孩團體等アイドル仍然是台灣偶像商品店販賣的主力，只是，雖然東京原宿海報店的展示櫃被美少女偶像佔據，台灣偶像商品店中販賣的男性藝人商品比例遠超過女性，尤以傑尼斯事務所（Johnny's Entertainment）和Vision Factory兩間經紀公司旗下的男孩團體商品最多。除此之外，畫濃妝走搖滾路線的「視覺系」藝人、在台灣有知名度的老牌アイドル、其他當紅歌手與演員、甚至聲優（卡通配音員）、地下樂團等等的商品都能找到。日本藝人體系分類複雜、產品種類多樣、商品在貨架上生命週期短暫，使得偶像商店經營者無論怎麼努力都找不到最適當的收納陳列方式。每間偶像商品店都溢滿商品，雜誌、CD、書籍和大量照片佔據多數牆面，大幅海報由天花板垂掛而下，印了藝人頭像的圓形扇子插放在網架上，各種收納架及展示櫃中更是層層疊疊、塞得滿滿的。

這些商品反映了日本幾十年發展後形成的龐大アイドル行銷與製造體系。配合唱片、演戲、主持等活動，以及雜誌曝光、話題製造等，アイドル製造機器維持了明星的能見度與「人氣度」（受歡迎程度）。從中衍生而出的大量商品，除了影音產品外，還有固定刊登訪談的雜誌、舞台演出的周邊、經紀公司或唱片公司不定期發行的官方照片與海報，以及各種廣告代言產品等等，不斷刺激消費者購買，也不斷提供他們收集擁有偶像的機會。雜誌向來是日本アイドル曝光的重要管道，尤其在一九七〇、八〇年代，在打歌期或戲劇上檔以外的時間，影歌迷往往只能藉由雜誌和官方歌迷組織發行的會刊看到他們喜歡的歌手、收集這些明星的身影。而今，在經紀公司、出版社共同合作下，雜誌依然是維持明星能見度的工具，也

是影歌迷收集的重點。以在台灣偶像商品店必見的傑尼斯旗下藝人為例，每個月會固定出現在五、六本鎖定青少女客層的演藝雜誌如《Myojo》和《Wink Up》上，新片上演或唱片發行期間，會透過電視刊物如《TV Weekly》、音樂刊物如《Oricon Style》等宣傳，一些流行雜誌也固定或不定期刊出他們的報導訪談。除去雜誌，日本經紀公司也發行官方照片、歌迷組織刊物，每當有演唱會或其他舞台演出時，也連帶發行海報、扇子、場刊、毛巾、手機吊飾、螢光手環等琳瑯滿目的周邊商品。為了促進單曲和專輯銷售量，唱片公司往往在第一刷時發行限量特殊版本（即所謂「初回盤」），隨片附贈海報、鑰匙圈等贈品「特典」，或者印製數版不同的封面，而一般版本的「普通盤」則可能另附「初回盤」所沒有的歌曲。隨著日本アイドル和演藝人員行銷日益繁複龐大、相關商品日益多元，台灣偶像商品店也不斷擴張或調整商品範疇。音樂產品外、寫真書和雜誌刊物是每間偶像商品店都能找到的商品。以販賣周邊為主的商店，也提供演唱會和舞台相關產品、明星代言商品、照片海報、甚至代購演唱會與舞台劇門票、以及和偶像身上打扮一樣的衣服飾品。日本電視綜藝節目光碟、非官方出版的寫真書與照片等，也在一些商店的商品範疇中。在日本龐大的商品與娛樂體系中，為消費者理出脈絡、介紹資訊，成了偶像商品店重要的功能。

在主流的邊緣

接觸日本偶像團體約十年的ゆき記得，當她因為日本放送協會NHK（Nippon Honso Keikai）電視台節目而認識並進而喜歡上日本偶像時，台灣的唱片行中還找不到正版的CD，更別說各種周邊商品。為了多了解偶像，她開始四處尋找他們主持和參與的綜藝節目，也開始收集雜誌和照片。那時，她常常在放學後背著書包到西門町的獨立唱片行和盜版光碟錄影帶店，擠在其他也背著書包、穿著制服的學生中「尋寶」。這些獨立唱片行，以及販賣周邊的商店，是她成為歌迷的「入門」工具，即使現在她

已透過其他歌迷、日本親友、以及網路開發出自己的日本商品來源，依然會不時到偶像商品店走走，看是否有任何吸引她的東西。

　　ゆき當年常去的偶像商品店，在不到十年裡已經三度搬遷，但一直沒有脫離西門町的範圍。夾在連鎖餐飲和服飾店中，這間位於巷道內某間老舊建築二樓、沒有明顯招牌的店很難引起注意。巷道之外不遠，也有另一間老牌偶像商品店。雖然店門就在大街旁，兩坪不到的店面和狹小門面讓過路客很容易忽略它的存在。小小幾個街區的西門町裡，像這樣隱匿難尋的新舊偶像商品店大概有七、八家，附近火車站商圈也隱藏著一些類似商店。在高雄，火車站商圈這個業者口中的「第一戰區」同樣有著三、四家店互相競爭，有的隱在巷道中，有的擠在書店角落。「第二戰區」的新堀江商圈中，有些店在動線曲折複雜的購物商場中，有些則藏身在商圈內或外圍的巷道中，隱埋在大街上的巨型看板下。

　　從南到北、從過去到現在，這些商店共通的特性，是他們都位在以青少年為主要客群的商圈中或邊緣，店面隱密難尋，店址也常常搬動。如果不是刻意尋找或是熟客帶路，很容易錯過這些小店。對此，一名偶像商店的店員說：「你不覺得我們這種店就應該這樣嗎？我們是地下的，不是很主流的那種東西，店也要開在主流的邊緣。」的確，在跨國娛樂產業和連鎖商店大招牌下，這些悄悄開在鬧區角落的商店，是在「主流的邊緣」尋求生存。歷經以販賣盜版品為主的地下時期、偶像劇引發的「哈日」風潮、跨國娛樂產業和政府版權法規改變的衝擊，這些商店一方面培育了一代代熟知日本流行文化的消費者，一方面也在經濟資訊全球化與消費者施與的壓力下，不斷進行調整，發展出日益制度化的運作方式與交易網絡，快速引進從影音出版品、演唱會周邊、到明星代言商品等的各式產品。

　　偶像商品店的前身，多是獨立唱片行、販賣進口雜誌的書店、賣海報照片的商店、以及以卡通漫畫產品為主的專賣店。直到一九九〇年代前，

日文商品進入台灣仍然受到管制，各種影音產品多半只能以「水貨」方式在地下流動，只有一些雜誌書籍可以以教材的名義進口。當時，版權法規寬鬆，許多獨立唱片行自行轉錄拷貝外國流行音樂錄音帶販賣，他們聽什麼、賣什麼，台灣的消費者也就跟著買什麼。在跨國資本進入台灣、唱片公司重組、代理權分配整合後，獨立唱片行空間受到壓縮，只有轉型以求生存。[4]兼賣偶像商品、繼續引進水貨，成了一些獨立唱片行轉變的方向。當年進口日文雜誌書籍的書店，也在日本物流公司進入台灣後，或銷聲匿跡、或被合併、或與日本正式合作擴大生意版圖，轉而發展為其他商店的書籍雜誌供應者。「卡漫」店與照片海報商店，則是一九八〇年代末期，台灣學校和政府對青少年管控逐漸放鬆、年輕人購買力增強、以消費商品為主流的青少年流行文化開始生成時，開始出現在以青少年為消費族群的區域。日本寫真集在此時蔚為風潮，日本動畫錄影帶越漸普及，漫畫不再躲在暗角，專賣卡通漫畫產品和工具的店也可以堂而皇之的生存。而，原本就出現在文具、禮品店中的明星海報、照片，也隨著寫真書的風行、日本新一代明星在台灣知名度漸高，而得以成為獨立店面。

以高雄為據點的Sam最早就是賣海報、照片起家。一開始，他賣的照片海報不限於日本偶像，但在發現偶像類商品的銷量遠甚於其他商品後，他轉而專營日本明星相關產品，終於發展成偶像商品的專賣店。距離Sam的商店不遠處，羅老闆的店則是以外文雜誌書籍起家，在盜版光碟和錄影帶盛行之時，他闢出專區賣日本偶像劇、綜藝節目、電影，而後，因版權和進口法規日漸嚴格，他的錄影帶、光碟專區漸漸被明星海報、照片、紀念品取代，而成了高雄歌迷的另一個重要商品來源。和羅老闆相同，台北西門町的連老闆也兼賣偶像商品，主要目的，是以其招來的生意繼續支持他的獨立唱片行。跨國唱片和代理制度的建立，雖然壓縮到獨立唱片行的生存空間，卻也提供了連老闆另一個生存的契機。一九九〇年代晚期，有線電視邀請日本明星來台宣傳影片，唱片公司也引進日本歌手來台演唱或宣傳，日本明星在台灣的曝光量與知名度

大增，連帶引起更多消費者好奇，日本明星相關商品商機隨之而起。當書店、唱片行、照片海報店、卡漫店紛紛轉型或兼賣相關商品時，專賣偶像商品的商店也跟著站穩發展腳步。ゆき長年光顧的商店，便從一開始就專賣偶像商品。十多年前，老闆劉小姐因為喜歡日本明星，又找不到相關商品，乾脆自己開店「服務同好」。當年只是一個小攤子的這間商店，多年來不只培養了忠誠的消費者，還「開枝散葉」培養了一些類似商店。一些長期在劉老闆、Sam 等人店裡來往的顧客和員工，在累積足夠資本後，也投入相同行業。「師徒」相承，使得這些商店在運作方式、進貨管道等各方面，都承襲了老牌偶像商品店的模式。

　　目前，在台北，由於消費人口多、消費力強，商店得以繼續保有各自的專攻項目，販賣偶像商品的店家，雖然或多或少在主力商品外也販賣其他類型的相關產品，但多半可以清楚區隔為唱片、雜誌、周邊店三大類型。在高雄，為數有限的偶像商品店則必須同時兼顧各類型商品，無法單靠一種商品生存，每件商品的進貨量也往往只有十幾件甚或個位數。因為無法依賴單一種類商品，進貨量也不夠，高雄的商店往往必須合作共同訂貨分攤成本，或透過台北商家拿貨，也必須發展出比台北更多元的進貨管道，才能夠取得又多又雜的各種產品。因為常常需要透過台北拿貨，這些商家也負擔了貨源不穩定、價位不確定的風險。當日方出貨量不足時，台北商家總是優先取貨，拿不到足夠貨品的高雄商店只能等待下一批商品，定價也因為成本波動而一變再變，熱潮結束後，定價滑落一、兩成更是常見的狀況。變化難測的定價，使得每一間商店都曾經是歌迷傳說的「黑店」。

　　日本流行文化製作體系發展有年，十多年前，當偶像商品店初具雛形時，往往連店家也不了解其中深奧，不知道除了影音產品、海報照片外，日本還有各式各樣的相關商品，也不知道同樣的專輯可以有多少版本，更不知道原來照片還分成經紀公司發行的官方照及非官方（通常可以在原宿

找到）的「原宿照」等。到日本跑單幫更是從錯誤中學習的過程，從批貨地點、打包方式、到在日本都市街頭的行進路線等，都必須一再摸索與計算。劉老闆便說，到了日本演唱會現場，剛開始「連要去哪裡排隊都不知道」，至於官方商店中勾選商品的單子則是花了許久才弄懂。貨品、路線相近之下，同行間發展出類似的運作模式，在商品大量推出的演唱會旺季，更經常在演唱會場或日本商店中相遇。因此，商家彼此都知道對方有什麼貨品、正在找哪些東西。當商人建立出跑單幫的共同模式時，在東京、大阪等單幫客經常來往之地，也發展出以接待台灣客為主、提供寄送貨物等服務的民宿，成為赴日看演唱會的歌迷與帶貨的單幫客經常選擇的住宿地點。

千奇百怪的商品，考驗這些獨立商家的行動力和創意，要掌握商品的發行，更必須持續不斷的做功課。報紙、網路、雜誌、電視、甚至店中來往客人帶來的消息，都成了決定進貨的因素。Sam解釋道，在日本知名度高的藝人，在台灣不見得「買氣」高。天王團體SMAP從未來台宣傳演唱，即使戲劇作品在電視上不斷播出，商品的詢問度卻不高。其歌迷年齡層普遍較高，也讓他們有能力自行到日本看偶像、買偶像，或者是對於收集照片、海報等商品不甚熱心。而，在日本唱片銷量普通的男孩團W-inds，則因為勤跑台灣，累積了一群歌迷，讓他們成為偶像商品店裡的熱門團體。日本流行變化快速，商品在貨架上的週期往往只有數週甚或數天，使得台灣偶像商品店必須不斷跟著變化，除了快速抓到日本的潮流外，也必須跟著台灣電視台或唱片公司的腳步，引進本地消費者熱中的產品。2006年夏季緯來日本台播出日劇《改造野豬妹》（野ブタ。をプロデュース）後，女主角堀北真希的寫真集詢問度立即大增；同年九月傑尼斯團體「嵐」來台演唱前後，他們的新舊單曲、演唱會影片、電視演出、演唱會周邊等，也立刻成為搶手貨。即使戲不在台灣上演、人沒到台灣演唱，當日劇《ごくせんII》（台譯《極道鮮師二》）奪下2005年日本多季收視冠軍時，劇中兩位男角所屬的團體Kat-Tun也引起台灣影歌迷關注。即時精確掌握台日兩

地的商品和資訊，成爲這些商店能否生存的關鍵。

　　新堀江的店主小玲說，偶像商品店的競爭籌碼在於商品的快速多元，能迅速反映市場潮流。她強調：「我們靠的是速度。你進貨快，可以找到別人找不到的東西，就會有更多人來買。」Sam也認爲，偶像商品店是「客人要什麼，我們就提供給他們什麼」。在網路、電視等資訊大幅縮減時空距離後，Sam覺得「歌迷越來越沒有耐性，他要什麼東西，就立刻要拿到」，要抓住顧客「就不能讓他們等」。西門町的劉老闆也表示，她開店的宗旨是「不管歌迷要什麼，我們都要幫他找到」。因此，即使只有一個人要，也必須竭盡所能的找到一張絕跡多年的海報，或是某個明星在某期雜誌上戴的戒指。對這些沒有引人注意門面、小本經營的商店而言，「快速」、「多樣」的名聲才是他們最靠得住的招牌。

　　在買賣過程中，商人與消費者其實互相教育、互相推動對方。在多年接觸，以及消費者主動詢問、要求取得商品後，店家才開始引進各種周邊產品、CD贈品等等。連老闆坦承，即使從事唱片進口多年，一開始也沒聽過「初回特典」，是因爲顧客在雜誌上看到了，向他們詢問，他「才知道要跟日本那邊拿贈品」。而，如劉老闆所言，「喜歡偶像，最後都會希望能看到本人」。消費者的詢問、加上商家自身累積了足夠的跑單幫經驗，讓部分偶像商品店將代買演唱會門票與代加入歌迷組織的服務納入業務。不僅如此，他們也將跑演唱會和官方商店學知的購物方式和經驗，傳承給赴日觀看演唱會和購物的消費者。

　　經過多年嘗試後，偶像商品店發展出一套日益制度化的進貨管道，日本出貨時間和船期也左右了偶像商品店運作的韻律。透過日本和台灣的物流公司及中、小盤商，偶像商品店得以取得日版影音產品和雜誌。除去自身跑單幫赴日採買，或託友人和店員趁赴日旅遊或看演出之便帶貨外，商家也開發在日本的據點，由移居當地的台灣人代爲購買商品、在網路拍賣

上標貨、加入歌迷組織抽演唱會門票和換贈品。香港商家也成為部分台灣商家的進貨管道，經由他們取得冷門或在日本已下架的商品。網路交易興起後，偶像商品店雖然面臨網路賣家挑戰，但偶像店快速專精的進貨管道、龐雜的知識，往往是網路新手賣家所無法競爭的。藉由網路，商家也開拓客源，將生意版圖擴張到外縣市甚或外國。在南北合縱連橫、跑單幫出國帶貨的過程中，這些位於鬧區邊緣的小商店發展出了跨越國界的商品管道，快速靈活的因應市場變化。面對大型連鎖唱片行的挑戰，他們在進貨速度、商品多樣化和專業化上取得生存空間。面對版權法規和商品輸入法的挑戰，則化整為零，或者只販售沒有正式授權給台灣電視公司的影片和綜藝節目，在不威脅到代理商權益的狀況下，繼續遊走於灰色地帶。

在台灣唱片公司和電視台尚未大幅引進日本產品時，這些商店是消費者唯一可以觸碰、收集日本商品的管道。許多接觸日本流行文化超過十年以上的消費者表示，他們認識日本藝人的契機，就是這些小商家和盜版雜誌海報。即使在電視台開始引進日劇、唱片公司開始發行日本單曲專輯後，因為授權產品有限，一些在日本頗有名氣、在台灣歌迷間口耳相傳的產品，依然必須透過獨立商店的管道取得。有些時候，唱片公司手握代理權卻遲遲不引進一些商品，也使得歌迷轉求偶像商品店或獨立唱片行。不透過代理商進口的「水貨」在速度和價錢上能與正式授權進入的「代理盤」競爭，因此，一些等不及貨品上架的消費者也會棄代理盤選擇水貨。日本流行單曲或專輯也許有代理商引進，雜誌也可能在一般通路找到，但演唱會周邊商品、官方照片等等，卻沒有正式授權管道，歌迷只能透過偶像商品店來購買。

偶像商品店的存在，填補了沒有代理權或有代理權卻不發行的市場空洞，而，源源不絕的商品、強調與日本近乎同步的速度，也維繫了影歌迷的消費熱誠。在日本電視劇與音樂經由國際唱片公司與媒體業者引進台灣前，它們已經占據都市角落，店主親身在台、日、甚至香港等地跑單幫，

引進日本雜誌、音樂產品、電視節目、海報照片等，是向台灣消費者介紹日本流行文化與情報的重要據點。即使有著跨國唱片行和正式授權行銷管道在，偶像商店專精又多元的商品，讓他們依然是消費者尋求日本流行文化商品和情報的交流點，也往往比正式管道更快速掌握到日本最新的商品風潮（以及商品種類）和最新行銷手法下產生的產品。時至今日，當日系音樂影視產品佔據連鎖唱片行貨架時，這些小型商店仍然在流行文化商品的流通中，扮演著積極主動的角色。

仲介日本偶像

走進Sam的店中，很容易注意到擴音器中傳出來的音樂，以及電視螢幕上不停播放的影片。Sam覺得，偶像商品店「跟咖啡屋一樣」，必須要製造出一個「氣氛」和「主題」。因此，一過了四點放學時間，客人開始上門後，Sam或留守店員一定會打開電視播放影片。電視和DVD放影機幾乎是每個偶像商品店的必備品，這些設備除了放影片製造「氣氛」、強調「主題」，還提供了店家和消費者彼此攀談的話題，也能在客人購買後立刻檢查光碟是否能正常播放。音樂、影片外，從地板直堆到天花板的商品，簇新的海報、扇子，透明塑膠套封裝的雜誌、書籍等亂中有序的大量商品，構築出來的不只是個不斷刺激消費的環境，還有著股「非主流」的地下氣息與神秘感，以及能夠經由觸碰商品來連接台灣歌迷與遠方日本偶像的親近感。這樣一個由商品堆積而成的環境，同時也是消費者流連、交流、討論、從而建立起共通消費經驗和歌迷認同的場域。在偶像商品店中，他們不只得到新音樂、新影像、新消息，更一再的學習如何消費偶像。

每當日本方面新品發行的消息傳出，台灣偶像商品店也開始動作，開放消費者提前訂貨。[5]「初回特典」、「普通盤」、「限定盤」、「代理盤」、「船版」、「空版」等一般人不熟悉的辭彙，是長期在偶像商品店

消費的歌迷的日常用語。不同來源的影音產品和書籍雜誌到貨時間差異頗大，價錢更可能差上兩三成，爲了顧全荷包，消費者當然必須知道其中差別。而，透過這些詞彙，消費者也學會了日本商品的行銷運作方式，習慣日本流行音樂發行和宣傳的節奏，知道什麼時候可以期待什麼商品。

　　對這些大多只有十幾、二十歲，依然在學中的消費者而言，一張要價八百元台幣的專輯或四百元的單曲，已經是不小的負擔。在消費低廉的高雄，就如同Sam所形容，「一張〔官方〕照片就是一頓飯的錢」。[6] 爲了方便年輕顧客，一些偶像商品店允許他們分期付款，一次百元、兩百元不等，直到累積至全額再將商品帶走。店員與老闆也經常提供意見，幫助（慫恿）歌迷選擇適合其消費能力的商品。當老闆不在場時，店員甚至會明白向顧客表示某些雜誌內容不多，可以不用買。經濟力有限的歌迷，不只得將日本發行和台灣進貨方式弄清楚，甚至還會揣測日本唱片或經紀公司的策略，預估他們的偶像可能多久會發一次片、什麼時候會有新片上檔，精打細算預計什麼時候「又要花錢了」，什麼時候又必須在同時發行的多樣商品中做出抉擇。「有沒有臉」、照片拍得合不合意，成爲選擇非音樂商品的重要依據。單價低，易於放在錢包、車票夾、鉛筆盒中，隨時可以拿出來看，又不易被師長同學發現而引發責罵或嘲弄的照片，也因此成爲歌迷首選。

　　即使商品價位不低，歌迷在偶像商店中一起討論、一起比價、一起羨慕可以「全包」的「大戶」之時，除了彼此提醒把錢花在「覺得值」的刀口上，也相互肯定對方購買偶像商品的花費是合理的。23歲、自估六年來在偶像身上已經消費20萬台幣的小歪就覺得，把錢花在偶像身上是一件正面的事情：

我爸媽不會說什麼。至少他們知道我為了他們（偶像）會去努力賺錢，會存錢，也知道我錢都花到哪裡去了。你砸錢和時間在偶像身上，總比拿去花在毒品上，或出去跟人家亂搞、打架什麼的好吧！

「大戶」所受到的欽羨，更肯定了「消費」是表達支持和忠誠度的方式。在偶像商品店中工作半年多的高中生小龜就說，她所支持的兩個偶像，其中一個「出了一堆東西，都買不完」，另外一個則「很少上雜誌、也沒有出CD」，只演出電視劇，讓她「想支持都不知道怎麼支持好」。將喜歡、消費偶像定位為正面的嗜好，將「花錢」視為對偶像的支持，使得這些歌迷可以合理化自己的消費行為。討論如何消費之餘，很多歌迷明白表示，日本經紀公司很懂得如何讓歌迷掏腰包，同樣的CD出多版不同的封面、一場演唱會出十幾種商品、一個團體能排列組合成不同的小團體出單曲，或是與其他團體聯合發片，「就是要你拿錢出來」。雖然知道經紀公司「很會（剝）削」，這些歌迷還是願意掏錢，除了是要藉此表達支持與忠誠，更重要的是因為：「喜歡啊，有什麼辦法？就是甘願為他花錢。」歌迷經歷三年的まつ更進一步的說：「這就是愛嘛！養男人是很花錢的。」把花錢購買偶像商品形容為「養男人」，讓歌迷在消費（或被「削」）的過程中，依然覺得自己握有主控權，更讓「小女生」歌迷轉為豢養男人的金主。消費、收集偶像之時，她們也將偶像化為能擁有的物品，甚而在言談中互動中，把自己的種種想像自行加在偶像身上。

在多數偶像商品店中，經常見到歌迷流連整個下午或晚上，與店員聊天、彼此交談、或是觀看影片。一邊看片子，歌迷也評論偶像的一舉一動、髮型服裝等等。從腳趾到頭髮、從腰圍到睫毛，偶像身上每一寸都是歌迷觀察的對象。藉著稱羨男偶像的纖瘦與好皮膚，青少女歌迷傳達了對自身外型的不安。這些歌迷也往往採取寵溺但嘲弄的口吻來表達對偶像的熟悉，比如取笑偶像「好笨，老是唱錯歌詞」、「穿這個衣服好好笑」，

或者開玩笑說偶像在演唱會中「一直看我們這區，最詐了，根本是在（跟隊友）搶歌迷」。品頭論足之外，歌迷也交換偶像的小情報和看演唱會的經驗談，比如某個偶像「不喜歡人摸他」，因此，在演唱會上絕對不能企圖伸手碰他，「不然他會生氣」，而日本對排隊非常重視，去看演唱會時也一定要守規矩，「不要出〔國〕去丟臉」。她們也觀察同團成員間的互動，藉此談論哪些偶像彼此是好朋友，有些熱衷「BL」或「J禁」者，更堅持偶像和偶像間「有曖昧」，或以「夫妻」、「爸爸媽媽」等用字來形容團體成員間的關係。[7]在她們眼中，偶像在演唱會上對看的眼神、身上穿戴的類似飾品，都成了肯定兩人間關係的證據。小歪就覺得，她喜歡的團體中的兩個成員是彼此最佳對象，只是「社會上對這種事情仍然有障礙」、「公司也不會讓他們公開」，所以他們的關係只能從蛛絲馬跡中尋找，歌迷對此也都心照不宣。[8]

歌迷不只會討論偶像的衣服，投射自己的想像，更會交換各種日本小道消息，討論誰正受到力捧、誰與公司高層不合等，或是演唱會期間這些偶像會坐什麼交通工具移動、要去什麼地方才可能看到他們。まつ能背出台灣哪家唱片公司握有日本哪些藝人的代理權，追溯跨國唱片公司的分合，對於日本經紀公司和唱片公司的行銷策略也相當熟悉。這樣的知識，使得長期消費的歌迷有了專家的自信，讓她們自覺不是受台灣媒體擺弄的普通消費者，而是見聞廣博的消息靈通人士。

透過消費、討論日本偶像，歌迷建立了對日本（影藝圈）的想像，也建構了「台灣」、「日本」的對應關係，甚至於南北差距的地圖。她們一方面以消費表達忠誠，一方面也清楚明白台灣不是日本娛樂事業的主要市場。雖然歌迷會一邊購買日本綜藝節目的盜版光碟，一邊相互提醒要買正版影音產品幫偶像「衝銷量」，卻也擔憂台灣只是日本通往中國的跳板。也因此，他們只有藉著不斷消費，希望日本能夠注意台灣市場，也希望能拉近與偶像間的距離。赴日本看演唱會時，歌迷經常舉寫有「台灣」字樣

的圓扇，提醒日本歌手台灣歌迷的存在；在言談間，台灣歌迷也往往羨慕日本歌迷能和偶像站在同一片土地上，隨時能買到最新商品、看到最新演出。比日本慢、只能在與日本建立買賣關係中表達自己的存在，是許多流連偶像商品店的歌迷普遍的感慨。

這樣一個透過商品看世界的論述，也存在於偶像商品店商人之中。連老闆對於日本人「會做生意」感到欽佩，也深深覺得台灣不懂合作、演藝圈沒有未來。Sam則覺得日本商品在台灣受歡迎是理所當然之事，因為日本做出來的商品「品質就是比較好」，而且不斷推陳出新，不像台灣「在中國文化的包袱下，就只會看舊的東西而已」。這樣的說法，印證了李天鐸與何慧雯（2003）所主張的，台灣消費者對日本流行文化的渴望與需求，「可以說是對『新』的迷戀、對『進步』的嚮往、與對『現代』的景仰」（32）。在偶像商品店中，這種想像中的「現代」和「高品質」意象，很具體的呈現在印刷精美的海報、層出不窮的商品、和控制精準的行銷手法上，是摸得到、感覺得到、也買賣得到的。

日本和台灣的距離，彰顯在消費者如何將兩地置放於「現代」這個軸線上的不同位置，也彰顯在偶像商品店對於商品本身的生產缺乏主控權上。日本方面發行的影音和周邊產品，很少將台灣市場考慮在內，因此，能賣什麼東西、有什麼商品可賣，並不在台灣商家的控制中。他們的功能，在於培養出一群習於消費日本流行文化商品的消費者，以及持續維持這個小眾（但在所謂「哈日現象」中能見度頗高的）市場的熱度。這些商家長期廣泛的接觸，以及消化、整理商品，讓偶像商品店成為訊息與商品的傳播點，也成為歌迷買賣與消費需要繁雜背景知識的商品的據點。

結論

　　中野嘉子（2002）、李天鐸與何慧雯（2002）等人皆主張，日本商品進入台灣及亞洲其他地區，是由接收方主動引進，而不是日本刻意的銷售。引進日本流行文化的接收方，不只是電視公司和流行音樂產業，還包括了小型獨立商店。他們透過了非正式、未授權管道，帶出一群能快速接收消費日本流行文化的消費者，建構出一個能讓日本流行文化在台灣流通的消費空間。這些在地商店與跨國流行文化傳播相依相存，既是全球化趨勢下的產物，也是跨國流行文化能在地方生根的積極培養者。在開拓現今的日本流行文化消費空間之餘，偶像商品店也因為日益國際化的資訊商品流通而受益。然而，在市場與資訊快速變遷與流動下，他們卻也必須不斷調整，因應跨國公司、大型連鎖店、以及法規變更所帶來的挑戰。偶像商品店的運作，展現在地商人積極主動擁抱適應跨國流行潮流的一面，也彰顯出買賣關係中的不平衡。而，這個消費場域中，跨國流行文化的元素被商人、顧客重新排列解釋，學習如何販賣和消費日本偶像的同時，也以在地的語言、習慣、限制、發展脈絡，來解讀日本及日本偶像。藉由消費、藉著在偶像商品店這個跨國潮流與在地消費交會的空間，台灣商人／歌迷、日本偶像間的牽連也忽遠忽近的拉扯著。

註釋

* 本文主要田野工作於2006年在高雄和台北進行，並於2008年在高雄新堀江、2009年10月至日本大阪進行後續追蹤。部分田野獲得國科會（NSC-97-2410-H-007-018）與清華大學一般型研究計畫（98N2943E1）補助。為保護受訪者隱私，文中所用消費者、店員、及商家皆為假名。

1. 雖然Befu等人（2001）認為以日本為中心的全球化，在本質上異於從西方傳播的全球化，荊子馨（1996）卻主張此一現象是全球化過程的在地展現，日本流行文化的傳播仍以亞洲為主，而且不只在內容上受美國影響，在傳播方式與影響力上，也受到更強力的美國流行文化的限制。

2. 日本在一九八〇年代曾有紅極一時的「少年隊」等團體，但男孩團體在八〇年代後期搖滾樂團當道時一度沒落。一九九〇年代中後期，英美男孩團體重新崛起後，也連帶引發日本男孩團體的再流行。

3. Masashi Ogawa（2001）對日本流行音樂在香港被援用以及其對香港流行樂的影響，有概略探討。

4. 參見謝奇任（2006）對跨國唱片公司和台灣唱片業發展的討論。

5. 除去CD、DVD等影音產品外，這些商店也開放顧客預定演唱會周邊、新發行官方照，以便估算需要多少貨品。

6. 筆者便曾看到高雄的青少年顧客和店員為了相差五元的紅茶和奶茶掙扎，或是因為吃了六十元的便當自覺奢侈。一張原版官方照要價至少四十五元，相當於一碗麵加一杯飲料的午餐錢。根據歌迷估計，若要「全包」一個偶像的商品，一年約需兩、三萬台幣。

7. 「BL」來自日本同人誌（書迷、影迷以小說、漫畫、電影等角色為藍本自行創造的小說或漫畫）所謂的boy's love，即，將兩個男角（或男性偶像）配對在一起。「J禁」則專指以傑尼斯事務所旗下藝人做的配對。有關類此將兩個男角配對（英文稱為slash）的同人誌（fanfic）文化，參見Jenkins（1992）。

8. 即使如此，小歪不認為這兩位偶像是同性戀：「他們是彼此喜歡的，可是和同性戀不一樣。」

參考書目

李明璁（2003）。〈這裡想像、那裡實踐：「日劇場景之旅」與台灣年輕人的跨文化認同〉，《媒介擬想》，2：42-73。

李天鐸、何慧雯（2002）。〈遙望東京彩虹橋：日本偶像劇在台灣的挪移想像〉，《媒介擬想》，1：15-49。

邱琡雯（2003）。〈文化想像：日本偶像劇在台灣〉，《媒介擬想》，1：50-67。

謝奇任（2006）。《國際唱片工業研究：跨國唱片公司的全球化、本土化、數位化》。台北：五南。

徐佳馨（2002）。〈圖框中的東亞共榮世界：日本漫畫中的後殖民論述〉，《媒介擬想》，1：88-108。

Allison, A. (2009). The cool brand, affective activism and Japanese youth. *Theory,Culture, Society, 26*(2-3), 89-111.

Appadurai, A. (1996). *Modernity at large: Cultural dimension of globalization.* Minneapolis: University of Minnesota.

Befu, H., & S. Guichard-Anguis (Eds.). (2001). *Globalizing Japan: Ethnography of the Japanese presence in Asia, Europe, and America*(pp. 3-22). New York: Routledge.

Ching, L. (1996). Imaginings in the empires of the sun: Japanese mass culture in Asia. in J.W. Treat (Ed.), *Contemporary Japan and Popular Culturce* (pp. 169-194). Honolulu: University of Hawai'i.

Chua, B.H. (2004). Conceptualizing an East Asian popular culture. *Inter-Asia Cultura Studies, 5*(2), 200-221.

Darling-Wolf, F. (2004). Virtually multi-cultural: Trans-Asian identity and gender in an international fan community of a Japanese star. *New Media & Society,* 6(4),507-528.

Iwabuchi, K. (2002). *Recentering globalization: Popular culture and Japanese transnationalism*. Durham: Duke University

Iwabuchi, K., S. Muecke, & M. Thomas (Eds.). (2004). *Rogue flows: Trans-Asian cultural traffic.* Hong Kong: Hong Kong University.

Jenkis, H. (1992). *Textual poachers: Television fans & participatory culture.* New York:Routledge.

Ko, Y. (2003). Consuming differences: 'Hello Kitty' and the identity crisis in Taiwan *postcolonial studies,* 6(2), 175-189.

Lewis, S. (2003). The media of new public Spaces in Global Cities: Subway advertising in Beijing, Hong Kong, Shanghai, and Taipei. *Continuum: Journal of Media and Cultural Studies, 17*(3), 261-272.

Liao, P. (2003). Image consumption and trans-local discursive practice: Decoding advertisements in the Taipei MRT mall. *Postcolonial Studies*, 6(2), 159-174.

Nakano, Y. (2002). Who initiates a global flow? Japanese popular culture in Asia. *Visual Communication*, 1(2), 229-253.

Stevens, C., & Hosokawa,S. (2001). So close and yet so far: Humanizing celebrity in Japanese music variety shows, 1960s-1990s. In B. Moeran (Ed.), *Asian Media Productions* (pp. 223-246). Richmond, Surrey: Curzon.

Treat, J.W. (1996). Introduction: Japanese studies into cultural studies. In J.W. Treat (Ed.),*Contemporary Japan and Popular Culture* (pp. 1-14).

媒體科技與文化全球化讀本

主　　編／邱誌勇、鄭志文
責任編輯／龍傑娣、蘇文婷
美術設計／蘇文婷、林孟宜
出　版　者／揚智文化事業股份有限公司
發　行　人／葉忠賢
地　　址／新北市深坑區北深路三段 260 號 8 樓
電　　話／(02)8662-6826
傳　　真／(02)2664-7633
網　　址／http://www.ycrc.com.tw
 E-mail ／service@ycrc.com.tw
印　　刷／多加設計工作室
 I S B N ／978-986-298-018-7
初版一刷／2011 年 10 月
定　　價／新台幣 380 元

＊本書如有缺頁、破損、裝訂錯誤，請寄回更換＊

本出版品接受靜宜大學教學卓越計畫補助

國家圖書館出版品預行編目（CIP）資料

媒體科技與文化全球化讀本 / 邱誌勇，鄭志
文主編. -- 初版. -- 新北市 ：揚智文化，
2011.10
　　面；　公分.
ISBN 978-986-298-018-7（平裝）

1.數位媒體 2.數位科技 3.媒介全球化 4.消
費文化 5.文集

541.8307　　　　　　　　　　100019826